무지개신학 RAINBOW THEOLOGY

무지개신학: 인종, 섹슈얼리티, 영성 사이의 다리 놓기
지은이/ 패트릭 쳉
옮긴이/ 이영미
펴낸이/ 김준우
초판 1쇄 펴낸날/ 2019년 5월 25일
펴낸곳/ 무지개신학연구소
http://rainbowtheology.co.kr
신고번호/ 제2017-000171호 (2017년 9월 13일)
경기도 고양시 일산동구 고봉로 32-9, 양우로데오시티 331호(우 10364)
전화 031-929-5731, 5732(fax)
표지/ 디자인명작 (전화 031-774-7537)

Rainbow Theology: Bridging Race, Sexuality, and Spirit
ⓒ 2013 by Patrick S. Cheng
All rights reserved. Korean Translation copyright ⓒ 2019 by Korea Institute of Rainbow Theology. The Korean translation right arranged with the author through Church Publishing Incorporated.
Printed in Seoul, Korea.

이 책의 한국어판 저작권은 Church Publishing Incorporated를 통해 저자와의 독점계약으로 한국어 판권을 무지개신학연구소가 소유합니다. 저작권법에 따라 국내에서 보호받는 저작물이므로 무단전재와 무단복제를 금합니다.

ISBN 979-11-963374-4-5 94230
ISBN 979-11-963374-0-7 94230 (세트)

값 13,000

무지개신학 RAINBOW THEOLOGY

인종, 섹슈얼리티, 영성 사이의 다리 잇기

패트릭 S. 쳉 지음   이영미 옮김

무지개신학연구소

Rainbow Theology

Bridging Race, Sexuality, and Spirit

by

Patrick S. Cheng

New York: Seabury Books, 2013.

Korean Translation by Yeong Mee Lee

Korea Institute of Rainbow Theology

목차

"무지개신학 시리즈"를 발간하면서 __ 7
한국어 번역판 저자 서문 __ 10
감사의 글 __ 12
서문 __ 15

1부 - 인종, 섹슈얼리티, 영성
    1. 유색인 신학들의 퀴어 연구 __ 33
    2. 퀴어 흑인신학들 __ 51
    3. 퀴어 아시아계 미국인 신학들 __ 75
    4. 퀴어 라띠나/노 신학들 __ 99
    5. 두-영혼 원주민 담론 __ 123

2부 - 무지개신학
    6. 무지개신학 소개하기 __ 141
    7. 다양성 __ 157
    8. 중간 지점 __ 175
    9. 중재 __ 197
    10. 사례: 무지개 그리스도론 __ 219

결론 __ 237
참고문헌 __ 241

과거, 현재, 미래의
유색인 퀴어 신학자들에게

번역 노트

* 저자가 이 책을 쓸 당시 출간 예정이었던 저술은 번역 당시(2019년 1월 기준) 출판 사항에 맞게 업데이트했다.
* 사람 이름과 책 제목은 각주와 참고문헌에 나오는 경우, 본문에서 별도로 영문 표기를 하지 않았다.
* 저자는 African American과 Black을 혼용해서 사용한다고 밝히고 있지만, 번역에서는 저자의 용어를 그대로 따라 분리하여 번역했다.
* 이제까지의 백인 중심의 퀴어 신학과 대비해서 "유색인 퀴어 신학"을 정리한 이 책에서, 우리에게 보다 익숙한 표현은 "흑인 퀴어 신학" 또는 "아시아계 미국인 퀴어 신학"일 테지만, 저자의 표현을 그대로 살려서 "퀴어 흑인신학" 또는 "퀴어 아시아계 미국인 신학"으로 번역했다.
* 한글성서 인용은 개역개정을 따랐다.

"무지개신학 시리즈"를 발간하면서

낯선 사람을 두려워하는 것은 우리의 생존본능에서 비롯되는 것이지만, 종교는 모든 사람들뿐만 아니라 삼라만상 전체가 조물주의 "한 피붙이"(a kindom)며 우리의 형제자매들이라는 사실을 일깨워줍니다.

더군다나 조물주께서 가장 사랑하시는 것이 다양성입니다. 우주에 수천 억 개의 다양한 갤럭시들을 지으시고, 은하계 안에만도 천 억 개 이상의 다양한 별들을 지으셨습니다. 또한 지구 위에 사는 개미 종자는 1만 2천 종, 파리는 8만 5천 종, 소라는 1만 8천여 종, 육지의 달팽이만 3만 5천 종, 매미는 2,500여 종, 국화는 2만여 종에 이를 만큼 엄청난 다양성을 사랑하십니다. 장미가 민들레를 혐오하거나 멸시하지 않듯이, 모든 차이는 경이로운 아름다움이며 존중받을 일이지, 결코 혐오나 차별의 조건이 아닙니다. 둘째로, 조물주께서는 모든 생명체가 각자의 잠재력과 개성을 충분히 발휘하여 주체적 존재로서 온전한 생명의 기쁨을 누리기를 원하십니다. 인간 두뇌의 발달뿐만 아니라 높은 파도 속에서 서핑을 즐기는 돌고래 떼와 둥지를 아름답게 장식하는 새들은 조물주의 이런 뜻을 잘 보여줍니다. 셋째로, 조물주께서는 우주 안의 인력의 법칙처럼 만물이 그물망처럼 서로 연결되어 있는 친교 가운데 서로 돕기를 원하십니다. 특히 식물과 곤충의 놀라운 공진화 과정은 생명체 사이의 경이로운 친교의 원리를 여실히 보여줍니다.

이런 점에서 최근에 한국교회가 성소수자들과 난민들, 무슬림들에 대한 차별과 혐오를 앞장서서 선동하는 일은 조물주의 뜻에 정면으로 맞서 대적하는 안타까운 현실입니다. 이명박-박근혜 정권의 반민주적이며 반민족적이며 반민중적이며 반생태적 권력이 "촛불혁명"을 통해 붕괴되자, 보수 세력의 결집을 획책하는 극우파의 역사적 반동에 한국교회가 무비판적으로 결탁하고 있기 때문입니다.

성소수자들과 난민들, 여성들과 장애우들이 평생 겪고 있는 숨 막히는 고통 앞에 율법을 내세우는 짓은 냉혹한 바리새파의 율법주의적 만행입니다. 예수께서는 고통당하는 이들을 무조건적으로 끌어안는 하늘 아버지의 무차별적인 사랑을 몸소 실천하심으로써, 누구나 거룩한 존재들로서 공동체 생활을 하도록 회복시켜주셨기 때문에 "구세주"가 되셨습니다. 복음주의를 표방하는 대다수 한국교회가 예수의 복음을 배반하는 율법주의 행태를 보이는 것은 신학적인 자기 배반입니다. 낯선 이들에 대한 두려움과 혐오는 폭력과 전쟁의 뿌리입니다. 나치 시대처럼 대다수 기독교인들이 사회적으로 가장 취약한 사람들에 대한 인권 유린을 방관하면, 조만간 우리 모두의 인권이 유린당할 수밖에 없다는 것이 역사의 엄숙한 교훈입니다. 더군다나 기후변화와 생태계 파괴로 인해 전 지구적인 식수난과 식량폭동이 빠르게 다가오고 있습니다.

도도히 흐르는 인류 역사의 탁류 속에서도 온 정성 다 바쳐 생명을 낳고 키우시는 하나님은 "양심적 병역 거부자" 문제처럼 조만간 헌법재판소를 통해서, 지금 한국교회가 선동하는 온갖 혐오와 차별과 배제는 "불법"이며, "동성결혼"은 "합법"임을 선언할 날이 오도록 이끌고 계십니다. 한국교회가 그 날을 기쁨으로 맞이하도록 "무지개신학시리즈"를 통해 성경 해석의 마지막 장벽인 가부장적 이성애주의를 넘어서는 "생명과 해방의 하나님"의 장엄한 행진대열에 발맞출 때입니다.

"나는 참으로, 하나님께서는 사람을 외모로 가리지 아니하시는 분이시고, 하나님을 두려워하며, 의를 행하는 사람은 그가 어느 민족에 속하여 있든지, 다 받아 주신다는 것을 깨달았습니다."(사도행전 10:34-35)

"그리스도께서는 모든 사람들 안에 계신 분이시며, 수많은 존재들 안에 계신 분이시기 때문에, 모두가 그분 안에 포함됩니다. 아무도 버림받고 축출당하지 않습니다. 자신을 스스로 축출하는 이들 말고는.—그들 역시 구원받을 수 있는 것은 그들 안에서 그리스도께서 죽음에서 부활하시기 때문입니다. 우리가 그리스도 안에서 하나라는 것을 깨닫는 것이 인간의 외로움을 치유하는 유일한 길입니다. 나에게는 그것이 인생의 유일한 궁극적 의미이며, 모든 생명의 의미와 목적을 주는 유일한 것이기도 합니다."

— Wendy Wright, *Caryll Houselander: Essential Writings*, 37.

한국어 번역판 저자 서문

『무지개 신학』 한국어 번역판의 서문을 쓰게 된 축복에 감사하며, 이를 영광으로 생각합니다. 한국에서 이반 공동체(Iban Community)에 대한 차별은 여전히 널리 퍼져 있고, 기독교인들의 반동성애 운동이 큰 몫을 하고 있습니다. 인천에서 열린 첫 번째 퀴어축제에서 육체적인 폭력과 욕설, 기물 파손 등으로 퍼레이드 참여자들의 행진을 막는 기독교 활동가들에 의해 몇 시간 동안 행사가 방해받은 사건이 발생했다는 소식은 안타까웠습니다. 미국에서 한국계 미국인 퀴어들에 대한 차별도 널리 퍼져 있는데, 특별히 한국계 미국인 목사들과 회중들에 의한 차별이 심합니다.

이반 공동체를 향한 기독교 반LGBTIQ 활동가들의 폭력적인 차별에도 불구하고, 최근 몇 년 동안 교회와 교단, 신학대학원과 신학교 안에서 퀴어 기독교인들에 의한 소중한 신학적 성찰로부터 퀴어신학이 하나의 학문으로 발전하였습니다. 한편에서는 기독교의 그릇된 이분법(false binary)을 거부하고, 다른 한편에서는 별난 것으로 치부해버리는 것에 도전함으로써, 퀴어신학은 교회가 LGBTIQ들이 교회의 신앙생활 전반에 참여하지 못하도록 배제하는 것에 도전하였습니다. 여기에는 동성애자 목사안수와 동성결혼 등과 같은 성례전에의 온전한 참여가 포함됩니다.

한국계 미국인 LGBTIQ들은 미국에서 인종과 민족적 정체성 때문에 당하는 차별을 추가로 겪고 있습니다. 많은 사람들은 아시아계 미국인들을 영원한 외국인이나 외부인으로 바라봅니다. 무지개신학은 한편에서는 성과 젠더 정체성의 그릇된 이분법에 도전하고, 다른 한편에서는 인종과 민족적 정체성에 근거한 차별에 도전하는 〈퀴어신학〉의 통찰력 위에 수립되었습니다. 저는 『무지개 신학』의 한국어 번역이 한국에서는 물론 세계의 한국인 공동체 안에서 기독교 공동체와 LGBTIQ 공동체의 지속적인 대화와 화해를 이끌어 내는 데 기여하기를 바랍니다.

나는 이 책을 번역해주신 이영미 박사님께 감사드립니다. 나는 20년 전에 뉴욕의 유니온신학대학원에서 성서히브리어 수업시간에 학생으로 이영미 교수님을 처음 만났습니다. LGBTIQ 공동체의 지지자로서, 그녀는 주 예수 그리스도 안에서 아무것도 우리를 하나님의 사랑으로부터 떼어놓을 수 없다는 아름다운 진실을 신실하게 증언해왔습니다. 또한 이 책을 무지개신학시리즈의 네 번째 책으로 출판해주신 무지개신학연구소의 김준우 박사님께도 감사드립니다.

2019년 5월 6일
뉴욕, Transfiguration 교회에서, 패트릭 챙 신부(Ph.D.)

감사의 글

이 책은 나의 동료 교수들인 안젤라 바우어-레베스크, 스티븐 번스, 크리스토퍼 더라이싱, 수잔 일리, 미리암 겔퍼, 빌 콘드래스, 조안 마틴, 곽 퓰-란, 캐서린 핸콕 랙스데일, 에드 로드만, 수지 스나이더, 프레드리카 해리스 탐셋, 레리 윌스, 게일 리를 포함한 성공회신학대학원 공동체의 지지 없이는 출판이 불가능했을 것이다. 성공회신학대학원과 세릴 도서관의 직원들에게, 특히 크리스 카아, 어라 플렛, 제이미 글라스, 스콧 킨케이드, 제프리 퍼킨스, 스테파니 넬슨에게 특별한 감사를 표한다.

원고를 전체 혹은 부분적으로 읽고 조언을 해준 대런 아퀴에로, 마이크 캄포스, 빈센트 세르반테스, 우고 꼬르도바 께로, 토마스 어양, 조 고, 로빈 엔더슨-에스피노사, 파멜라 라이시, 캐서린 오웬즈, 앤디 스미스, 라이 샨 입, 니키 영에게 감사한다. 나는 또한 이 책의 구상에 대해 피드백을 제시한 여러 단체들에도 감사한다: 시카고신학대학원의 "종교와 목회에서의 레즈비언과 게이 연구 센터," 성공회신학대학원, "하계 인권 캠페인 연구소," 퍼시픽종교대학원, 뉴욕의 유니온신학대학원, 배움과 가르침을 위한 와바쉬 센터, 웰레슬리대학 등이다. 물론 책의 모든 오류는 오로지 내 몫이다.

이 책을 쓰는 동안, 나는 여러 단체들에서 활동하는 내 친구들의 격려로 잘 견뎌낼 수 있었다: 미국종교학회(AAR)에 속한 "아시아 북미 종교, 문화, 사회그룹," 그리고 "전문직 LGBTIQ 위원회," "게이 남자들과 종교 그룹," "보스턴 퀴어 신학 포럼," 캠브리지 그리스도교회, "떠오르는 퀴어 아시아 종교학자들," 보스턴의 임마누엘 교회, 메트로폴리탄 공동체교회(MCC)의 신학자들 모임, "국제 퀴어 아시아 태평양 섬 연합," "퀴어 아시아 영성," 기독교 윤리학회 등이다. 그리고 "가르침과 배움을 위한 와바쉬 센터"에서 받은 2012년 여름 장학후원금에 감사드린다. 그 일부는 이 책의 저술을 후원하는 데 쓰였다.

위에 언급한 개인과 단체 외에도 나는 유색인 신학자들, 종교학자들, 그리고 지지자들이 보여준 우정과 지지, 통찰력에 감사드린다. 그들의 이름은 다음과 같다. 빅터 앤더슨, 마가렛 에이머 오겟, 루디 버스토, 모니카 콜만, 제임스 콘, 션 코플런드, 미겔 데 라 또레, 아만데 손디, 켈리 브라운 더글라스, 올란도 에스핀, 이브라힘 압두라만 파라자예, 호레이스 그리핀, 젠 하비, 르네 힐, 자인 카쌈, 에릭 로, 베니 리우, 렝 림, 아이린 몬로, 수 박, 로렐 슈나이더, 로저 스니드, 에밀리 타운즈, 트레이시 웨스트. 나는 또한 페이스 칸토어, 키트 체리, 제시카 그린리프, 김 리어리, 메리 맥키니, 크리스틴 파오, 에이미 레벨, 조 로빈슨, 톰 쇼, 밥 쇼어-고스, 제프리 트리스트람, 르네 워드, 팜 원츠가 보여주는 지속적인 우정과 지혜에 감사한다.

나는 씨버리 출판사의 멋진 직원들, 이 책의 편집자인 데이비드 퍼킨스와 그의 동료들인 낸시 브라이언, 마크 다조, 빌 팰비, 라이언 마스텔러, 다이드러 모리세이, 릴리언 오트, 로레인 시모넬로, 로리 웨스트하퍼에게 한결같은 감사의 마음을 전한다.

나의 가족, 디아나 쳉, 앤드류 쳉, 아비 칼린-레스닉, 조단 쳉, 노아 쳉에게 고마움을 전한다. 마지막으로 그러나 무엇보다 중요하게, 나의 남편 마이클 부트로이드와 우리의 반려견 샤트레스 없이는 이 책을 쓸 수 없었을 뿐더러, 신학자로서 신학교 교수로서, 안수받은 목회자로서의 직무를 담당하지 못했을 것이다.

서문

    1970년대와 80년대에 샌프란시스코 베이 지역에서 성장하면서, 나는 매년 텔레비전에서 방영되는 『오즈의 마법사』(*The Wizard of Oz*)를 고대하며 기다렸다. 내가 그 영화에서 제일 좋아했던 대목은 영화의 장면이 흑백에서부터 휘황찬란하고 다채로운 총천연색으로 변하는 순간이었다. 도로시(Dorothy)와 토토(Toto)가 캔자스에 있을 때를 그린 첫 대목은 흑백으로 촬영되었다. 하지만 도로시와 토토가 무지개 저편으로 옮겨진 이후에, 그들은 단색의 집에서 나와 다채로운 색조의 키 작은 사람들의 나라로 걸어 들어간다. 도로시는 남쪽나라의 맘씨 좋은 마녀인 글린다(Glinda)의 환영을 받는데, 글린다는 키 작은 사람들에게 "너희들이 있는 곳이 어디든지, 나와 보렴(come out), 나와 보렴"하고 강권했다.[1)]

    어떤 면에서, 나는 내가 게이로 커밍아웃하는 과정이 도로시와 토토가 흑백에서 다채로운 색으로 변하는 것과 똑같을 것으로 상상했다. 실제로, 게이들은 영화 『오즈의 마법사』를 사랑하고, 심지어 자신들을

---

1) 빅터 플레밍(Victor Fleming) 감독의 영화, *The Wizard of Oz* (1939).

"도로시의 친구들"이라고도 부른다. 즉, 나는 흑백의 단색 공간인 벽장에서 나와 성소수자들, 즉 레즈비언, 게이, 양성애, 트랜스젠더, 간성, 퀴어/퀘스쳐닝 [LGBTIQ][2] 공동체가 존재하는 멋진 무지개 색의 공간으로 옮겨지는 것으로 생각했다.[3]

하지만 불행하게도, 게이로서의 커밍아웃은 내가 상상했던 것보다 훨씬 덜 멋졌다. 이것은 많은 부분 내가 아시아계 미국인이라는 이유 때문이었다. 나는 LGBTIQ 공동체 안에서 유색인으로 존재한다는 것은 그 자체로 많은 도전에 직면해야 함을 일찍 알아차렸다. 1980년대 중반, 내가 대학에서 내 성정체성을 드러냈을 때, 나는 내가 유니콘(unicon), 즉 신화에 나오는 존재 중에 하나로 생각했다. 왜냐하면 내가 게이, 레즈비언 공동체에서 알고 있는 사람은 모두 백인들이었고, 내가 아시아계 미국인 공동체에서 알고 있는 사람은 모두 이성애자들이었기 때문이다.[4]

나는 다른 유색인 LGBTIQ를 전혀 알지 못했을 뿐만 아니라, 게이문화 속에서 내가 완전히 배제되었던 것이다. 내가 워싱턴 D.C.에 있는 한 게이바에 갔을 때, 내 백인 친구들은 별일 없이 입구를 통과

---

2) 역자주: LGBTIQ는 Lesbian, Gay, Bisexual, Transgender, Intersex, Queer/Questioning 의 첫 글자를 모은 단어로 성소수자를 뜻한다.
3) LGBTIQ와 연관된 개념들에 대한 추가 정보에 대해서는 1장을 보라. 또한 Timothy Palmer and Debra W. Haffner, *A Time to Seek: Study Guide on Sexual and Gender Diversity* (Westport, CT: Religious Institute, 2006), 7-11; Patrick S. Cheng, *From Sin to Amazing Grace: Discovering the Queer Christ* (New York: Seabury Books, 2012), xvi-xviii; Patrick S. Cheng, *Radical Love: An Introduction to Queer Theology* (New York: Seabury Books, 2011), 2-8를 보라.
4) Patrick S. Cheng, "A Unicorn at the White House," *Huffington Post* (July 30, 2012)를 보라. http:huff.to/Phq3d2. 2013년 1월 3일 접속.

했지만 나는 신분증을 여러 개나 보여 달라는 요구를 받았다.5) 그리고 일단 그 게이바 안으로 들어가도록 허락받은 뒤에도, 내 스스로가 완전히 보이지 않는 존재처럼 느껴졌다. 아무도 내게 말을 걸거나 인사를 건네지 않았다. "무지개 건너 어딘가에" 있는 존재처럼 말이다. 나는 단색 세상 속에 갇혀 있었다.

1. 전혀 오즈(Oz)에 다다르지 못했다

어떤 면에서, 유색인 LGBTIQ로서의 경험은 '전혀 오즈에 다다르지 못한 것'으로 특징지을 수 있다. 즉, 유색인 퀴어의 정체성을 가진 우리들은 캔자스에 있는 도로시와 토토의 단색 집과 오즈의 다채로운 색의 세상 사이의 문턱에 갇혀 있을 때가 많다. 우리가 벽장에서 나와 커밍아웃을 한 결과로 무지개 위로 옮겨졌다고 할지라도, 우리는 그 흑백 출입구에서 나와서 참된 무지개 공간으로 걸어갈 수가 없다. 그 무지개 공간은 우리의 몸과 성과 영성의 다채로운 색조가 인정되고 아름답게 보이는 곳이다.

첫째, 유색인 퀴어들은 백인들이 다수인 LGBTIQ 공동체 안에서 직면하는 인종차별로 인해 전혀 오즈에 다다르지 못한다. 게이바에서 신분증을 여러 개 요구받는 차별을 경험하는 것뿐 아니라, 우리는

---

5) 게이 역사학자 알렌 베루베(Allen Bérubé)는 게이 바에 유색인이 들어오는 것을 막기 위해 "세 장의 신분증들"을 요구했던 전례에 대해 쓴 바 있다. 이는 유색인 게이 남자들에 의해 그 바가 "접수"(taken-over)되었다고 인식되어 유명세를 잃을 수 있기 때문에 행해진 조치였다. Allen Bérubé, *My Desire for History: Essays in Gay, Community, and Labor History* (Chapel Hill: University of North Carolina Press, 2011), 206.

LGBTIQ 방송매체에서도 사실상 투명인간 취급을 당하곤 한다. 한 예로, 2011년에 『아웃 매거진』은 그 해의 LGBTIQ 공동체에서 가장 영향력 있는 50명을 선정하는 "Power 50 List"를 다섯 번째 발표했다.6) 하지만, 그 50명 중에 유색인으로 분류된 사람은 단 두 명뿐이었다. 더욱이 그 두 명은 라틴계 남자들이었는데, 이것은 그 목록에 아프리카계 미국인, 아시아계 미국인, 원주민 후예들, 혹은 유색인 여성들은 없다는 것을 뜻한다.

둘째, 유색인 퀴어들은 퀴어가 아닌 사람들이 다수를 이루는 유색인 공동체에서 경험하는 퀴어혐오(queerphobia)7)로 인해 전혀 오즈에 다다르지 못한다. 우리 가운데 많은 사람들은 우리의 성, 그리고/또는 젠더 정체성 때문에 자신의 가족들로부터 거부당했다. 우리의 유색인 이성애자들과 시스젠더(cisgender)8) 형제자매들과는 달리, 유색인 LGBTIQ들은 우리가 LGBTIQ 공동체 안팎에서 경험하는 인종차별에 직면할 때, 가족에게 도움을 청하지 못할 때가 종종 있다.

셋째, 유색인 퀴어들은 우리가 많은 종교—특별히 기독교—공동체 안에서 인종차별과 퀴어혐오로 인해 전혀 오즈에 다다르지 못한다. 즉, 인종차별과 퀴어혐오가 상호작용하면서 점점 더 LGBTIQ들을 억압하는 많은 보수적인 기독교 공동체들은 유색인 LGBTIQ들에게 해

---

6) "Fifth Annual Power 50," *Out Magazine*. http://bit.ly/yyesrL. 2013년 1월 3일 접속.
7) "퀴어혐오"(Queerphobia)란 특정 이성애자들 그리고/또는 비(非)트랜스젠더들이 레즈비언과 게이를 향한 동성애혐오(homophobia), 양성애자를 향한 양성애혐오(biphobia), 트랜스젠더를 향해 표출한 트랜스혐오(transphobia)를 한 우산 아래 씌우는 포괄적 용어다.
8) '시스젠더'란 자신들을 트랜스젠더로 정체화하지 않는 사람을 가리킨다.

로운 곳이다. 이러 역학관계는 특히 결혼 평등권의 맥락에서 볼 수 있는데, 종교적 우파는 동성 결혼법 제정을 막기 위해 인종차별과 퀴어 혐오를 적극적으로 활용하고 있다.

인종차별 사례로는, 주로 소위 '결혼을 위한 전국 조직'(National Organization for Marriage [NOM])과 같은 백인 종교인 집단들이 의도적으로 유색인들을 LGBTIQ에 대항하게 함으로써 인종 간의 긴장을 고조시키는 것을 들 수 있다. 2012년 3월에 누출된 NOM의 기밀문서에는 "게이들과 흑인들[뿐만 아니라 라틴계 남성과 여성] 사이를 갈라놓는 데 정진하라"는 전략을 노골적으로 제시했다.9)

퀴어혐오의 예로는, 동성결혼법을 격렬하고 신랄하게 반대해온 메릴랜드 출신의 흑인 해리 잭슨 감독 같은 종교지도자들이 내세우는 잘못된 이분법적 주장을 들 수 있는데, 이들은 한편으로는 성(性)을, 다른 한편으로는 인종을 서로 대립시킨다. 잭슨은 2012년 7월 텍사스에서 열린 한 종교적 우파들의 회합에서 "우리는 무지개를 훔쳐서 되찾을 필요가 있다. 우리는 게이들이 이 무지개를 갖게 할 수 없다"라고 말했다. 잭슨은 계속해서 "우리는 무지개 연맹이다. 우리는 하나님의 군대다"라고 선포했다.10) 잭슨에 따르면, 유색인들이 무지개의

---

9) John Becker, "Secret NOM Documents Reveal Race-Baiting Strategy," *Huffington Post* (March 27, 2012), http://huff.to/HbklUL 2013년 1월 3일 접속.

10) "Harry Jackson, Maryland Bishop, Claims Gays Are 'Trying to Recruit' Children, Wants to 'Steal Back' Rainbow," *Huffington Post* (2012년 8월 3일). http://huff.to/QMrx3q. 2013년 1월 3일 접속. 메릴랜드 투표자들은 2012년 11월 6일 동성 결혼을 승인했으며, 2013년 1월 1일에 그 주에서 첫 번째 동성 결혼이 치러졌다.

"참된" 자녀들이다. 그렇지만 이 말은 거기에는 유색인이면서 퀴어이기도 한 유색인 LGBTIQ이 있음을 간과하고 있다.

그런 종교적 우파들의 분열―그리고―정복이라는 전략은 특별히 비난받아 마땅하다. 그들은 인종차별과 퀴어혐오를 정치 목적으로 사용할 뿐 아니라, 유색인 LGBTIQ의 존재를 부정하기 때문이다. 해리 잭슨과 NOM의 생각과 달리 실제로 이 나라에는―모든 나라들을 언급하지 않더라도―수백만 명의 유색인 퀴어들이 살고 있다.11) 그리고 유색인 퀴어들은 이미 잭슨과 NOM이 자신들만의 목적을 위해 정당화하려고 했던 바로 그 "무지개연맹"의 회원들이다.

요약하면, 유색인 LGBTIQ들은 전혀 오즈에 다다르지 못했다. 우리는 [인종차별로 인해] LGBTIQ 공동체로부터 배제당하고, [퀴어혐오로 인해] 유색인 공동체로부터 배제당한다. 그리고 우리는 종교적 우파들이 [인종차별과 퀴어혐오를 통해] LGBTIQ 공동체를 유색인 공동체에 대항하도록 파놓은 덫의 중간에 걸려 있다.

2. 책의 목적

이 책은 유색인 LGBTIQ들이 배제되고 침묵당하는 광범위한 상황 속에서 쓰였다. 따라서 이 책의 목적은 두 가지다. 첫 번째 목표는 유

---

11) 미국에 약 870만 명의 LGBTIQ 들이 있으며, 그 중 대략 37 퍼센트가 인종적 민족적 소수자들로 구성되어 있으므로, 약 320만 명의 유색인 퀴어들이 미국에 사는 셈이다. 다음을 참조하라. "How Many LGBT's Live in America?" *Advocate* (2011년 4월 6일), http://bit.ly/JRLwKZ; Doris Nhan, "Census: Minorities Constitute 37 Percent of U.S. Population," *National Journal* (2012년 5월 17일), http://bit.ly/QvPLLG. 2013년 1월 3일 접속.

색인 LGBTIQ 신학자들의 저작들을 집중적으로 들춰내어 그 연구들의 중요성을 알리고, 침묵을 깨뜨리려는 것이다. 두 번째 목표는 유색인 LGBTIQ들의 경험들을 주변에서 중심으로 이끌어내서 기독교신학의 지평을 재평가하려는 것이다.

a. 유색인신학의 퀴어 톺아보기

이 책의 첫 번째 목적은 유색인 LGBTIQ 신학자들의 저작을 집중해서 들춰내 보이는 것이다. 유색인 퀴어 신학자들이 적어도 지난 20년간 자신들의 경험에 대해 저술해왔음에도 불구하고, 이러한 저작들은 퀴어 신학자들의 세계에서 대체로 알려지지 않은 채 남아 있었다. 나는 이 책이 그런 저술들을 한 곳에 모아 정리함으로써 유색인 LGBTIQ 신학자들의 저술들에 대해 침묵했던 것을 깨뜨릴 수 있기 원한다.

예를 들어, 2007년에 발간된 중요한 퀴어 신학 선문집(選文集) 『퀴어 신학: 서구의 몸을 다시 생각하기』에는 (내가 아는 한) 유색인 LGBTIQ 신학자들의 글이 하나도 포함되지 않았다.[12] 퀴어 윤리학자 캐시 루디가 쓴 동성애혐오와 흑인교회에 대한 간단한 논의[13] 이외에, (내가 아는 한) 그 책에는 유색인 LGBTIQ의 경험과 관련된 어떤 논의도 포함되지 않았다. 『퀴어 신학』은 그 부제가 진실을 보여주는데, 실제로 이 책은 "서구의 몸"(western body)을 다시 생각하는 것이

---

12) Gerard Loughlin, ed. *Queer Theology: Rethinking the Western Body* (Malden, MA: Blackwell Publishing, 2007), vii-viii 를 보라.
13) Loughlin, *Queer Theology*의 46-48 쪽에 실린 Kathy Rudy, "Subjectivity and Belief"를 보라.

다. 안타깝게도, 이 책은 아프리카계, 아시아계, 라틴계, 또는 원주민 후예들의 몸은 언급하지 않는다.

이 점이 특히 문제가 되는 이유는 유색인 신학자들의 퀴어 신학이 적어도 지난 20년 동안 행해져왔기 때문이다. 두 편의 선구자적인 퀴어 흑인신학이 1993년에 나왔다. 하나는 게이와 양성애 남자들과 HIV/AIDS 유행에 대한 흑인교회의 침묵에 관한 글이며,14) 다른 하나는 흑인 레즈비언과 이성애주의와 동성애혐오 문제에 대해 다른 흑인 여성신학자들이 침묵하는 것을 비판한 글이다.15)

이 두 연구들에 이어서 1996년에는 퀴어 아시아계 미국 기독교인의 경험을 다룬 획기적인 글이 발표되었다.16) 그 이듬해인 1997년에는 라틴계 레즈비언의 경험에 대한 신학적 성찰을 담은 글이 발표되었다.17) 2000년에는 『외설적인 신학』이라는 제목의 혁명적인 책 한 권이 라틴계 미국인 양성애자 신학자에 의해 출판되었다.18) 2000년대 중반에는 유색인 LGBTIQ 신학자들의 저술들이 왕성히 출간되었

---

14) Elias Farajaje-Jones, "Breaking Silence: Toward an In-the-Life Theology," in *Black Theology: A Documentary History, Volume II, 1980-1992*, ed. James H. Cone and Gayraud S. Wilmore (Maryknoll, NY: Orbis Books, 1993), 139-59.
15) Renee L. Hill, "Who Are We for Each Other?: Sexism, Sexuality and Womanist Theology," in Cone and Wilmore, *Black Theology II*, 345-51.
16) Leng Leroy Lim, "The Gay Erotics of My Stuttering Mother Tongue," *Amerasia Journal* 22, no. 1 (1996), 172-77.
17) Margarita Suárez, "Reflections on Being Latina and Lesbian," in *Que(e)ring Religion: A Critical Anthology*, eds. Gary David Comstock and Susan E. Henking (New York: Continuum, 1997), 347-50.
18) Marcella Althaus-Reid, *Indecent Theology: Theological Perversions in Sex, Gender and Politics* (London: Routledge, 2000).

는데, 그 중에는 동성애혐오와 흑인교회를 다룬 책(2006),19) 흑인 해방신학에 대한 퀴어 흑인 비평가의 책(2010),20) 그리고 퀴어 아시아계 미국인의 시각에서 기독교의 죄와 은총에 대한 교리를 재조명한 책(2012)21) 등이 포함된다.

확실한 변화가 일어나고 있다. 영국의 퀴어 신학자 수산나 콘월은 2011년에 발간된 퀴어 신학의 입문교과서 격인 『퀴어 신학의 쟁점들』에서 "퀴어 신학은 본질적으로 백인을 위한 것이거나 서구적인가?"라는 제목의 논문 하나를 포함시켰다. 그 논문에서 콘월은 나를 포함한 유색인 신학자들의 비평을 다루면서 퀴어 신학이 "민족(ethnicity)과 인종(race)에 관한 문제를 적절히 다루는 데 실패했다"고 주장했다.22) 그리고 2012년에 도날드 보이스버트와 제이 에머슨 존슨이 편집한 두 권의 『퀴어종교』는 아프리카계 미국인, 아시아계 미국인, 라틴계 신학자들과 종교연구 학자들의 논문을 다수 포함했다.23)

---

19) Horace L. Griffin, *Their Own Receive Them Not: African American Lesbians and Gays in Black Churches* (Cleveland, OH: Pilgrim Press, 2006).
20) Roger A. Sneed, *Representations of Homosexuality: Black Liberation Theology and Cultural Criticism* (New York: Palgrave Macmillan, 2010).
21) Cheng, *From Sin to Amazing Grace*.
22) Susannah Cornwall, *Controversies in Queer Theology* (London: SCM Press, 2011), 72.
23) Michael Sepidoza Campos, "The *Baklâ*: Gendered Religious Performance in Filipino Cultural Spaces," in *Queer Religion: Volume II, LGBT Movements and Queering Religion*, ed. Donald L. Boisvert and Jay Emerson Johnson (Santa Barbara, CA: Praeger, 2012), 167-91; Jojo (Kenneth Hamilton), "Searching for Gender-Variant East African Spiritual Leaders, From Missionary Discourse to Middle Course," in *Queer Religion: Volume I, Homosexuality in Modern Religious History*, ed. Donald L. Boisvert and Jay Emerson Johnson (Santa Barbara, CA: Praeger, 2012),

그럼에도 불구하고, 지금까지 유색인 LGBTIQ 신학자들의 연구를 다룬 책들이 없었을 뿐만 아니라, 유색인 LGBTIQ의 경험을 신학적 관점에서 다룬 책들도 없었다. 이 책이 그런 공백을 메꾸기 시작하는 문헌이 되길 바란다.

b. 주변에서 중심으로

이 책의 두 번째 목표는 유색인 LGBTIQ의 경험을 주변에서 중심으로 옮겨놓음으로써 기독교신학의 논의를 재조명하려는 것이다. 즉, 이 책은 유색인 퀴어 신학이 신학논의 전반에 어떤 공헌을 할 수 있을지를 묻는다. 유색인 LGBTIQ의 독특한 자리, 즉 온전히 퀴어이면서 동시에 온전히 유색인들의 자리는 복음에 대해 무엇을 말해야 하는가? 유색인 LGBTIQ의 경험 속에서 하나님은 어디에 계시는가?

지금까지 LGBTIQ들은 성과 관련된 신학적 논쟁이나 교회의 논쟁에서 주변부로 밀려났었다. 그것이 처음으로 자신이 게이 파트너와 함께 살고 있음을 공개하고 나서 주교 서품을 받은 진 로빈슨(V. Gene Robinson) 신부의 2003년 봉헌식에서 벌어진 성공회의 성찬 논쟁이

127-45; Juan A. Herrero-Brasas, "Whitman's Church of Comradeship: Same-Sex Love, Religion, and the Marginality of Friendship," in Boisvert and Johnson, *Queer Religion I*, 169-89; Ronald Stringfellow, "Soul Work: Developing a Black LGBT Liberation Theology," in Boisvert and Johnson, *Queer Religion I*, 113-25; Ruth Vanita, "Hinduism and Homosexuality," in Boisvert and Johnson, *Queer Religion I*, 1-23; Lai-shan Yip, "Listening to the Passion of Catholic *nu-tongzhi*: Developing a Catholic Lesbian Feminist Theology in Hong Kong," in Boisvert and Johnson, *Queer Religion II*, 63-80; Kuukua Dzigbordi Yomekpe, "Not Just a Phase: Single Black Women in the Black Church," in Boisvert and Johnson, *Queer Religion II*, 109-23.

든,24) 미국에서의 시민 결혼평등권에 관한 논쟁이든 간에, 그 논쟁은 유색인 공동체의 이성애자와 시스젠더들과 백인 LGBTIQ 공동체 사이에만 이루어진다. 이런 논쟁들에서 유색인 LGBTIQ은 종종 투명인간처럼 감춰져 있다.

이런 상황과는 대조적으로, 이 책은 유색인 LGBTIQ들의 경험을 신학적 논의의 중심에 놓고 토의할 것이다. 특별히 이 책은 "무지개신학"(rainbow theology)을 제안하는데, 무지개신학은 간단히 말해 유색인 퀴어 신학자들의 경험을 축복하는 신학이다. 이 책은 (1) 다양성, (2) 중간 지점, (3) 중재라는 세 가지 무지개 주제들을 다룰 것이다. 이 책은 또한 이런 세 가지 무지개 주제들이 유색인 퀴어들의 경험으로부터 나온 중심 주제들일 뿐 아니라, 기독교신학 자체의 중심 주제들이라는 것을 토로하고자 한다.

이런 세 가지 무지개 주제들은 이 책에서 내가 "단색신학"(monochromatic theology)이라고 부르는 신학과 대조된다. 무지개신학과 대조되는 단색신학의 주제들은 (1) 단일성, (2) 집에 머물기, (3) 편 선택하기다. 많은 진보신학들은—초기의 해방신학을 포함해서—실제로 단색신학들이다. 즉, 단색신학들은 다양한 억압들의 상호작용에 대응하는 것이 아니라, 기본적으로 단 하나의 억압으로부터의 해방에 초점을 둔다. 단색신학은 또한 이런 한 종류의 억압을 경험한 사람들로 이루어진 어떤 한 은유적인 "집"(home)을 가정한다. 마지막으로 단색

---

24) Miranda K. Hassett, *Anglican Communion in Crisis: How Episcopal Dissidents and Their African Allies Are Reshaping Anglicanism* (Princeton, NJ: Princeton University Press, 2007).

신학은 이런 한 종류의 억압을 당하는 사람들이 (억압자에 대한 대항으로서) 억압당하는 자들의 편을 "선택"할 것을 촉구한다. 하지만 실제로는, 유색인 LGBTIQ들이 경험하는 복합적이고 역동적인 형태의 억압은 단일성, 집에 머물기, 편 선택하기라는 단색신학의 주제들에 의문을 제기한다. 대조적으로 무지개신학은—다양성, 중간 지점, 중재라는 주제들을 통해—단색신학들을 보완하는 데 도움이 될 것이다.[25]

요약하면, 무지개신학은 유색인 LGBTIQ의 특별한 경험에서 생겨난다. 하지만, 무지개신학은 그런 개인들의 경험에만 한정되지 않는다. 오히려 이 신학은 신학함(doing theology)의 새로운 한 방식이다. 무지개신학은 LGBTIQ 공동체와 유색인 공동체 모두를 존중하면서, 그 공동체들 속에서 퀴어들의 독특한 지위를 심각하게 고려한다. 이 신학은 모든 신학들에게 인종, 섹슈얼리티, 영성이 만나는 교차점을 성찰해보라고 도전한다.

3. 책의 개요

이 책은 두 부분으로 나뉜다. 1부는 "유색인 퀴어 신학의 연구들"에 초점을 맞췄다. 즉, 퀴어이면서 유색인이라고 자신의 정체성을 밝힌 신학자들에 의해 쓰인 신학들을 다뤘다. 1장은 유색인신학들의 퀴어연구와 관련된 몇 가지 개념들과 중요한 이론적 쟁점들을 소개한다.

---

[25] 여기서 나는 내가 무지개신학과 단색신학을 이분법적으로 나눠놓으려는 것이 아님을 분명히 밝히고 싶다. 오히려, 나는 무지개신학의 주제들이 전통적인 해방신학들에 대한 분석을 더욱 풍성하게 하는 데 사용할 수 있음을 제안하려는 것이다.

2장부터 5장까지는, 각 장마다 유색인신학의 퀴어 연구를 주요한 하부그룹 별로 나누어 소개한다. 나는 신학 연구들을 연대기적으로 서술하기보다는 인종적, 민족적 그룹으로 나누어 정리할 것이다. 이것은 전통적인 인종적, 민족적 구분을 강화하기 위함이 아니라, 각 그룹이 다른 그룹과 공유하는 주제들―그리고 차이들―을 드러내기 위함이다.

특별히, 2장에서 나는 퀴어 흑인신학을 흑인교회의 배타성, 흑인 레즈비언 목소리 되찾기, 흑인 해방신학에 대한 도전 등의 주제로 나누어 살펴볼 것이다. 3장에서는 퀴어 아시아계 미국인 신학을 아시아와 아시아계 미국교회의 배타성, LGBTIQ 인종차별에 대한 비판, 그리고 다국적 관점 주목하기 등의 주제로 나누어 살펴볼 것이다. 4장에서는 퀴어 라틴계 신학들을 경계 지역에서 살아가기, '남성다움 과시문화'(Machismo)에 도전하기, 문화-종교적인 경계 넘어가기 등의 주제로 나눠 살펴볼 것이다. 5장에서는 두-영혼(Two-Spirit) 원주민 학자들의 연구를 정복자 식민주의에 대항하기, 두-영혼 정체성 깨닫기, 지지자들의 과제 수행하기 등의 주제로 나누어 살펴볼 것이다.

2부는 무지개신학의 구성에 초점을 맞춘다. 6장은 무지개신학의 개념들을 소개하고, 세 가지 무지개 주제들인 (1) 다양성, (2) 중간 지점, (3) 중재에 대한 전반적인 설명을 제시한다. 앞서 말했듯이, 이 세 가지 주제들은 단색 주제들인 (1) 단일성, (2) 집에 머물기, (3) 편 선택하기와 대조된다. 7-9장은 위의 세 가지 무지개주제들을 하나씩 자세히 설명한다. 10장은 무지개신학이 그리스도론의 특정한 맥락에서 어떻게 적용될 수 있는지의 실제 사례를 보여줌으로써 이 책의 2부를 마무리한다.

　이 책의 주요 주제들과 개요를 안내삼아 1부 유색인 퀴어 신학에 집중해보자.

학습을 위한 질문들

1. 여러분은 "전혀 오즈에 다다르지 못한" 경험을 해본 적이 있나요? 다시 말해서 여러분은 자신의 인종, 섹슈얼리티, 그리고/또는 영적 정체성 때문에 온전하게 환영받지 못한다고 느꼈던 상황에 처한 적이 있나요?
2. 인종, 섹슈얼리티, 영성과 관련해서 여러분은 자신의 사회적 배경을 어떻게 설명할 수 있나요? 이러한 정체성들이 여러분의 삶 전반에 걸쳐 어떻게 흘러왔나요?
3. 언제 유색인 퀴어 신학의 첫 번째 연구들이 나왔나요? 그런 연구들은 퀴어 신학의 중요한 논의에서 어떻게 취급되었나요?
4. 이 책에서 말하는 세 가지 "무지개" 주제들은 무엇인가요? 어떻게 이런 주제들이 "단색" 주제들과 비교되고, 대조되나요?
5. 이 책의 1부 내용이 여러분의 신학적 연구와 성찰에 어떤 도움이 되나요? 2부는?

심화 학습을 위한 자료들

개념 정의에 관해

    Cheng, *From sin to Amazing Grace*, xvi-xviii
    Cheng, *Radical Love*, 2-8
    Palmer and Haffner, *A Time to Seek*, 7-11

유색인 퀴어 신학

    Cheng, *From Sin to Amazing Grace*, 133-45
    Cheng, *Radical Love*, 74-77
    Cornwall, *Controversies in Queer Theology*, 72-113
    Schippert, "Implications of Queer Theory for the Study of Religion and Gender," 74-77

1부

인종, 섹슈얼리티, 영성

1장

유색인 신학들의 퀴어 연구

지난 3년간 나는 테네시 주 내슈빌에 있는 밴더빌트 신학대학원에 속한 "하계 인권 캠페인 연구소"(Human Rights Campaign Summer Institute, HRCSI)에서 멘토로 봉사하는 좋은 기회를 가졌다. 이 연구소는 매년 여름마다, LGBTIQ 신학과 종교를 전공하는 재능 있는 석박사 과정생 15명을 초청한다. 학생들은 일주일 동안 함께 공부하며, 그 그룹 안에서 뿐 아니라, LGBTIQ 신학과 종교학 분야에서 유사한 연구를 하는 미국 전역의 저명한 학자들과 교류할 기회를 가진다.

내가 HRCSI에서 멘토로 봉사하면서 가장 보람 있었던 일은 인종, 섹슈얼리티, 영성에 관한 교차적 연구에 관심 있는 유색인 퀴어 학생들과 함께 했던 것이다. 지난 몇 해 동안, 나는 많은 LGBTIQ 학자들과 흑인 지지자들, 아시아계 미국인, 그리고 라틴계 학생들과 가까이 일할 수 있는 기회를 갖게 되었는데, 그 과정에서 우리의 연구 과제들에 얼마나 많은 유사점들—그리고 차이점들—이 있는지를 발견하게 된 것이 무척 흥미로웠다.

예를 들어, 2012년에 HRCSI에서는 LGBTIQ와 지지자 유색인 학자들이 '시민권 운동에서 퀴어 흑인의 목소리 되찾기,' '어떻게 아시아계 미국인 LGBTIQ가 종교를 탈식민주의와 치유의 수단으로 활용할 수 있는가에 대한 연구,' 'LGBTIQ 무슬림들의 종교생활에 대한 연구,' '라틴계 미국인 퀴어 성서해석의 방법론에 대한 연구,' '한국계 미국인 교회에서의 성윤리에 대한 재(再)고찰,' '퀴어 영성지도자들의 구전 역사에 대한 기록과 보존, 인종과 성의 관점에서 철저하게 환영하는 영성공동체들의 실천에 대한 분석,' '북미 두-영혼 활동가들의 활동 연구,' '전 세계적 성매매 상황에서 성적 순수성의 개념에 대한 연구' 등을 포함한 도전적인 주제들을 다뤘다.

서로 다른 인종적, 민족적 배경을 지닌 젊은 유색인 퀴어학자들과 함께 했던 이 경험은 나로 하여금 유색인 퀴어 신학을 수립하는 게 가능한지에 대해—아니면 꼭 필요한 것인지에 대해—깊게 생각하게 만들었다.[1] 한편으로, 억압이라는 관점에서, 우리 모두는 인종과 섹슈

---

[1] 내가 다른 곳에서 밝혔듯이, "퀴어 신학"(queer theology)은 다양하게 정의될 수 있다. 첫째로, 퀴어 신학은 LGBTIQ가 "하나님에 대해 말하는 것"이다. 둘째, 퀴어 신학은 위법한 방식임을 스스로 의식하며, 특히 섹슈얼리티와 젠더의 사회적 통념에 도전하는 방식으로 "하나님에 대해 말하는 것"이다. 셋째, 퀴어 신학은 생물학적 성에 따른 정체성과 젠더 정체성이라는 이분법적 분류에 맞서 도전하고, 그 이분법을 해체하는 방식으로 하나님에 대해 말하는 것이다. Cheng, *Radical Love*, 9-11. 퀴어 신학과 퀴어 종교연구에 관한 개관을 위해서는 Mary Elise Lowe, "Gay, Lesbian, and Queer Theologies: Origins, Contributions, and Challenges," *Dialog: A Journal of Theology* 48, no. 1 (Spring, 2009), 49-61; Claudia Schippert, "Implications of Queer Theory for the Study of Religion and Gender: Entering the Third Decade," Religion and Gender 1, no. 1 (2011): 66-84; Claudia Schippert, "Queer Theory and the Study of Religion," *Rever: Revista de Estdios da Religião*, no. 4(2005): 90-99; Melissa M. Wilcox, "Queer Theory and the Study of Religion," in Boisvert and Johnson, *Queer Religion II*, 227-51.

얼리티가 서로의 억압을 강화시키는 방식들에 대한 정확한 인식을 서로 나눴다. 다른 한편으로, 이 학자들은 연구하는 주제, 방법론, 신앙 전통, 책임지고 있는 공동체 등이 각기 매우 달랐다. 그렇다면 유색인 퀴어 신학을 수립하는 게 가능한가? 이 질문이 바로 우리가 지금부터 살펴볼 주제다.

1. "유색인 퀴어 신학"은 타당한 범주인가?

유색인신학이 퀴어에 관해 말하는 것이 가능한가? 한편으로, 퀴어라는 개념 자체는 "동성애, 이성애, 인종, 국적, 여성, 그리고 남성과 같은 기존의 안정적인 정체성을 자연스럽지 않은 것으로 혹은 본질적이지 않은 것으로"[2] 만들어 버린다. 달리 말하면, "퀴어"란 용어자체가—적어도 퀴어 이론에서는—고정된 정체성에 도전한다. 따라서 "유색인 퀴어"란 말을 사용하는 것은 "자연스럽다고 여겨지는" 정체성의 범주들을 강화시키고, 그러한 범주들이 사회적으로 형성된 것이란 이해를 더 발전시키지 못하게 하는 듯하다.

더욱이, "유색인 퀴어"란 용어를 유색인 LGBTIQ들을 위한 포괄적 용어(umbrella term)로 사용하는 것은—은유적으로 말해서—그 용어 안에 포함된 특별한 사회적 맥락을 지닌 각각의 하부그룹들(가령, 퀴어 아시아계 미국인들)에 대해 폭력을 행사하는 것이라는 반론이 가

---

[2] Laurel C. Schneider, "Queer Theory," in *Handbook of Postmodern Biblical Interpretation*, ed. A. K. M. Adam (St. Louis, MO: Chalice Press, 2000), 6.

능하다. 즉, 어떤 주변화된(marginalized) 그룹이라도 자기 스스로를 명명하는 것과 그들만의 특별한 경험들에 대한 목소리를 내는 일은 중요하다. 우머니스트신학(womanist theology, 역자주: 흑인 여성신학)을 예로 들어보자. 우머니스트신학은 흑인(남성)신학(black theology)이나 (백인)여성신학(feminist theology)이 아프리카계 미국인 여성들의 경험을 다루지 않는다는 사실로부터 출발했다. 그러므로 보다 포괄적인 범주인 "흑인신학" 또는 "여성신학"이라는 용어를 사용하는 것은 우머니스트의 경험을 존중하지 않는 것이다.

내 관점에서, "유색인 퀴어"란 범주는 중요하다. 그리고 나는 이 용어를 사용하는 것에 대한 위의 반대 견해들은 여러 가지 방식으로 답변될 수 있다고 믿는다. 첫째, 가야트리 스피박(Gayatri Spivak)의 전략적인 본질주의 개념은 고정된 정체성에 관한 논쟁에 도움이 된다. 전략적인 목적—가령, "식민주의적, 신식민주의적 억압의 결과로부터의 해방을 위한 투쟁"과 같은 상황—을 위해서 정체성의 본질적인 개념을 되새겨놓지 않은 채 "유색인 퀴어들"이란 말을 할 수 있다.3) 예를 들어, "미국의 발전을 위한 센터"(Center for American Progress)의 2012년 4월 보고서는 유색인 LGBTIQ들이 종종 교육성과(敎育成果), 경제 불안전성, 의료 격차의 영역에서 "뒤쳐져"(left behind) 있음을 보여준다.4) 그러므로, 우리가 이 범주를 전략적 방식으로 사용하는 한,

---

3) Bill Ashcroft, Gareth Griffiths, and Helen Tiffin, eds., *Post-Colonial Studies: The Key Concepts* (London: Routledge, 2000), 79. Serene Jones, *Feminist Theory and Christian Theology: Cartographies of Grace* (Minneapolis, MN: Fortress Press, 2000), 42-48.
4) Melissa Dunn and Aisha Moodie-Mills, "The State of Gay and

"유색인 퀴어"에 관해 말하는 것은 매우 중요하다.

둘째, 포괄적 용어를 사용할 수 있는가 하는 문제(즉, "유색인 퀴어"란 범주가 그 속의 하부그룹들에게 폭력적인가 하는 문제)에 대해서는, "유색인 퀴어"란 말이 다양한 하부그룹들의 경험을 존중하면서 실제로 유용한 역할을 담당해낼 수 있다고 본다. 실제로 인종과 민족적 경계를 넘어선 유색인 LGBTIQ 학자들의 연구에는 중요한 유사점들이 있다. 예를 들어, 철학자 비트겐스타인의 언어이론에 관한 연구를 인용해서 말하면, 이 학자들 사이에는 깊은 "가족 유사성"(family resemblance)이 존재한다.5) 이것은 일반 학문계에서 "유색인 퀴어 비평"(queer of color critique) 운동이 유색인 LGBTIQ 학자들 사이에서 일어났던 점에서 볼 수 있다. 이런 비판 운동은 그들 사이의 차이점들을 보존하면서, 유사한 목소리들을 함께 불러 모으는 작업의 중요성을 깨우쳐주었다.6) 따라서 유색인 퀴어 신학을 하나의 범주로 세밀히 살펴보는 것은 적절한 작업이다.

셋째, "유색인 퀴어"란 말은 어떤 정체성에 대한 것—즉, 또 다른 정체성에 기본을 둔 신학을 수립하는 것—이라기보다는 오히려 자리

Transgender Communities of Color in 2012" (April 13, 2012), Center for American Progress, accessed January 3, 2013, http://bit.ly/lhiwY6.

5) 비트겐스타인에 따르면, 언어적 개념은 일반적으로 어떤 하나의 본질을 갖지 않는다. 예를 들어, "놀이"라는 개념에 적합한 많은 활동들이 있지만, "가족 유사성"을 넘어서서 그 속에 그 모든 활동들을 함께 묶어낼 "하나의, 본질적인 특질"이 있는 것은 아니다. Chon Tejedor, *Starting with Wittgenstein* (London: Continuum, 2011), 111-14.

6) Grace Kyungwon Hong and Roderick A. Ferguson, "*Introduction*," in *Strange Affinities: The Gender and Sexual Politics of Comparative Racialization*, ed. Grace Kyungwon Hong and Roderick A. Ferguson (Durham, NC: Duke University Press, 2011), 1-22.

매김(positionality)에 관한 것이다. 즉, 유색인 LGBTIQ들은 퀴어 공동체와 유색인 공동체에 대해 "사이"(in between)라는 독특한 자리매김을 한다. 따라서 실제로 이러한 사회적 자리에서 발생하는 특별한 논쟁점들을 토론할 독특한 기호 표현(signifier)을 요구하게 되는지도 모른다. 이런 모든 이유들 때문에, 나는 "유색인 퀴어"란 범주는 사용될 수 있고, 또 사용되어야만 한다고 믿는다.

2. 공유된 학문적 유산

위에서 말한 이론적인 논쟁점들에 덧붙여, 유색인 LGBTIQ들은 또한 인종과 섹슈얼리티의 교차점에서의 삶을 다루는 학문적 저작들에 대한 공통된 계보, 혹은 유산을 공유한다. 비록 이 계보가 미셸 푸코(Michel Foucault), 주디스 버틀러(Judith Butler), 이브 코소프스키 세지윅(Eve Kosofsky Sedgwick), 데이비드 M. 할퍼린(David M. Halperin)의 퀴어 이론 저작들처럼 보다 "경전적인"(canonical) 업적들은 아닐지라도, 유색인 퀴어 학자들의 역사는 실제로 존재하며, 유색인 LGBTIQ들로 하여금 공동체성과 소속감을 느끼는 데 도움을 준다.

1970년대에는 유색인 LGBTIQ 학자들에 의한 저술이 거의 없지만 몇 개가 있기는 하다. 바바라 스미스가 1977년에 쓴 선구자적인 에세이 "흑인 여성주의 비판을 향하여"에서 밝혔듯이, 흑인 레즈비언의 경험을 쓰는 일은 "유례없고," "위험한" 일이었다. 왜냐하면 이런 것들은 흑인 남성들이나 백인여성주의자들의, 심지어는 흑인 여성들의 "경험"이 아니기 때문이다.7) 스미스는 다음과 같이 예리하게 지적했다. "나는 결국, 만일 나에게 내 삶에 대한 구체적인 것까지 말해주는 한 권의 책이 실제로 있었다면, 내가 깨어나거나 잠드는 시간이 얼마나 더 편해질 수 있는지 표현하길 원한다."8)

스미스의 논문이 출판된 지 35년 후에, 유색인 퀴어의 경험을 다룬 책들이 많이 출간되었다. 이런 책들에는 아시아계 미국인 퀴어의 경험을 다룬,『질문과 응답: 아시아계 미국에서의 퀴어』(1998),9) 흑인 퀴어 경험을 다룬『최고의 금기: 흑인 공동체에서의 동성애』(2000),10) 라띠나/노 퀴어의 경험을 다룬『게이 라띠노 연구: 비평적 읽기』(2011),11) 그리고 두-영혼 원주민의 경험을 다룬『퀴어 원주민 연구: 이론, 정책, 문헌에서의 비평적 접근』(2011)12) 등의 선문집들이 포함된다.

위의 책들 외에도, 오드리 로드13)와 글로리아 안살두아14) 같은

---

7) Barbara Smith, "Toward a Black Feminist Criticism," in *The New Feminist Criticism: Essays on Women, Literature, and Theory*, ed. Elaine Showalter (New York: Pantheon Books, 1985), 168.

8) Ibid., 183.

9) David L. Eng and Alice Y. Hom, *Q&A: Queer in Asian America* (Philadelphia, PA: Temple University Press, 1988).

10) Delroy Constantine-Simms, *The Greatest Taboo: Homosexuality in Black Communities* (Los Angeles, CA: Alyson Books, 2000).

11) Michael Hames-García and Ernesto Javier Martínez, eds., *Gay Latino Studies: A Critical Reader* (Durham, NC: Duke University Press, 2011).

12) Qwo-Li Driskill et al., eds., *Queer Indigenous Studies: Critical Interventions in Theory, Politics, and Literature* (Tuscon: University of Arizona Press, 2011).

13) Audre Lorde, *Sister Outsider: Essays and Speeches*, rev. ed. (Berkely, CA: Crossing Press, 2007) [역자주: 이 책은 한국어로 번역되었다. 오드리 로드/주해연, 박미선 옮김, 『시스터 아웃사이더』 (후마니타스, 2008)].

주요한 유색인 퀴어 이론가들에 의해 쓰인 연구서들이 있다. 실제로, 유색인 LGBTIQ의 경험—영적인 경험을 포함해서—에 관한 저서들은 적어도 반세기 전까지로 거슬러 올라가서, 1962년에 흑인 게이 작가인 제임스 볼드윈(James Baldwin)이 쓴 『또 다른 나라』(Another Country)를 예로 들 수 있다. 게이 라틴 남성학자인 미카엘 하메스-가르시아는 1960년대에서 1980년까지 활동한 유색인 퀴어 작가들의 주요 작품들을 모아 놀랄 만한 연보를 만들었는데, 그 연보에 1990년대 초 퀴어 이론의 경전적인 작품들이 등장하기 수십 년 전에 활동했던 바바라 스미스, 오드리 로드, 캄바히 리버 연합체(the Combahee River Collective), 체리 모라가(Cherríe Moraga), 글로리아 안살두아가 포함된다.15)

위에서 밝혔듯이, 이제는 인종과 퀴어 이론 사이의 교차점에 있는 유색인 LGBTIQ 학자들의 연구에 집중했던 학술적인 퀴어 연구들—"유색인 퀴어 비평"—안에 하나의 전체적인 운동이 존재한다. 2005년 "지금의 퀴어 연구에서 퀴어란 무엇인가?"란 제목으로 발간된 『사회 텍스트』(Social Text)지(紙) 특별호에서, 그 잡지의 편집자들은 퀴어 연구가 이제 섹슈얼리티 논쟁을 넘어서서, "인종에 관한 이론들, 초국가주의의 문제들, 세계적인 자본과 노동 사이의 갈등, 디아스포라와 이주민 문제, 시민권의 문제, 국가적 소속에 관한 문제, 괴사정책(necropolitics)" 등의 논쟁점들을 다룬다고 지적했다.16) 요약하면, 유

---

14) Gloria Anzaldúa, *Borderlands/La Frontera: The New Mestiza*, 3rd. ed. (San Francisco, CA: Aunt Lute Books, 2007).
15) Michael Hames-García, "Queer Theory Revisited," in Hames-García and Martínez, *Gay Latino Studies*, 26-27.

색인 LGBTIQ들은 일반적인 학술 유산들을 공유하고 있으며, 또한 유색인 퀴어 신학을 수립하는 과정에서 이런 역사를 인정하고 존중하는 것이 중요하다.

3. 몇 가지 개념 정의들

인종, 섹슈얼리티, 영성과 관련된 개념들은 종종 처음의 의도보다는 더 복합적일 때가 많다. 그런 점에서, 이 책에서 사용될 주요한 용어들의 개념들 몇 가지를 소개하는 것이 도움이 될 것이다.

첫째, 이 책에서 '인종'이란 용어는 마이클 오미와 하워드 위난트의 영향력 있는 책 『미국에서의 인종 형성: 1960년대에서 1990년대까지』에서 쓰인 의미로 사용되었다. 이 책에서 오미와 위난트는 인종을 "인간의 몸을 다른 유형으로 구분함으로써 사회적 갈등과 이해관계를 의미화하고 상징화시키는 개념"으로 정의한다. 비록 이 정의가 "생물학에 기초한 인간의 특징들(characteristics)" 또는 "형질들"(phenotypes)을 가리키지만, 오미와 위난트는 우리에게 "인종적 의미를 만들기 위한 목적으로 이처럼 특별한 인간의 특색들을 선택하는 것은 항상, 그리고 필연적으로 불가피하게, 사회적인 동시에 역사적 과정"의 결과임을 상기시켜준다.17)

---

16) David L. Eng, Judith Halberstam, and José Esteban Muñoz, "What's Queer About Queer Studies Now?," *Social Text* nos, 84-85(2005): 2.
17) Michael Omi and Howard Winant, *Racial Formation in the United States: From the 1960s to the 1990s*, 2nd. ed. (New York: Routledge, 1994), 55. 오미와 위난트의 책 출판 25 주년을 기념해 2012 년에 새로운 에세

실제로 현재의 인종 구분은 15세기에 시작된 서구 유럽의 식민지 확장에 그 뿌리를 두고 있다. 로저 산젝이 주장했듯이, 인종이란 사회적으로 구성된 "인류를 분할해서 순위를 구분해 놓은 틀"인데, 이런 틀은 1400년대에 발전되었으며, "지능, 매력, 문화적 가능성, 가치 등의 몫을 인종별로 분할"시켜 놓았다.18) 산젝에 따르면, 인류학적 관점에서 이러한 저울재기의 그 어떤 것도 "사실"이 아님에도 불구하고, 인종은 "인식들과 정책들의 사회적 순서를 정하면서 모두 너무 사실인 것처럼 되어버렸고" "전 세계에 만연한 인종차별주의"를 만들어냈다.19)

따라서 "인종"이란 용어는 "피부색이나 머리 형태와 같은 육체적인 특징"과 그러한 인종적 범주에서 생겨난 "일반화와 고정관념"을 기초로 한 범주들(가령, "아시아계 미국인")을 지칭한다고 이해하는 것이 타당하다. 대조적으로, "민족성"(가령, "중국계 미국인")은 언어, 문화, 출신국가, 종교, 또는 오랜 세월을 거치면서 "한 집단을 다른 집단들로부터 구별시켜 온" 어떤 요소 등을 "공통의 경험"으로 가진 집단을 가리킨다.20) "유색인"이란 용어는 미국 안에서 역사적으로 주변부

이 선문집이 출판되었다. Daniel HoSang et. al., eds., *Racial Formation in the Twenty-First Century* (Berkeley: University of California Press, 2012)를 보라.

18) Roger Sanjek, "The Enduring Inequalities of Race," in *Race*, ed. Steven Gregory and Roger Sanjek (New Brunswick, NJ: Rutgers University Press, 1994), 1.

19) Ibid.

20) William Ming Liu and William R. Concepcion, "Redefining Asian American Identity and Masculinity," in *Culturally Responsive Counseling with Asian American Men*, ed. William Ming Liu, Derek Kenji Iwamoto, and Mark H. Chae (New York: Routledge, 2010), 129.

로 밀려난, 그리고/또는 유럽과 북미의 권력에 의해 세계 곳곳에서 식민지화된 인종적, 민족적 집단에 속한 사람들을 집합적으로 가리킨다. 여기에 아프리카계 미국인, 아시아계 미국인, 라틴 남성/여성, 그리고 원주민 등이 포함되지만, 그들에게만 국한되지는 않는다.21)

둘째, "섹슈얼리티"라는 용어는 이 책에서 매우 광범위하게 사용되며, 사회적 차원에서는 "성애적(erotic) 삶을 형성하는 사회적 현상의 꾸러미들, 즉 법, 종교, 규범과 가치들, 신앙과 이데올로기들, 재생산을 위한 사회조직들, 가족생활, 정체성, 국내 정책들, 질병들, 폭력과 사랑"을 가리킨다. 뿐만 아니라 개인적인 차원에서 이 용어는 "좋을 때나 나쁠 때에도 우리의 삶을 형성하는 기쁨과 고통"에 관련된 것들을 가리킨다.22) 인종과 마찬가지로, 섹슈얼리티는 장소와 시간에 따라 변화하는 다분히 사회적인 개념이다.

위에서 지적했듯이, LGBTIQ란 용어는 이 책에서 레즈비언, 게이, 양성애자, 트랜스젠더, 간성인, 그리고 퀴어들을 지칭하는 집합적 용어로 사용될 것이다. 이 책에서는 또한 "퀴어"란 말을 "LGBTIQ"와 서로 바꿔가면서 사용할 것이다. ("퀴어"란 용어 또한 스스로의 정체성을 팬섹슈얼[pansexual], 무성애자[asexual], 퀘스쳐닝[questioning], 지지자[allied], 그리고 두-영혼[Two-Spirit]23)이라고 밝히는 개인들을

---

21) 내 아르헨티나 친구인 우고 꼬르도바 께로(Hugo Córdova Quero)가 내게 상기시켜준 것처럼, "유색인"이란 용어는 미국에서 처음 사용되었다. 즉, 이전에 미국에 살던 주체들은 정복자들이 미국에 도착했을 때 "유색인"이 되었고, 이미 존재하고 있는 인종적 범주 속으로 구분되었다.
22) Jeffrey Weeks, "The Social Construction of Sexuality," in *Introducing the New Sexuality Studies*, ed. Steven Seidman, Nancy Fischer, and Chet Meeks, 2nd ed. (Abingdon, UK: Routledge, 2011), 19.

모두 포함하는 용어로 사용할 것이다.) 그리고 내가 다른 곳에서 이미 논의했듯이, 퀴어 신학의 영역에서 "퀴어"란 다른, 좀 더 특별한 의미를 갖는데, 이는 섹슈얼리티나 젠더와 관련된 이분법적 구분을 용해시키는 것뿐 아니라 넘어서는 것을 뜻한다.24)

이제 좀 더 분명해진 것처럼, "LGBTIQ" 혹은 "퀴어"를 구성하는 하위범주들은 실제로 서로 많이 다르다. 즉, "레즈비언," "게이," "양성애자"란 말들은 성적 정체성을 가리키는 용어들이다. (즉, 한 사람이 육체적, 감정적인 차원에서 매력을 느끼는 대상에 관한 개념이다.) 반면, "트랜스젠더"는 젠더 정체성과 표현에 대한 것이다. (즉, 젠더란 한 사람이 세상을 향하여 자신의 정체성을 이것으로 밝히고 표현하는 것이다.) "간성"이란 생물학적 성을 가리킨다. (즉, 한 사람의 생물학적 성기, 호르몬, 그리고 염색체를 가리킨다.) 이처럼 다양한 용어들을 하나로 묶어버리는 것은, 궁극적으로 그런 하위범주들을 성정체성, 젠더 정체성과 표현,25) 그리고/또는 생물학적 성과 관련된 지배적인 사회적 규범을 통해 주변으로 밀어내는 것이다.

셋째, "영성"이란 용어는 이 책에서 "사람들의 삶에 생기를 불어넣어주고 그들이 초감각적인 실재들과 대면할 때 도움이 되는 태도, 믿음, 실천들"을 묘사하는 폭넓은 의미로 쓰일 것이다.26) 즉, 영성이란

---

23) "두-영혼"이란 용어에 대한 논의는 5장을 참고하라.
24) Cheng, *Radical Love*, 2-8.
25) 섹슈얼리티와 젠더 정체성에 관련된 개념 이해에 도움을 받기 위해서는 Palmer and Haffner, "A Time to Seek," 7-11를 참조하라.
26) Gordon S. Wakefield, "Spirituality," in *The Westminster Dictionary of Christian Theology*, ed., Alan Richardson and John Bowden (Philadelphia, PA: Westminster Press, 1983), 549.

감각의 영역을 넘어선 어떤 궁극적 실재와 교감하는 것을 가리킨다. 이것은 조직화된 종교—유대교나 기독교나 이슬람교의 아브라함 신앙이든, 또는 힌두교, 불교, 도교와 같은 동양의 철학들이든 간에—혹은 보다 개인적이고 개별적인 영적 훈련을 포함할 수 있다.

나는 이런 개념들을 통해 인종, 성, 영성의 범주와 관련한 실재론적 사고방식을 강화시킬 의도가 없다는 것을 분명히 밝히고 싶다. 즉, 어떤 사람의 "본질적인" 어떤 것(가령, 한 사람이 "아시아인" 또는 "퀴어"로 태어난 점)을 지적하려는 것이 아니라, 인종, 섹슈얼리티, 영성의 범주들이 실제로는 유동적이고, "시간, 장소, 상황"과 같은 사회적 맥락에 상당히 의존하는 범주들이라는 점을 밝히려는 것이다.27) 비록 인종적, 성적, 영적 특성들이 신체적 특징과 경험들에 기반을 두고 있다고 할지라도, 이러한 특징들이 갖는 의미는 오랜 시간을 거치면서 사회적으로 구성되고 변화되었다.28)

---

27) Laina Y. Bay-Cheng, "The Social Construction of Sexuality: Religion, Medicine, Media, Schools, and Families," in *Sex and Sexuality, Volume 1: Sexuality Today-Trends and Controversies*, ed. Richard D. McAnulty and M. Michele Burnette (Westport, CT: Praeger, 2006), 204. 실제로 범주들의 유동성에 대하여 한 퀴어 이론가는 "정체성 운동이 자기-파괴적이어야만 하는가?"라고 질문하기도 했다. Joshua Gamson, "Must Identity Movements Self-Destruct?: A Queer Dilemma," in *Queer Cultures*, ed. Deborah Carlin and Jennifer DiGrazia (Upper Saddle River, NJ: Pearson Prentice Hall, 2004), 279.

28) 더욱이, 이 범주들은 서로 배타적인 범주들이라기보다는, 실제로 서로 깊게 연관되어 있고 궁극적으로 서로 구별될 수 없다. 더 자세한 논의는 7장을 참조하라. 또한 Ian Barnard, *Queer Race: Cultural Interventions in the Racial Politics of Queer Theory* (New York: Peter Lang, 2004); Linwood J. Lewis, "Sexuality, Race, and Ethnicity," in McAnulty and Burnette, *Sex and Sexuality, Volume 1*, 229-64; Joane Nagel, *Race, Ethnicity, and Sexuality: Intimate Intersections, Forbidden Frontiers* (New York: Oxford University

4. 범위와 한계

개념에 관한 논쟁점들을 다루면서, 나는 이 책의 범위와 한계를 설명하는 것 또한 중요하다고 생각한다. 첫째로 그리고 가장 중요하게, 이 책이 인종, 섹슈얼리티, 영성과 같은 매우 폭넓은 주제를 다루고 있지만, 이 책은 결국 하나의 기독교신학이다. 즉, 이 책은 궁극적으로 예수 그리스도를 따르는 자로서 그 소명을 조직신학자, 신학교 교수, 안수 받은 목회자의 길로 삼은 내 정체성에 뿌리를 두고 있다.

이런 전제 속에서, 나는 내 연구에 다종교적 관점과 자료들을 충분히 활용하기로 결심했다. 비록 내가 비(非)기독교 신앙공동체의 사람들을 대변할 수는 없지만, 나는 샌프란시스코 베이 지역에서 성인이 될 때까지 중국, 대만, 홍콩에서 살아온 외조부모님과 함께 성장했다. 그분들은 기독교로 개종하지 않은 채로 유교, 불교, 도교가 섞인 혼종적인 종교관(hybridized view of religion)을 유지하며 살았다. 내가 다른 곳에서 썼듯이, 내 남동생은 유대교로 개종했다.29) 따라서 나는 다종교 이슈에 민감하고, 이 책 2부에서 그 논쟁점들을 상세히 다룰 것이다.

둘째로, 나는 정체성을 밝힌 게이, 시스젠더(즉, 트랜스젠더가 아닌), X세대, 비(非)장애 중국계 미국인 남성 학자로서의 사회적 위치에서 이 글을 쓴다. 유색인 공동체 안에서의 힘의 위계질서 내에서 내가 성정체성, 성, 젠더 정체성, 나이, 장애유무, 민족성, 계급, 그리고 직

Press, 2003).
29) Cheng, *From Sin to Amazing Grace*, xviii.

업에서 상대적으로 특혜를 가진 위치에 있음을 깨닫는다. 나는 내 자신의 사회적 자리에서 벗어나 다른 관점들을 이 책에 포함하려고 최선을 다했지만, 불가피하게 내가 사용하는 자원들과 사례들은 제한적일 수밖에 없다. 그래서 나는 독자들의 인내와 이해를 바란다. 그리고 나는 독자들이 내가 간과한 것들에 대해 조언이나 추가적인 관점을 내게 전해주길 바란다.

셋째로, 이 책에 나오는 사례들은 기본적으로 미국에 살고 있는 유색인 공동체에 초점을 맞출 것이다. 그 이유 중 하나는 유색인 LGBTIQ 신학자들의 저술의 대부분이 미국에서 출판되었기 때문이다. 또 다른 이유는 내가 내 삶의 거의 대부분을 미국에서 살았고, 그래서 나의 경험 자체가 초국가적인 논쟁점들에 대해서는 제한적이기 때문이다. 그런 전제 아래, 이 책의 2부는 경계를 넘어선 유색인 퀴어 신학자들의 주요 논쟁점들을 다룰 것이다. 미국적 이슈와 국제적 이슈를 구분하는 것은 그렇게 쉬운 일이 아니다. 특별히 퀴어 아시아계 미국인과 라틴 신학자들에게는 더욱 그렇다.

지금까지 이 책의 많은 이론적인 논쟁점들, 개념들, 한계점들—특히 유색인 LGBTIQ과 관련해서—에 관해 논의했는데, 이제 유색인 퀴어 신학들에 대한 연구로 넘어가려고 한다. 1부의 네 개의 장은 퀴어 흑인, 퀴어 아시아계 미국인, 퀴어 라틴남성/여성, 두-영혼 원주민 신학자들과 종교학자들에 대해 탐구할 것이다.[30]

---

[30] 나는 이러한 인종적이고 민족적인 범주들이 혼합적인 유산과 다인종적 배경을 가진 사람들의 경험을 주변화시키는 데 기여할 수 있음을 인식한다. 파라자예가 지적했듯이, 그러한 범주들은 그들[혼합적 배경을 가진 사람들]에게 "유색인 공동체 안에서의 자신들의 자리를 인식하게 도와주지만, 자신의 선택을

학습을 위한 질문들

1. 이 책을 읽는 이유는 무엇인가요? 유색인 퀴어 신학에서 배우기를 원하는 점은 무엇인가요?
2. "유색인 퀴어"란 개념이 타당한 개념적 범주가 아니라는 점은 논쟁의 여지가 있습니다. 이 범주의 사용을 옹호하는 몇 가지 이유들에는 무엇이 있나요?
3. 유색인 LGBTIQ들의 경험과 관련된 주요한 학자들의 저작으로 무엇이 있나요? 그 중에 읽어본 것이 있나요?
4. 이 책에 쓰인 "인종," "섹슈얼리티," "영성"의 의미를 여러분의 말로 설명해보세요.
5. 저자는 이 책의 한계가 무엇이라고 설명하나요? 이 한계들 중에 여러분은 어떤 것에 가장 관심이 있나요?

심화학습을 위한 자료들

퀴어 신학과 퀴어 종교연구

    Cheng, *Radical Love*, 9-11

    Lowe, "Gay, Lesbian, and Queer Theologies"

    Schippert, "Implications of Queer Theory for the Study of

---

통해 스스로를 정의하는 하지는 못하고, 단지 하나의 그룹을 선택하도록 만든다." Elias Farajajé-Jones, "Loving 'Queer': We're All a Big Mix of Possibilities of Desire Just Waiting to Happen," In the *Family 6*, no. 1 (Summer 2000): 17를 보라. 이 책의 2부에서 무지개신학을 논할 때, 나는 이 같이 사회적으로 형성된 범주들을 초월해서 혼합된 유산과 다인종적 배경을 가진 이들의 경험을 존중할 수 있기를 바란다.

Religion and Gender"
Schippert, "Queer Theory and the Study of Religion"
Schneider, "Queer Theory"
Wilcox, "Queer Theory and the Study of Religion"

유색인 퀴어 학자들의 연구

Anzaldúa, *Borderlands/ La Frontera*
Constantine-Simms, *The Greatest Taboo*
Driskill et al., *Queer Indigenous Studies*
Eng, Halberstam, and Muñoz, "What's Queer about Queer Studies Now?"
Eng and Hom, *Q&A*
Hames-García and Martínez, *Gay Latino Studies*
Lorde, *Sister Outsider*
Smith, "Toward a Black Feminist Criticism"

인종

Gregory and Sanjek, *Race*
HoSang, LaBennett, and Pulido, *Racial Formation in the Twenty-First Century*
Omi and Winant, *Racial Formation in the United States*
Sanjek, "The Enduring Inequalities of Race"

섹슈얼리티

Cheng, *From Sin to Amazing Grace*, xvi-xviii
Cheng, *Radical Love*, 2-8
Farajaje-Jones, "Loving Queer"

2장

퀴어 흑인신학들

적어도 1990년대 초 이후로, 퀴어 흑인1) 신학자들은 인종, 섹슈얼리티, 영성에 관한 논쟁점들과 씨름해왔다. 특별히 LGBTIQ 아프리카계 미국인들은 한편에서는 흑인교회의 이성애주의와 동성애혐오를 경험하고, 다른 한편에서는 백인 퀴어 종교공동체의 인종차별주의를 경험했다. 아프리카계 미국인 레즈비언 목사이면서 신학자인 아이린 몬로는 "우리의 과제는 언제나 우리의 독창적인 영성에 관한 진실을 말해 줄 신학 언어들을 발전시키는 것"이었다고 말한다. 몬로에 따르면, "백인 퀴어와 흑인이란 두 개의 종교적 문화들 속에서의 우리의 영성에 초점을 맞추는 것은 빈약한 주거환경에 있는 것과도 같았는데, 이것은 마치 영적인 나그네와 이방인 거주자의 처지와도 같았다."2)

이 장에서는 LGBTIQ 흑인신학자들의 주요 저술들을 검토할 것이

---

1) 이 책에서 나는 "흑인"과 "아프리카계 미국인"이란 말을 서로 바꿔가면서 사용할 것이다.
2) Irene Monroe, "Lifting Our Voices," in *Spirited: Affirming the Soul and Black Gay/Lesbian Identity*, ed. G. Winston James and Lisa C. Moore (Washington, DC: RedBone Press, 2006), xii.

다. 나는 그 저술들에서 제기된 세 개의 주요 주제들—(1) 흑인교회의 배타성, (2) 흑인 레즈비언의 목소리 되찾기, (3) 흑인 해방신학에 대한 도전—에 초점을 맞출 것이다. 이 장은 그 지형의 길을 찾기 위한 지도의 역할을 하게 될 것이지만, 여기서 지난 20년간의 퀴어 흑인신학 전부를 다루려고 시도하지는 않을 것이다. 그 대신에, 여기서는 퀴어 흑인신학의 주요한 업적들만 다루고, 2장의 마지막에 추가적인 연구 자료들을 제시할 것이다. 또한 여기서는 자신을 LGBTIQ 흑인신학자라고 밝히는 신학자들의 저술만을 다룰 것이다. 나는 켈리 브라운 더글라스와 같은 지지자와 그의 영향력 있는 저서 『섹슈얼리티와 흑인교회: 우머니스트 관점에서』3)를 인용할 것이지만, 주된 초점은 퀴어 흑인들의 목소리에 맞추어질 것이다.

1. 역사적 배경

LGBTIQ 흑인신학자들의 업적을 다루기 전에, 우선 퀴어 아프리카계 미국인들의 숨은 역사에 대한 간단한 조사부터 시작해보자. 비록 최근에 LGBTIQ 역사에 관한 많은 저술들이 발표되기는 했지만,4) 기본적으로 아직까지는 북미에서의 유색인 퀴어의 역사에 초점을 맞

---

3) Kelly Brown Douglas, *Sexuality and the Black Church: A Womanist Perspective* (Maryknoll, NY: Orbis Books, 1999).
4) Robert Aldrich, ed., *Gay Life and Culture: A World History* (New York: Universe Publishing, 2006); Michael Bronski, *A Queer History of the United States* (Boston, MA: Beacon Press, 2011); Neil Miller, *Out of the Past: Gay and Lesbian History from 1869 to the Present*, rev. and updated ed. (New York: Alyson Books, 2006).

춘 저서는 하나도 없다. 그러므로 동성애와 젠더 불일치 아프리카계 미국인의 완성된 역사가 써져야 한다. 따라서 이 장에서 진행되는 논의는 다양한 자료들로부터 모아진 것이다.

아프리카계 미국인들이 북미에 살았던 것은 적어도 한 네덜란드 상인이 버지니아의 식민지 거주민들에게 "20명의 검둥이들(Negars)"을 판매한 기록이 남겨진 1619년부터다.5) 15세기~19세기에 걸쳐 이루어진 끔찍한 노예무역은 "아프리카에서 거의 1천만 명의 사람들을 납치했는데, 그 중에 35만 명 정도가 미국에서 노예로 팔렸다."6)

일찍이 1630년에 버지니아의 한 식민지 법관이 인종, 섹슈얼리티, 종교의 교차점에 관한 글을 썼다. 그해에, 백인 남자 휴 데이비스(Hugh Davis)가 "[여성] 검둥이와 잠자리를 해서 자기의 몸을 더럽힌" 결과로 채찍 형(刑)을 선고받았다. 그 법관에 따르면, 이것은 "하나님의 명예를 더럽히고 기독교를 부끄럽게" 한 행동이었다. 십 년 후, 또 다른 백인 남성인 로버트 스웨트(Robert Sweat)가 한 군인장교에게 속한 이름이 알려지지 않은 "검둥이 여자노예"를 임신하게 한 죄로 유죄를 선고받았다. 그 여성은 채찍 형에 처해졌지만 스웨트는 "제임스 도시교회에서 예배 중에 자신의 범죄에 대한 공개 참회"를 하도록 요청받았다.7)

---

5) Ronald Takaki, *A Different Mirror: A History of Multicultural America*, rev. ed (New York: Back Bay Books, 2008), 51.
6) Roger Daniels, *Coming to America: A History of Immigration and Ethnicity in American Life*, 2nd ed. (New York: Harper Perennial, 2002), 61.
7) Takaki, *A Different Mirror*, 54.

동성(同性) 간의 사랑을 나눈 아프리카계 미국인에 관한 최초의 알려진 문서는 17세기로 거슬러 올라간다. 뉴네덜란드 식민지(맨해튼 섬)의 1646년 6월 25일자 법정 의사록에, 얀 크레올리(Jan Creoli)란 "검둥이"가 동성애 범죄로 기소되었다는 기록이 있다. 법정은 그 행위를 "하나님을 모독한 죄"라고 설명하며 창세기와 레위기를 인용했다. 크레올리는 "목을 졸라 죽인 뒤 불에 태우는" 형을 선고 받았다.[8]

아프리카계 미국 노예들 사이에 합의된 동성 간의 사랑에 대해 알려진 것은 많지 않지만, 19세기에 노동계급 아프리카계 미국인들 사이에 그런 관계가 있었던 증거가 있다. 예를 들면, 1860년대 코네티컷 주 하트포드 시에 살았던 두 명의 아프리카계 미국 여성들─교사였던 레베카 프리무스(Rebecca Primus)와 노예였던 에디 브라운(Addie Brown)─은 "강렬하고 깊은 열애 관계"를 가졌다.[9]

1920년대의 할렘 르네상스는 할렘 지역의 "신분과 성적 모호성의 결합" 때문에 많은 아프리카계 미국인 동성애자들을 매혹시켰다.[10] 이들 중에는 시인 랭스톤 휴즈(Langston Hughes), 가수 베씨 스미스(Bessie Smith), 극작가 월러스 써만(Wallace Thurman)이 포함되었다. 유명한 LGBTIQ 흑인 작가들의 전통은 제임스 볼드윈(James Baldwin), 오드리 로드(Audre Lorde), 엘리스 워커(Alice Walker)와 같은 작가들을

---

8) elias farajajé-jones, "Holy Fuck," in *Male Lust: Pleasure, Power, and Transformation*, ed. Kerwin Kay, Jill Nagle, and Baruch Gould (Binghamton, NY: Harrington Park Press, 2000), 327.
9) Brett Genny Beemyn, "The Americas: From Colonial Times to the 20th Century," in Aldrich, *Gay Life and Culture*, 154.
10) Miller, *Out of the Past*, 135.

통해 계속되었다.11)

많은 아프리카계 미국인 동성애자들이 시민권 쟁취를 위한 운동과 다른 많은 정의를 추구하는 운동들에 참여했다. 여기에는 마틴 루터 킹 목사의 가까운 조언자였던 바야드 러스틴(Bayard Rustin)도 포함된다. 비록 자신의 차에서 두 명의 남자들과 성관계를 가진 "도덕적 혐의"로 체포되었지만, 러스틴은 '몽고메리 버스 보이콧'(Montgomery Bus Boycott)과 연관되었고, '워싱턴 행진'(March on Washington)을 조직한 책임자로 활동했다.12) 다른 아프리카계 미국인 동성애자 지도자들 중에는 성공회에서 신부로 서품 받은 첫 번째 아프리카계 미국인 여성이며, "전미여성위원회"(National Organization of Women)를 조직했던 폴리 머레이(Pauli Murray)가 포함된다.13)

많은 사람들이 현대 LGBTIQ 인권 운동의 시작으로 삼는 1969년 6월의 '스톤월 항쟁'(Stonewall Riots)에 아프리카계 미국인 동성애자들도 참여했다. "흑인 여왕"(black queen)으로 잘 알려져 있고 성매매 종사자였던 마샤 존슨(Marsha P. Johnson)은 가로등 꼭대기까지 올라가 밑에 있는 경찰순찰차 위로 "무언가 무거운 것을 넣은 가방을 떨어뜨려서" 차 앞 유리를 박살냈다.14)

---

11) Devon W. Carbado, Dwight A. McBride, and Donald Weise, eds., *Black Like Us: A Century of Lesbian, Gay, and Bisexual African American Fiction* (Berkeley, CA: Cleis Press, 2002).
12) Bayard Rustin과 Martin Luther King, Jr.의 관계에 대한 논의를 위해서는 Michael G. Long, Martin Luther King Jr., *Homosexuality, and the Early Gay Rights Movement: Keeping the Dream Straight?* (New York: Palgrave Macmillan, 2012)를 보라.
13) Bronski, *Queer History*, 203.
14) Martin Duberman, *Stonewall* (New York: Plume, 1993), 67, 204.

1970년대 이후로, 많은 LGBTIQ 흑인 작가들이 인종과 섹슈얼리티의 경험을 공개적으로 다뤘다. 1977년에 흑인 레즈비언 작가인 바바라 스미스(Barbara Smith)는 인종, 섹슈얼리티, 영성의 교차점들을 연구한 중요한 논문인 "흑인 여성주의 비평을 향하여"를 발표했다. 1978년에, 오드리 로드는 "에로틱의 사용"이라는 영향력 있는 논문을 발표했고, 1979년에는 보스턴의 흑인 여성단체인 "콤바히 리버 연합체"(Combahee River Collective)가 "한 흑인 여성주의자의 진술"이란 글을 발표했다.15)

최근에, 키이스 보이킨의 『건너야 할 또 하나의 강: 미국에서의 흑인과 게이』16)와 선문집 『최고의 금기: 흑인 공동체에서의 동성애』17)와 같은 저작들이 아프리카계 공동체 내의 인종, 섹슈얼리티, 영성에 관한 대화를 이어가고 있다.

2. 퀴어 흑인신학의 계보

적어도 지난 20년 동안, 퀴어 흑인신학자들은 LGBTIQ 아프리카계 미국인들의 경험을 토대로 신학적 관점에서 글을 써왔다. 하지만

---

15) Hames-Garcia, "Queer Theory Revisited," 25.
16) Keith Boykin, *One More River to Cross: Black and Gay in America* (New York: Anchor Books, 1996). 또한 Keith Boykin, ed., *For Colored Boys Who Have Considered Suicide When the Rainbow Is Still Not Enough: Coming of Age, Coming Out, and Coming Home* (New York: Magnus Books, 2012), 153-81 ("Faith Under Fire").
17) Constantine-Simms, *The Greatest Taboo*, 76-121 ("Sexuality and the Black Church").

오늘날까지도 그런 저술들에 대한 조직적인 검토가 없었다. 이 장에서는 1990년대 초부터 오늘날까지의 퀴어 흑인신학의 계보를 명확히 짚어가면서 그 간극을 메꾸려한다.

이 장에서는 특별히 퀴어 흑인신학을 세 가지 주제들로 나누어 살펴볼 것이다: (1) 흑인교회의 배타성, (2) 흑인 레즈비언의 목소리 되찾기, (3) 흑인 해방신학에 대한 도전. 이런 주제들은 서로 배타적이지 않다. 오히려 이런 주제들은 다양한 저작들을 유사한 주제로 묶어 내려는 하나의 방식으로 고안되었다. 나는 이런 주제 층들을 통해 단순히 기본적인 신학연구들에 대한 추가적인 토론뿐만 아니라, 그 주제들 자체에 대한 추가적인 토론으로 이어지길 기대한다.

a. 흑인교회의 배타성

첫 번째 주제는 LGBTIQ 아프리카계 미국인들에 대한 흑인교회의 배타성이다. 흑인 레즈비언 목사이자 신학자인 아이린 몬로에 따르면, 흑인교회는 "우리의 퀴어 영성을 한편으로는 성가대석에서 찬양하고, 다른 한편으로는 설교단에서 우리를 심하게 비난함으로써 덮어버린다." 몬로는 흑인교회에서의 이성애주의와 동성애혐오에 대해 날카롭게 비판하면서, "흑인 종교세계 전반에 대한 우리의 공헌과 관계는 확인도 되지 않은 채, 우리는 예배라는 거룩한 공간들에서 선포되는 동성애혐오 발언들로 인해 매번 모욕당했다"고 주장한다.[18]

LGBTIQ 아프리카계 미국인들과 흑인교회에 대한 최초의 저술들

---

[18] Monroe, "Lifting Our Voices," xi.

중 하나가 1993년에 제임스 콘과 게이라우드 윌모어가 편집한 『흑인신학: 문헌사』의 두 번째 권에 등장한다.19) 그 논문은 바로 "스스로 공인한 게이 양성애자 흑인신학자"이면서 그 당시 하워드대학 신학대학원 교수였던 이브라힘 압두라만 파라자예가 쓴 "침묵을 깨면서: 삶-안에서의 신학을 향하여"다.20)

이 논문에서 파라자예는 "동성애혐오/양성애공포에 대한 비판"뿐 아니라 이성애주의의 "힘과 특권"으로부터 흑인신학을 해방시킬 "삶-속에서"(in-the-life)의 신학을 주장한다.21) 그는 동성애와 양성애에 대한 흑인교회의 혐오에 대해서 뿐 아니라 전국적인 유행병 에이즈(HIV/AIDS)에 대한 "숨 막힐 것 같은 침묵"에 대해 비판한다.22) 파라자예는 흑인교회가 "유럽-개신교주의의 유산을 넘어서야만 한다"고 주장한다. 그에 따르면, 그 유산은 "양자택일적 세계관"이 갖는 이분법에 기초하는데, "그것이야말로 말 그대로 우리를 죽인다."23)

파라자예의 논문은 1999년에 켈리 브라운 더글라스의 책 『섹슈얼리티와 흑인교회: 우머니스트 관점에서』로 이어졌다. 더글라스는 성공회 신부이면서 이성애자 흑인 여성이고, LGBTIQ 지지자로서 그 당시 하워드대학 신학대학원에서 가르치고 있었다. 그 책에서 더글라스

---

19) Cone and Wilmore, *Black Theology II*.
20) Farajajé-Jones, "Breaking Silence," 139. Farajajé은 2013년 1월 현재, 캘리포니아 주 버클리에 있는 목회를 위한 스타 킹 학교(the Starr King School for the Ministry)의 교무처장이자 문화연구와 이슬람 연구 교수다.
21) Ibid., 141.
22) Ibid., 146.
23) Ibid., 158. 파라자예의 후속 논문으로는 farajajé-jones, "Holy Fuck"와 Farajaje-Jones, "Loving 'Queer',"가 있다.

는 백인 인종차별주의와 흑인 동성애혐오를 연결시켰다. 더글라스는 흑인교회의 동성애혐오가 LGBTIQ 흑인들을 하나님으로부터 소외시키고, 동성애자들 각각의 온전한 인간성을 확증하는 것을 방해하기 때문에 "죄이고 또한 흑인 신앙에 대한 배신"이라고 주장했다.24)

2001년에 백인 게이이면서 흑인 공동체의 지지자인 게리 데이비드 콤스톡은 『모두의 교회: 아프리카계 미국 회중 속으로 레즈비언과 게이 환영하기』를 출판했다. 이 책은 동성애혐오에 반대하는 20명의 아프리카계 미국인 종교지도자들과 가진 인터뷰 모음집이다. 그 지도자들 명단에는 아이린 몬로, 르네 힐, 에밀리 타운즈(Emilie M. Townes)와 같은 LGBTIQ 흑인 목회자들뿐 아니라 재클린 그랜트 (Jacquelyn Grant), 제임스 포브스(James A. Forbes), 제임스 콘, 켈리 브라운 더글라스를 포함한 이성애자 흑인 지지자들이 포함되었다.25)

퀴어 흑인신학의 중요한 시기는 호레스 그리핀의 책 『그들 스스로가 그들을 받아들이지 않는다: 흑인교회의 아프리카계 미국인 레즈비언과 게이들』이 출판된 2006년이다.26) 그리핀의 책은 자신을 게이로 밝힌 흑인신학자가 이 주제에 대해 쓴 한 권 분량의 책으로는 첫 번째다. 성공회 신부이면서 뉴욕의 제너럴신학대학원에서 가르치는 그리

---

24) Douglas, *Sexuality and the Black Church*, 126. 2013년 1월 현재 더글라스는 메릴랜드 주 볼티모어 시에 있는 고우처 대학의 엘리자벳 코놀리 토드 (Elizabeth Conolly Todd) 석좌교수다.
25) Gary David Comstock, *A Whoever Church: Welcoming Lesbians and Gay Men into African American Congregations* (Louisville, KY: Westminster John Knox Press, 2001).
26) Griffin, *Their Own Receive Them Not*. 2013년 1월 현재, 그리핀은 캘리포니아 주 버클리에 있는 퍼시픽 종교대학원의 목회신학 조교수이다.

핀은 "진정한 흑인 해방신학"은 이성애자 흑인교회 지도자들이 "모든 사랑하는 성관계와 헌신은 하나님의 창조의 목적을 반영하는 것"임을 인정하도록 이끄는 것이라고 주장했다.27) 그렇게 함으로써, 그들은 "동성애혐오에 의해 상처받은 삶을 치유"할 수 있고, 아프리카계 미국인들이 "우리의 몸과 섹슈얼리티를 하나님의 선물로서 사랑할 수 있게" 도울 수 있다.28)

2010년에 보스턴대학 신학교수인 션 코플런드는 LGBTIQ 아프리카계 미국인들을 향해 철저하게 포용적인 로마가톨릭 교회론을 출판했다. 그녀의 책 『자유의 육화: 몸, 인종, 존재』에서 코플런드는 그리스도의 몸―그리고 "그의 교회의 육체"―는 피부가 "빨간색이든, 갈색이든, 노란색이든, 하얀색이든, 검은색이든" 상관없이, 그리고 "동성애적 몸이든 이성애적 몸이든" 상관없이 "몸의 다른 표식을 지닌 우리의 모습 모두를" 인정한다고 주장한다.29)

LGBTIQ 흑인 신앙공동체를 학문(그리고 다른 방법들)을 통해서 "온전하게 포용"하려고 시도하는 곳들 중에 하나가 퍼시픽종교대학원의 "종교와 목회에 관한 레즈비언과 게이 연구 센터" 안에 있는 '아프

---

27) Ibid., 219.
28) Ibid., 220, 223.
29) M. Shawn Copeland, *Enfleshing Freedom: Body, Race, and Being* (Minneapolis, MN: Fortress Press, 2010), 83. 로마 가톨릭 신부이면서 마케트 대학교(Marquette University) 교수인 브라이언 N. 매싱게일(Bryan N. Massingale)도 가톨릭교회 내에서의 인종과 섹슈얼리티 사이의 교차지점에 관심이 있다. LGBTIQ 이슈와 가톨릭교회와 관련된 논문을 모은 선문집인 『독백 이상의 것』에 매싱게일의 논문이 하나 실렸다. Christine Firer Hinze, J. Patrick Hornbeck, and Michael A. Norko, *More Than a Monologue: Sexual Diversity in the Catholic Church* (Bronx, NY: Fordham University Press, 2014).

리카계 미국인 원탁모임'(African American Roundtable; AART)이다. 2000년에 설립된 AART는 LGBTIQ를 위한 사회적 정의를 지원하기 위해 아프리카계 미국인 신앙공동체를 결집시키려고 노력한다.30)

b. 흑인 레즈비언의 목소리 되찾기

퀴어 흑인신학의 두 번째 주제는 우머니스트 신학—아프리카계 여성에 의한 또한 그들을 위한 신학—안에서의 흑인 레즈비언의 목소리 되찾기와 관련이 있다.

이 영역의 가장 근본적인 저술은 1993년에 출판된 콘과 위모어가 편집한 책에 실린 또 다른 논문이다. 그 제목은 "우리는 서로에게 누구인가?: 성차별주의, 섹슈얼리티, 그리고 우머니스트 신학"이다. 이 논문은 "스스로를 레즈비언이라고 밝힌" 뉴욕 유니온신학대학원의 박사 과정생인 르네 힐(Renée L. Hill)이 썼다.31) 파라자예의 논문(기본적으로 게이와 양성애자 남성에 초점을 맞춘)과 대조적으로 힐은 흑인 레즈비언에 초점을 맞췄고, 이들이 우머니스트의 신학적 성찰로부터 배제되고 있는 점을 조명했다.

우머니스트신학은 흑인 해방신학과 백인 여성신학이 흑인 여성들

---

30) "African American Roundtable," The Center for Lesbian and Gay Studies in Religion and Ministry 를 보라. 2013년 1월 3일 접속, http://bit.ly/Qze7FR. 롤랜드 스트링펠로우(Roland Springfellow)는 AART의 직원이며, 그도 흑인교회의 동성애혐오에 도전할 필요성에 대해 글을 썼다. Stringfellow, "Soul Work"를 보라.

31) Hill, "Who Are We for Each Other?", 345. 힐은 유니온신학대학원을 졸업한 뒤 매사추세츠 주 캠브리지에 있는 성공회신학대학원의 조교수로 재직했고 지금은 성공회 신부로 뉴욕에 살고 있다.

의 경험으로 제대로 다루는 일에 실패한 것에 대한 흑인 여성들의 대응으로서 시작되었지만, 르네 힐은 "레즈비언의 목소리는 기독교 우머니스트신학에서 침묵 속에 묻혔다"고 지적한다.32) 힐은 우머니스트신학이 아프리카계 미국인 공동체 안의 동성애혐오와 이성애주의에 맞서 싸워야 하고, 흑인 레즈비언의 목소리들에 귀를 기울여야 한다고 주장한다.

힐의 논문이 발표된 지 20년 후, 레즈비언과 양성애에 대한 우머니스트신학의 포용성을 다룬 글이 나왔다. 2006년, 『여성주의 종교학 저널』은 "내가 우머니스트가 되어야만 하는가?"33)라는 주제로 행한 원탁토론을 책으로 출판했다. 그 원탁토론은 무엇보다 흑인 여성주의(Black feminism)가 우머니즘(womanism)보다 흑인 여성의 섹슈얼리티 문제에 대해 더 개방적이고, 그 문제를 받아들였는지에 대한 토론이었다.

많은 흑인 여성신학자들과 윤리학자들이 원탁에 모여, 클레어몬트 신학대학원 교수인 모니카 콜만(Monica A. Coleman)34)의 논문에 대해 비평적 토론을 벌였다. 이 논문에서 콜만은 우머니스트신학의 "이성애 규범성"(heteronormativity)을 비판하고, 이러한 실패는 앨리스 워커가 우머니스트를 "다른 여성을 성적으로 그리고/또는 비(非)성적으로 사랑하는" 것이라고 정의한 점을 진지하게 고려하지 못했다고 비판했

---

32) Ibid., 346.
33) "Roundtable Discussion: Must I Be Womanist?," *Journal of Feminist Studies in Religion* 22, no. 1 (Spring, 2006).
34) 2013년 1월 현재 콜만은 캘리포니아 주 클레어몬트에 있는 클레어몬트 신학대학원의 아프리카계 미국종교와 조직신학 조교수다.

다.35) 그 원탁토론에서 적어도 두 명의 응답자들—아이린 몬로와 드류대학교 신학대학원 교수인 트레이시 웨스트—은 콜만의 입장에 동의했다.36)

2006년에 트레이시 웨스트는 『파괴적 기독교윤리: 인종차별주의와 여성의 삶이 문제가 될 때』를 출판했다. 이 책에서 웨스트는 자신의 책의 한 장 전체를 할애해서 교회와 사회에서 이성애주의에 도전하는 흑인 기독교 지도자들을 다뤘다.37) 그리고 2008년에 모니카 콜만은 『길 없는 곳에 길 만들기: 우머니스트신학』을 출판했는데, 이 책 안에 흑인교회의 동성애혐오에 도전해온 조지아 주 애틀랜타의 "세계사역네트워크(Global Service Network) 목회"와 "친-LGBTIQ 목회"에 관한 항목이 포함되었다.38)

2009년에 캐나다 몬트리올에서 열린 미국종교학회(AAR) 연례모임

---

35) Monica A. Coleman, "Roundtable Discussion: Must I Be Womanist?," *Journal of Feminist Studies in Religion* 22, no. 1 (Spring, 2006): 86.

36) Irene Monroe, "Roundtable Discussion: Must I Be Womanist?," *Journal of Feminist Studies in Religion* 22, no. 1 (Spring, 2006): 107-13; Traci C. West, "Roundtable Discussion: Must I Be Womanist?", *Journal of Feminist Studies in Religion* 22, no. 1 (Spring, 2006): 128-34.

37) Traci C. West, *Disruptive Christian Ethics: When Racism and Women's Lives Matter* (Louisville, KY: Westminster John Knox Press, 2006), 141-79 ("Leadership: Dissenting Leaders and Heterosexism")를 보라. 웨스트는 또한 동성애에 관련 회중을 위한 안내 자료집을 공동집필했으며 동성결혼을 옹호하는 글들을 모은 선문집을 편집하기도 했다. Karen P. Oliveto, Kelly D. Turney, and Traci C. West, T*alking About Homosexuality: A Congregational Resource* (Cleveland, OH: Pilgrim Press, 2005); Traci C. West, *Defending Same-Sex Marriage*, vol. 2 of *Our Family Values: Same-Sex Marriage and Religion* (Westport, CT: Greenwood-Praeger, 2006).

38) Monica A. Coleman, *Making a Way Out of No Way: A Womanist Theology* (Minneapolis, M: Fortress Press, 2008), 147-67.

에서, 레즈비언 문제와 우머니스트신학의 교차점에 대한 획기적인 패널이 "숨겨지고 눈에 띄지 않는: 흑인교회와 흑인 공동체 안에서의 퀴어와 레즈비언"이란 제목으로 열렸다.39) 이 패널에서 5명의 레즈비언 우머니스트 학자들인 말루 페어리(Malu Fairley), 파멜라 라이트세이(Pamela Lightsey), 래도라 스트워트(Raedorah Stewart), 엘론다 클레이(Elonda Clay), 텔라시아 "니키" 영(Thelathia "Nikki" Young)이 논문을 발표했다. 이 패널은 "종교와 사회에 대한 우머니스트 접근 그룹"(The Womanist Approaches to Religion and Society Group)과 "레즈비언-여성주의 문제와 종교 그룹"(The Lesbian-Feminist Issues and Religion Group)에 의해 공동으로 후원되었다.40) 이 패널의 좌장은 성공회신학대학원의 조안 마틴 교수가 맡았으며,41) 논평은 르네 힐이 맡았다.

---

39) 2009년 AAR 연례모임 온라인 자료집, 분과 A9-120. 2013년 1월 3일에 접속. http://bit.ly/LfiP8r. 이 패널에 앞서, 2008년에 AAR 패널, "흑인 여성과 남성 사이의 젠더 논쟁"(Gendered Conversations Between Black Females and Males)이 종교에 관한 남성연구 그룹(Men's Studies in Religion Group), 흑인신학그룹(Black Theology Group), 종교와 사회에 대한 우머니스트 접근 그룹(Womanist Approaches to Religion and Society Group)의 후원으로 열렸다.

40) 2009년 이래로 흑인 레즈비언으로 커밍아웃한 파멜라 라이트세이가 "종교와 사회에 대한 우머니스트 접근 그룹"(Womanist Approaches to Religion and Society Group)의 공동대표를 맡아왔으며, 2013년 1월 현재 보스턴대학교 신학대학원의 부원장으로 재직 중이다. 라이트세이의 저작으로는 Pamela R. Lightsey, "The Eddie Long Scandal: It Is About Anti-Homosexuality," *Religion Dispatches* (September 29, 2010) 2013년 1월 3일 접속. http://bit.ly/SRiuNQ; Pamela R. Lightsey, "Methodist Clergy Pledge to Defy Church in Blessing LGBT Unions," *Religion Dispatches* (June 11, 2011), 2013년 1월 3일 접속. http://bit.ly/ksYH9j.

41) 우머니즘과 LGBTIQ 문제의 교차점에 대한 마틴의 저작을 위해서는 Joan M. Martin, "Yes, There is a God!," *99 Brattle* (May 11, 2011), 2013년 1월 3일 접속. http://bit.ly/MnGPZF, Joan M. Martin, "What I don't Know About Brittney Griner, NCAA Women's Basketball Champion," *99 Brattle*

마침내 2011년에, 레즈비언 우머니스트 윤리학자이고 예일대학교의 교학부장이면서 아프리카계 미국 종교와 신학 앤드류 멜론(Andrew W. Mellon) 석좌교수인 에밀리 타운즈가 시카고신학대학원에서 개최된 2011년 길버토 카스타녜다 강연(Giberto Castañeda Lecture)에서 연설했다.42) 타운즈는 "춤추는 마음: 학계와 교회에서의 퀴어 흑인의 몸"이란 제목의 강연에서 흑인학계와 흑인교회가 LGBTIQ 아프리카계 미국인들에 대해, 특히 흑인 레즈비언들에 대해 침묵하고 있음을 비판했다. 타운즈는 "나는 흑인들이 계속해서 흑인 레즈비언들을 병적인 것으로 만들고, 무조건적으로 믿고, 과잉성욕자로 몰아세우고, 사탄으로 몰아가는 것과 또한 이제는 우리가 이것을 우리 자신에게 행하면서 익숙해져 가고 있다는 점에 대해 완전히 지치고 화가 난다. 그리고 더 불행한 일은 교회와 신학교 같은 종교단체들이 이런 일들을 설명하는 데 우리에게 거의 도움이 되지 않는다는 점이다"43)라고 말했다.

우머니스트신학과 흑인 레즈비언에 관한 대화는 새로운 세대의 레

(April 4, 2012), 2013년 1월 3일 접속. http://bit.ly/HO9btF.을 보라. 또한 마틴의 논문이 *More Than a Monologue: Sexual Diversity in the Catholic Church*에 실렸다. Hinze, Hornbeck, and Norko, *More Than a Monologue*.

42) 2013년 1월 현재 타운즈는 밴더빌트 대학교 신학대학원의 원장으로 임명되었다.

43) Emillie M. Townes, "The Dancing Mind: Queer Black Bodies in Academy and Church" (2011 Giberto Castañeda Lecture, Chicago Theological Seminary, Chicago, IL, May 20, 2011). 또한 Emilie M. Townes, "Washed in the Grace of God," in *Violence Against Women and Children: A Christian Theological Sourcebook*, ed. Carol J. Adams and Marie M. Fortune (New York: Continuum, 1995), 60-70; Emilie M. Townes, "Roundtable Discussion: Same-Sex Marriage," *Journal of Feminist Studies in Religion* 20, no. 2(Fall 2004):100-103.

즈비언 우머니스트 신학자들에게로 이어졌다. 2009년 AAR 패널 참여자이고 버크넬대학교의 여성과 젠더 연구와 종교학 조교수인 텔라시야 "니키" 영은 퀴어 흑인신학과 윤리에 관한 많은 저술을 발표했다.44) 영은 기독교윤리학회 '퀴어윤리 그룹'의 공동대표이고, 『새로운 관계를 상상하면서: 흑인 퀴어들과 가족 가치』45)란 책을 쓰고 있다.

c. 흑인 해방신학에 대한 도전

세 번째 주제는 1960년대와 1970년대 전통적인 흑인 해방신학에 대한 LGBTIQ 흑인신학자들의 도전과 연관이 있다. 그 패러다임에 따르면, 아프리카계 미국인들은—고대 이스라엘처럼—하나님에 의해 백인 인종주의의 노예제도로부터 출애굽해서 해방되었다.

전통적인 흑인 해방신학의 패러다임에 대한 LGBTIQ 흑인신학자들의 비판은 이것이 섹슈얼리티 문제까지 포함하지 못한다는 것이다. 이런 지적은 2004년에 출판된 『몸에 대한 사랑: 흑인 종교 연구와 에로틱』에 실린 많은 논문들을 통해 이루어졌다.46) 아프리카계 미국인 레즈비언 목사인 아이린 몬로는 이 책에 "언제, 어디서 내가 들어가

---

44) 예를 들어, Thelathia "Nikki" Young, "De-Centering Religion as Queer Pedagogical Practice," *Bulletin for the Study of Religion* 39, no. 4 (November 2010): 13-18; Thelathia "Nikki" Young, "Queering 'The Human Situation," *Journal of Feminist Studies in Religion* 28, no.1 (Spring 2012): 126-31; Thelathia "Nikki" Young, "'Uses of the Erotic' for Teaching Queer Studies," *WSQ* 40, nos. 3-4 (Fall/Winter 2012): 297-301.
45) 역자주: 이 책은 2016년에 출판되었다: *Black Queer Ethics, Family, and Philosophical Imagination* (Palgrave Macmillan, 2016).
46) Anthony B. Pinn and Dwight N. Hopkins, eds., *Loving the Body: Black Religious Studies and the Erotic* (New York: Palgrave Macmillan, 2004).

야, 우리의 인종 전체가 나와 함께 들어가나: 출애굽 퀴어링하기"란 논문을 기고했다.47) 이 논문에서 몬로는 "출애굽 이야기는 우리가 모두 우리를 예속시키는 모든 굴레들로부터 해방되도록 요청한다. 아프리카계 미국인들에게, 우리의 몸과 섹슈얼리티는 우리의 피부 색깔만큼이나 자유를 필요로 하는 요소다"48)라고 주장했다.

흑인 게이 신학교수인 호레이스 그리핀도 이 책에 기고한 글 "진정한 흑인 해방신학을 향하여: 호모에로티시즘, 흑인 게이 기독교인, 그리고 그들의 사랑 관계 인정하기"에서 비슷한 논점을 제시했다.49) 이 논문에서 그리핀은 전통적인 흑인 해방신학을 통해 아프리카계 미국인들이 기독교와 인종에 관해 던졌던 "비평적 논의"를 똑같은 "진정성을 가지고" "기독교와 동성애에 대해서도 던지고, 이를 진지하고 비평적으로 다루어야 한다"고 주장했다.50)

몇몇 흑인 종교학자들은 전통적인 흑인 해방신학의 패러다임에 대해 몬로와 그리핀보다 더욱 혹독한 비판을 가했다. 2010년에 퍼먼 대학교의 흑인 게이 종교학자인 로저 스니드는 『동성애의 표상들: 흑인 해방신학과 문학비평』이란 책을 출간했다.51) 이 책은 LGBTIQ 아프리카계 미국인의 문제를 흑인 게이 신학자가 신학적으로 다룬 두 번

---

47) Irene Monroe, "When and Where I Enter, Then the Whole Race Enters with Me: Que(e)rying Exodus," in Pinn and Hopkins, *Loving the Body*, 121-31.
48) Ibid., 130.
49) Horace Griffin, "Toward a True Black Liberation Theology: Affirming Homoeroticism, Black Gay Christians, and Their Love Relationships," in Pinn and Hopkins, *Loving the Body*, 133-53.
50) Ibid., 150.
51) Sneed, *Representations of Homosexuality*.

째 책이며, 흑인 해방신학이 흑인 퀴어들의 삶의 복합성을 충분하게 다루는 데 실패했다고 비판한 점에서 중요하다.

스니드는 동성애혐오와 백인우월주의에 대한 흑인 해방신학의 패러다임을 강조하려는 시도는, 그 논쟁을 "본질주의적"이고 "이분법적인" 인종 개념으로 이끌어갈 것이고, 이것은 동성애혐오 논쟁을 다루지 못했던 아프리카계 미국인 이성애자들의 과실을 묵인하는 것이라고 주장했다.52) 그 대신에 스니드는 전통적인 해방모델에 대한 대안으로 "개방의 윤리"(ethics of openness)와 인간의 번영(flourishing)에 대해 인정할 것을 제안한다.53) 스니드가 생각하기에 억압자와 억압받는 자 사이의 전통적인 해방모델은 흑인 게이들에게 희생자가 될 것을 요구하고, 흑인 게이들의 경험—기쁨을 포함한—의 복합성을 설명해내지 못한다.

스니드는 자신의 윤리학을 수립하는 데 퀴어 흑인문학과 온라인의 개인 게시물을 포함한 많은 비전통적인 자료들을 사용한다. 그러한 자료들 중 하나가 흑인 게이들의 글이다. 특별히, 스니드는 『우리처럼 검은: 한 세기의 레즈비언, 게이, 양성애자 흑인문학』을 인용하면서,54) 랭스톤 휴즈(Langston Hughes), 사무엘 델라니(Samuel R. Delany), 에세스 헴필(Esses Hemphill), 린 해리스(E. Lynn Harris)의 저술들을 언급한다.55) 스니드는 흑인 퀴어 문학이 "흑인들의 실존에서 주

---

52) Ibid., 176.
53) Ibid., 179-82.
54) Carbado, McBride, and Weise, *Black Like Us*.
55) Sneed, *Representations of Homosexuality*, 107-32.

변부에 머물렀던 흑인 퀴어 경험을 중심으로 이끌어냈고," "흑인 정체성에 대한 고정되고 안정된 논의를 불안정하게 만들었다"고 주장했다.56) 스니드가 흑인 해방신학과 우머니스트신학이 흑인 게이의 경험의 복합성을 충분하게 묘사하지 못했다고 비판한 점을 고려해보면, 그가 문학작품에로 관심을 돌린 것이 이해가 된다.

스니드가 사용한 또 다른 자료들은 BGCLive.com과 같은 게이들을 연결해주는 인터넷 사이트에 올라온 개인 게시물이나 프로필이다. 스니드는 이런 개인 게시글이나 프로필들은 흑인 게이들이 "욕망을 위한 게이 시장"에서 "정체성 수립의 한 형태"로 어떻게 인터넷을 사용하는지를 보여주는 "스냅샷들"(snapshots)이라고 주장한다.57) 스니드가 볼 때, 이런 자료들은 흑인 게이 남성성을 시연하는 다양한 방법들 중의 한 사례다. 스니드는 신성(the divine)이, 통전적인 흑인 게이의 삶 전체에서 발견된다고 주장한다. 스니드의 연구는, 지금까지 LGBTIQ 아프리카계 미국인들에 관한 신학적 논의를 전반적으로 규정해왔던 전통적인 모델을 깨뜨렸다.58)

전통적인 흑인신학의 패러다임에 대한 또 다른 비판은 흑인 종교성의 개념을 기독교를 넘어서서 확장시켜야 한다는 것이다. 패트릭

---

56) Ibid., 111. 또한 Roger A. Sneed, "Like Fire Shut Up in Our Bones: Religion and Spirituality in Black Gay Men's Literature," *Black Theology: An International Journal* 6, no. 2 (2008): 241-61 을 보라.
57) Sneed, *Representations of Homosexuality*, 167-68.
58) 스니드는 계속해서 과학소설과 음악과 같은 창의적인 신학적, 윤리적 자료들을 논문에 활용한다. Roger A. Sneed, "Dark Matter: Liminality and Black Queer Bodies," in *Ain't I a Womanist Too?: Third Wave Womanist Religious Thought*, ed. Monica A. Coleman (Minneapolis, MN: Fortress Press, 2013)를 보라.

존슨은 "어둠 속에서 영을 느끼기: 아프리카계 미국인 게이 공동체에서 성스러움의 개념 확장하기"란 논문에서 나이트클럽과 같은 세속적인 장소, "하우스/클럽 음악, 보깅(vogueing), 드래깅(dragging), 스냅핑(snapping)"을 통해 성스러움을 발견하는 것에 관해 논의한다. 존슨에 따르면, 게이 흑인 남성은 "몸과 영혼, 또는 섹슈얼리티와 영성을 연결시키는 새로운 이해 방법들을 창조한다." 그들은 섹슈얼리티를 영성과 연결시킴으로써, "오로지 세속적이고, 성적이고, 죄로 가득한, 완전히 변태적인 클럽으로 간주되는" 것들을 "아프리카계 미국인, 동성애자, 기독교인이란 정체성들이 이제 더 이상 싸우지 않는" 영적인 공간으로 변화시킨다.59)

끝으로, 많은 LGBTIQ 아프리카계 미국인 신학자들이 비기독교 신앙 전통들을 되찾는 작업의 중요성을 지적했다. 예를 들어, 르네 힐은 "파괴된/파괴하는 운동: 흑인신학과 흑인의 힘 1969/1999"란 논문에서 "흑인 기독교신학들은 다른 종교전통과 대화하지 않을 이유가 없다"고 주장한다.60) 힐은 흑인신학이 다른 신앙전통들과의 관계에서 "기독교가 지배해 온" 역사를 깨달아야만 하고, 산테리아(Santeria), 아칸(Akan), 요루바(Yoruba), 부두교(Vodun) 같은 "아프리카에서 기원한 전통종교들"을 포함한 다른 신앙전통들로부터 배워야 한다고 주장한

---

59) E. Patrick Johnson, "Feeling the Spirit in the Dark: Expanding Notions of the Sacred in the African American Gay Community," in Constantine-Simms, *The Greatest Taboo*, 106.
60) Renée Leslie Hill, "Disrupted/Disruptive Movements: Black Theology and Black Power 1969/1999," in *Black Faith and Public Talk: Critical Essays on James H. Cone's Black Theology and Black Power*, ed. Dwight N. Hopkins (Maryknoll, NY: Orbis Books, 1999), 147.

다.61) 모니카 콜만도 2006년에 출판된 원탁토론 논문에서 흑인 여성 종교학자들은 기독교인으로서 뿐만 아니라 "이슬람교도, 이교도, 신(新)-사상가(new-thought), 불교도, 아이파교도(Ifa, 역자주: 아프리카 전통 종교)"62)로서 자신들의 정체성을 삼을 수 있어야 한다고 주장한다.

3. 결론

요약하면, 유색인 LGBTIQ 신학자들은 적어도 1990년대 이후부터 흑인 퀴어 경험에 관해 저술해왔다. 이러한 저작들은 세 개의 주제들로 구분해볼 수 있다. (1) 흑인교회의 배타성, (2) 흑인 레즈비언 목소리 되찾기, (3) 흑인 해방신학에 대한 도전이다. 그렇지만 이러한 저작들을 조직적인 방식으로 발전시킬 추가적 연구들이 여전히 필요하다. 또한 퀴어 흑인신학은 아프리카계 미국인 공동체 안의 트랜스젠더와 간성자 이슈들에 대해 논의할 필요가 있다. 최근의 보고서 "도처에 존재하는 불의"가 보여주듯이, 흑인 트랜스젠더들은 극도의 빈곤, 노숙, 에이즈, 자살 시도 등을 포함해 "특별히 차별의 절망적인 수준"에 직면해 있다.63) 그럼에도 불구하고, 퀴어 흑인신학은 전반적인

---

61) Ibid.
62) Coleman, "Must I Be Womanist?," 95. 크완자(Kwanzaa) 전통 속의 성스런 연합 의식에 대해서는, Darlene Garner, "A Sample Service of Holy Union Based on the Tradition of Kwanzaa," in *Equal Rites: Lesbian and Gay Worship, Ceremonies, and Celebrations*, ed. Kittredge Cherry and Zalmon Sherwood (Lousiville, KY: Westminster John Knox Press, 1995), 94-100를 보라.
63) National Gay and Lesbian Task Force, "Injustice at Every Turn: A Look at Black Respondents in the National Transgender Discrimination Survey"

퀴어 신학적 성찰 속에서 놓치고 있는 한 중요한 관점을 제시해준다.

학습을 위한 질문들

1. 퀴어 아프리카계 미국인들의 역사 중에서 여러분에게 가장 놀라운 사건은 무엇인가요? 가장 불편했던 사건은 무엇인가요? 퀴어 흑인의 역사에 대해 무엇을 배웠나요?
2. 흑인교회가 LGBTIQ 아프리카계 미국인들을 배제하는 것에 관해 쓴 퀴어 흑인신학자들의 주요 저술로는 무엇이 있나요?
3. 우머니스트 신학에서 레즈비언과 양성애자 여성들의 목소리를 회복해야한다고 주장한 퀴어 흑인신학자들의 주요 저술로는 무엇이 있나요?
4. 전통적인 해방신학의 판도에 도전하는 퀴어 흑인신학자들이 쓴 주요 저술로는 무엇이 있나요?
5. 여러분은 자신의 신학적 성찰과 연구를 풍성하게 만들기 위해서 문학작품, 온라인 개인광고, 또는 '종파를 초월한'(interfaith) 저술 등과 같은 비전통적인 신학 자료들을 어떻게 사용하나요?

(September 15, 2011), 2013년 1월 3일 접속. http://bit.ly/nLZBHX.

심화학습을 위한 자료들

퀴어 흑인 경험

Anderson, "Desiring to Be Together"
Anderson, "Deadly Silence"
Boykin, *For Colored Boys*
Boykin, *One More River to Cross*
Constantine-Simms, *The Greatest Taboo*

흑인교회 배타성

Anderson, "African American Church Traditions"
Comstock, *A Whosoever Church*
Copeland, *Enfleshing Freedom*
Crawley, "Circum-Religious Performance"
Douglas, *Sexuality and the Black Church*
Farajaje-Jones, "Breaking Silence"
Griffin, *Their Own Receive Them Not*
James and Moore, *Spirited*
Monroe, "Between a Rock and a Hard Place"
Stringfellow, "Soul Work"

흑인 해방신학에 대한 도전

Anderson, "The Black Church and the Curious Body of the Black Homosexual"
Coleman, "Must I Be Womanist?"
Garner, "A Sample Service of Holy Union"
Griffin, "Toward a True Black Liberation Theology"

Hill, "Disrupted/Disruptive Movements"
Johnson, "Feeling the Spirit in the Dark"
Jojo, "Searching for Gender-Variant East African Spiritual Leaders"
Monroe, "When and Where I Enter"
Sneed, "Dark Matter"
Sneed, "Like Fire Shut Up in Our Bones"
Sneed, *Representations of Homosexuality*
Stongman, "Syncretic Religion and Dissident Sexualities"

다른 자료들

Baldwin, "To Crush a Serpent"
Beckford, "Does Jesus Have a Penis?"
farajajé-jones, "Holy Fuck"
Hamilton, "'The Flames of Namugongo'"
Kornegay, "Queering Black Homophobia"
Moore, "Theorizing the 'Black Body' as a Site of Trauma"
Schexnayder, *Setting the Table*, 37-38
West, *Defending Same-Sex Marriage*

3장

퀴어 아시아계 미국인 신학들

적어도 1990년대 중반 이후부터, 퀴어 아시아계 미국인[1] 신학자들은 그들의 인종적, 성적, 그리고 영적 정체성의 상호작용에 관해 저술해왔다. 비록 이들 가운데 많은 사람들이 아시아계 미국인 공동체로부터 (동성애혐오 때문에), 그리고 LGBTIQ 공동체로부터 (인종차별 때문에) 소외되는 경험을 했을지라도, 그들은 자신들의 특별한 사회적 경험의 한 결과로서 신에게 이르는 길을 발견할 수 있었다.

예를 들어, 중국계 미국인 게이로서 성공회 신부인 에릭 로는 "두 문화 사이에서" 그리고 "게이와 이성애자 세계 사이에서" 살아가는 그의 경험이 그에게 어떻게 "신과 인간 사이에 존재한다는 것이 어떤 느낌일지 미리 맛보게" 해주는지를 기술했다.[2] 이와 비슷하게, 나는 "공세에 시달리는(embattled) 게이 아시아 남성의 몸"이 어떻게 "현재의

---

[1] 이 책에서 나는 "아시아계 미국인"(Asian American)을 미국에 살고 있는 아시아인 후손을 묘사하는 용어로 사용한다.
[2] Eric H. F. Law, "A Spirituality of Creative Marginality," in Comstock and Henking, *Que(e)ring Religion*, 345.

기독교신학이 보여주는 동성애혐오와 인종차별을 "탈식민화"시키기 위한 "속죄의 목적"으로 사용될 수 있는지에 대해 글을 썼다.3) 나는 또한 LGBTIQ 아시아계 미국인의 삶 속에서 인종, 섹슈얼리티, 영성이라는 삼중적인 상호관계가 삼위일체적인 하나님의 속성을 성찰하는 데 도움이 될 수 있다는 점에 대해서도 글을 썼다.4)

이 장에서 나는 LGBTIQ 아시아계 미국인 신학자들의 주요 저술들을 다룰 것이다. 여기서는 아시아계 미국인 퀴어 신학자들의 저술들에서 다루어진 세 가지 주요한 주제들에 초점을 맞출 것이다: (1) 아시아 교회, 그리고 아시아계 미국인 교회의 배타성, (2) LGBTIQ 인종차별에 대한 비판, (3) 초국가적인 관점에 대한 강조이다. 하지만, 이런 주제들을 다루기에 앞서, 먼저 LGBTIQ 아시아계 미국인의 간단한 역사를 서술하면서 이 장을 시작하려고 한다.

1. 역사적 배경

LGBTIQ 아시아계 미국인의 역사는 대부분 여전히 숨겨져 있고, 아직 기록되지 못했다. 비록 많은 연구들이 아시아 문화 속의 동성애와 다양한 젠더 행동유형에 관한 역사를 다루어왔지만,5) LGBTIQ 아

---

3) Patrick S. Cheng, "Gay Asian Masculinities and Christian Theologies," *CrossCurrents* 61, no. 4 (December 2011): 540.
4) Patrick S. Cheng, "A Three-Part Sinfonia: Queer Asian Reflections on the Trinity," in *New Overtures: Asian North American Theology in the 21st Century*, ed. Eleazar S. Fernandez (Upland, CA: Sopher Press, 2012), 173-91 을 보라.
5) 예를 들어, Adrian Carton, "Desire and Same-Sex Intimacies in Asia," in

시아계 미국인의 역사에 관한 연구는 거의 없다. 이런 주제에 대한 논의를 시작하면서, 우선 알아두어야 할 것은 "아시아계 미국인" 역사라는 포괄적인 실체가 없다는 점이다. 다시 말해서, 아시아계 미국인들의 역사는 서로 다른 인종집단들—즉 버마, 중국, 필리핀, 흐몽인6), 인도, 한국, 일본, 말레이시아, 남태평양제도, 파키스탄, 태국, 베트남 후손—의 이민 역사에 상당 부분 의존하고, 이것이 "아시아계 미국인"이란 포괄적 용어를 창출해낸다.7)

아시아계 미국인들은 상대적으로 최근에 미국에 도착한 것으로 여겨지지만, 사실 그들은 18세기부터 북미 지역에 살고 있었다. 예를 들어, 일찍이 1765년에 필리핀 선원들이 스페인 함대 무역과 함께 루이지애나에 도착했고 뉴올리언스 근처에 어촌을 형성했다는 역사적 증거가 있다.8)

19세기 중반의 캘리포니아 골드 러쉬(gold rush) 동안에, 수만 명

Aldrich, *Gay Life and Cultures*, 303-31; Wayne R. Dynes and Stephen Donaldson, *Asian Homosexuality* (New York: Garland Publishing, 1992); Giti Thadani, *Sakhiyani: Lesbian Desire in Ancient and Modern India* (London: Cassell, 1996); Giovanni Vitiello, *The Libertine's Friend: Homosexuality and Masculinity in Late Imperial China* (Chicago, IL: University of Chicago Press, 2011); Tsuneo Watanabe and Jun'ichi Iwata, *The Love of the Samurai: A Thousand Years of Japanese Homosexuality* (London: GMP Publisher, 1989)를 보라.

6) 역자주: 태국의 고산 부족의 하나인 묘[苗]족이 스스로 자기 부족을 일컫는 말이다.

7) 아시아계 미국인의 역사에 대해서는 Ronald Takaki, *Strangers from a Different Shore: A History of Asian Americans*, updated and rev. ed. (New York: Back Bay Books, 1998)를 보라.

8) Gary Y. Okihiro, *The Columbia Guide to Asian American History* (New York: Columbia University Press, 2001), 7.

의 중국 남자들이 금광과 철도에서 일하기 위해 미국으로 이민을 왔다. 그들은 차이나타운 내에 '총각동네'(bachelor societies)를 형성했고, 백인 통치계급 대부분은 이곳을 "일탈적인 성"과 "독특한 자국의 관습들"을 지니고 있는 "변태 공간"으로 취급했다.9) 어쩌면, 이런 사례들이 미국에서의 첫 번째 퀴어 아시아계 미국인들의 공간이었다.

많은 수의 중국 이민자들이 광산, 철도, 공장, 농장에 일꾼으로 입국하면서, 반발이 있었다. 중국 노동자들은 "나구르들(nagurs)"10)이라 불렸고, "이교도적인, 도덕적으로 열등한, 야만적인, 어린아이 같은, 욕망이 많은" 사람들로 간주되었다.11) 1854년의 캘리포니아 대법원의 법조항에 따르면 중국인 증인—흑인이나 원주민과 마찬가지로—은 백인들을 옹호하기 위해서나 혹은 반대하기 위해 법정에서 증언하는 것이 허락되지 않았다.12)

1882년, 미국은 중국인들의 입국을 금지시키는 중국인 배제 조항을 통과시키고(중국여성들은 1875년 이후 금지되었다), 이미 입국한 중국인 이민자들의 시민권을 거부했다.13) 이런 행정적인 금지조치(1965년에 이민과 국적 조항이 제정될 때까지 완전하게 폐기되지 않았다)에도 불구하고, 아시아계 미국인들—그리고 퀴어 아시아계 미국인들—은 미국에 계속 살았다. 예를 들어, 샌프란시스코 주립대학의

---

9) Nayan Shah, "Perversity, Contamination, and the Dangers of Queer Domesticity," in *Queer Studies: An Interdisciplinary Reader*, ed. Robert J. Corber and Stephen Valocchi (Malden, MA: Blackwell, 2003), 121.
10) 역자주: 나구르는 니그로/깜둥이의 미국 남부지역 사투리다.
11) Takaki, *A Different Mirror*, 188.
12) Ibid., 189.
13) Ibid., 189-90.

인종과 저항 연구학과 섹슈얼리티 연구학 교수인 에이미 수에요시는 20세기로 넘어오던 시기에 인종을 넘어서 열정적인 동성애 관계를 맺어온 일본계 미국인 양성애자 남성 요네 노구치의 일대기를 출판했다.14)

퀴어 아시아계 미국인은 심지어 스톤월 동성애 인권운동 이전부터 활동했다. 초기 아시아계 미국인 게이 인권운동가들 중 한 명이 일본계 미국인 수용소에서 태어난, 3세대 일본계 미국인 기요시 구로미야다. 구로미야는 첫 번째 게이 인권운동 중 하나인 1965년 7월 4일 필라델피아에서의 게이 인권운동에 참여했고, 2000년에 죽기까지 에이즈(HIV/AIDS) 활동을 포함한, LGBTIQ 공동체에서의 활동을 계속해왔다.15)

퀴어 아시아계 미국인 공동체는 1970년대와 1980년대에 본격적으로 조직화를 시작했다.16) 예를 들어, 아시아계 미국인 레즈비언 활동가 미치요 코넬(Michiyo Cornell)은 1979년 10월에 열린 '워싱턴 행진'17)에서 레즈비언 게이 아시아 연합체의 결성에 대해 연설했다. 이

---

14) Amy Sueyoshi, *Queer Compulsions: Race, Nation, and Sexuality in the Affairs of Yone Noguchi* (Honolulu: University of Hawai'i Press, 2012).
15) Liz Highleyman, "Kiyoshi Kuromiya: Integrating the Issues," in *Smash the Church, Smash the State!: The Early Years of Gay Liberation*, ed. Tommi Avicolli Mecca (San Francisco, CA: City Lights Books, 2009), 17-21을 보라.
16) 예를 들어, Eric C. Wat, *The Making of a Gay Asian Community: An Oral History of Pre-AIDS Los Angeles* (Lanham, MD: Rowman and Littlefield, 2002)를 보라.
17) 역자주: 1979년 10월 14일에 레즈비언과 게이 인권을 위한 전국규모의 워싱턴 행진(National March on Washington for Lesbian and Gay Rights)이 처음 개최되었다.

연합체는 "아시아계 미국인 레즈비언과 게이들을 위한, 그들에 의한, 그들의 네트워크"로서의 첫 번째 조직이었다.18) LGBTIQ 아시아계 미국인의 역사는 1990년대에 출판된 여러 권의 책들에 수록되었는데, 여기에는 『아시아계 미국인 섹슈얼리티: 게이와 레즈비언 경험의 층들』19)과 『질문&대답: 아시아계 미국인의 퀴어』20)가 포함된다.

오늘날 LGBTIQ 아시아계 미국인 공동체는 계속 확장하고 있다.21) "전국 퀴어 아시아 태평양제도 연합"(The National Queer Asian Pacific Islander Association; NQAPIA)은 아시아계 미국인, 남아시아계, 동남아시아계, 태평양 군도계 사람들이 조직한 LGBTIQ 단체들—그 수가 40여개가 넘는—의 연맹이다. 2012년 7월, NQAPIA는 워싱턴 D.C.에서 학술대회를 개최했으며, 백악관에서 이 단체의 관심사들에 대해 브리핑도 했다.22) 2012년 11월에는, 일본계 미국인 게이인 마크 타카노가 스스로를 퀴어로 공개한 첫 번째 유색인으로서 미국의 국회의원에 당선되었다.23)

---

18) Michiyo Cornell, "Living in Asian America: An Asian American Lesbian's Address Before the Washington Monument(1979)," in *Asian American Sexualities: Dimensions of the Gay and Lesbian Experience*, ed. Russell Leong (New York: Routledge, 1996), 83.
19) Leong, *Asian American Sexualities*.
20) Eng and Hom, *Q&A*.
21) 예를 들어, J. R. Tungol, "The Most Influential LGBT Asian Icons," *Huffington Post* (October 29, 2012), 2013년 1월 3일 접속. http://huff.to/SU4hQr 를 보라.
22) Cheng, "A Unicorn at the White House."
23) Diane Anderson-Minshall, "Mark Takano Becomes First LGBT Person of Color in Congress," *Advocate*.com (November 7, 2012), 2013년 1월 3일 접속. http://bit.ly/RWal9L.

2. 퀴어 아시아계 미국인 신학의 족보

1990년대 중반 이후로, 퀴어 아시아계 미국인 신학자들은 LGBTIQ 아시아계 미국인 경험들에 관한 많은 글들을 써왔다. 이 저술들은 세 가지 주제들로 나눌 수 있다: (1) 아시아 교회와 아시아계 미국인 교회의 배타성, (2) LGBTIQ 인종차별에 대한 비판, (3) 초국가적인 관점에 대한 강조.

a. 아시아 교회와 아시아계 미국인 교회의 배타성

퀴어 아시아계 미국인 신학자들의 첫 번째 주제는 아시아 교회와 아시아계 미국인 교회들에서 LGBTIQ들을 배제시키는 것과 관련이 있다. 이 문제는 최근에, 특별히 많은 복음주의적 아시아계 미국인 교회들이 LGBTIQ를 위한 결혼 평등에 대해 적극적으로 반대하기 시작한 이래로, 중요한 논쟁거리가 되었다. 예를 들어, 중국계 미국인 교회는 2008년 캘리포니아 법안 8호를 정하는 데 중요한 역할을 했다.[24] (법안 8호는 캘리포니아 주 헌법을 수정해 캘리포니아 주 내에서의 동성결혼 권리를 폐지시켰다.)

이 주제에 대해 저술한 중요한 아시아계 미국인 신학자들 중 한 명이 싱가포르에서 자라고 대학과 신학교에서 공부하기 위해 미국에 온 게이 성공회 신부인 렝 림(Leng Lim)이다. 림은, 서품을 받은 후에, 하버드 경영대학원에서 MBA를 취득하고, 지금은 미국과 아시아를 오

---

24) Cheng, "Gay Asian Masculinities and Christian Theologies," 543.

가며 일하고 있다.

림의 저술은 많은 아시아 교회들과 아시아계 미국인 교회들이 LGBTIQ를 추방하는 방식들에 초점이 맞춰져 있다. 1996년에 림은 "더듬거리는 나의 모국어의 게이 에로틱"이란 논문을 썼는데, 이 글은 가장 초기에 쓰인 퀴어 아시아계 미국인 신학 논문들 중의 하나이다. 이 논문에서 림은 그가 싱가포르에서 자라면서 자신이 동성애자라는 것을 수치스럽게 여기면서 지냈고, 그런 과정 속에서 어떻게 그의 "모국어"(mother tongue)가 자신의 섹슈얼리티를 적절하게 표현하는 언어가 되지 못했는지에 관해 썼다.25) 림은 성장하면서 "하나님과 씨름했던" 일에 대해, 또한 자살하지 않고 견디며 살아온 자신에 대해 스스로도 놀라는 점에 대해서도 썼다.26)

1997년에, 림은 자신이 싱가포르에서 게이로 성장하면서 겪은 경험에 대한 또 다른 논문을 썼다. "배반의 거미줄, 축복의 거미줄"이란 논문에서 림은 자신이 싱가포르의 근본주의 기독교 교회에서 게이로 성장했던 경험을 들려주었다. 특별히 강한 인상을 준 대목은 그의 커밍아웃에 대해 림의 엄마가 얼마나 강하게 부정했고, 그를 귀신들렸다고 고발했는지에 관한 것이었다.27)

림은 또한 미국에서 LGBTIQ 아시아계 미국인들이 경험하는 고통

---

25) Lim, "Gay Erotics," 173.
26) Ibid., 174.
27) Leng Leroy Lim, "Webs of Betrayal, Webs of Blessings," in *Our Families, Our Values: Snapshots of Queer Kinship*, ed. Robert E. Goss and Amy Adams Squire Strongheart (Binghamton, NY: Harrington park Press, 1997), 227-41.

에 대해서도 썼다. 2002년에 림은 "'성서는 내게 내 자신을 미워하도록 말한다': 아시아계 미국인 영성 리더십의 위기"라는 논문을 '아시아계 미국인들 속에서의 성경'이란 주제를 다룬 『세메이아』28) 특집호에 발표했다. 이 논문에서, 림은 성공회 신부로서의 자신의 목회에 대해 성찰하면서, 성서가 LGBTIQ 아시아계 미국인들에게 얼마나 많은 고통을 안겨주었는지에 대해 썼다. 특별히, 림은 단지 "성서가 그에게 그렇게 하라고 말하기" 때문에 "좋은 기독교인이 되려면, 자신을 미워해야 한다"고 믿는 캘리포니아대학(UCLA)에 다니는 한 게이 아시아계 미국인 학생의 이야기를 들려준다. 림은 그 학생이 "거짓말을 들어왔고," 그 학생의 영적 교사들이 "그를 학대했다"(abuse)라고 말한다.29)

끝으로, 림은 아시아의 교회지도자들이 LGBTIQ들을 전적으로 받아들이는 데 실패했다고 비판했다. 2006년에 림은 "동남아시아 지역의 신화-문자주의자들"이란 논문을 공동집필했는데, 이 논문에서 그는 동남아시아 지역의 성공회 교구가 LGBTIQ들을 반대했던 것에 대해 비판한다. 림은 그 교구가 이러한 입장의 결과로 "신앙과 의식 발달의 낮은 단계"로 퇴보했다고 주장했다.30) 『다른 목소리들, 다른 세상들』에는 (림의 논문을 포함한) 태평양지역, 홍콩, 인도, 일본의 성공회 교회 안에서의 LGBTIQ 이슈를 다룬 다른 논문들이 많이 실려 있

---

28) 역자주: *Semeia*는 미국에서 발간되는 저명한 성서해석학 전문학술지다.
29) Leng Leroy Lim, "The Bible Tells Me to Hate Myself': The Crisis in Asian American Spiritual Leadership," *Semeia* 90/91 (2002): 320.
30) Leng Lim with Kim-Hao Yap and Tuck-Leong Lee, "The Mythic-Literalists in the Province of Southeast Asia," in *Other Voices, Other Worlds: The Global Church Speaks Out on Homosexuality*, ed. Terry Brown (New York: Church Publishing, 2006), 59.

다.31)

요약하면, 림의 논문들을 관통하는 중심 주제는 어떻게 LGBTIQ들이 아시아 교회와 아시아계 미국교회에서 배제되어 왔는지를 다루는 것이다. 림의 첫 번째 논문이 출판된 지 15년이 넘게 흘렀지만, 이 문제는 오늘날에도 여전히 많은 LGBTIQ 아시아계 미국인들에게 중요한 문제다.

예를 들어, "마이클 김"—자신의 섹슈얼리티에 대해 완전하게 드러낼 수 없는 한 젊은 한국계 미국인 게이 남자의 가명—은 『아시아계 미국인 X』에 "아웃, 그리고 어바웃: 이성애 백인 세상에서의 세기적인 커밍아웃"이란 강력한 메시지를 담은 논문을 썼는데, 여기서 그는 한국계 미국인 기독교 공동체에서 커밍아웃하는 것이 얼마나 힘든 일인지에 관해 썼다. 김은 자신의 성정체성을 드러내는 것은 "문자 그대로의 궁극적인 실패다. 즉, 내 도덕적, 사회적, 개인적인 것 모두를 한 번에 잃는 것이다. 이것은 내가 해왔던 모든 선한 것들을 무효로 만들고 내 위에 단 하나의 표식이 새겨질 것이다"라고 말한다.32) 아시아 교회들과 아시아계 미국인 교회들에 의한 배타성의 문제에 대해서는 여전히 많은 연구가 필요하다.

---

31) Brown, *Other Voices, Other Worlds*.
32) Michael Kim, "Out and About: Coming of Age in a Straight White World," in *Asian American X: An Intersection of 21st Century Asian American Voices*, ed. Arar han and John Hsu (Ann Arbor: University of Michigan Press, 2004), 147. 한국 이민교회와 동성애 문제에 대한 토론에 관해서는 Eunai Shrake, "Homosexuality and Korean Immigrant Protestant Churches," in *Embodying Asian/American Sexualities*, ed. Gina Masequesmay and Sean Metzger (Lanham, MD: Lexington Books, 2009), 145-56를 보라.

현재 퍼시픽종교대학원의 "종교와 목회에서의 레즈비언 게이 연구센터" 안의 '아시아 태평양제도 원탁모임'(the Asian Pacific Islander Roundtable)은 장학금이나 다른 방법들을 통해 LGBTIQ 아시아계 후손들의 "존엄성과 영적인 온전함"을 지지하고 후원하는 조직이다.33) 비슷한 목적을 지닌 다른 조직으로는 "종교와 정의의 네트워크"34)와 "퀴어 아시아 영성"35)이 있다.

b. LGBTIQ 인종차별에 대한 비판

퀴어 아시아계 미국인 신학의 두 번째 주제는 백인 LGBTIQ 공동체의 인종차별에 대한 비판과 관련이 있다. 에릭 로와 나를 포함한 많은 퀴어 아시아계 미국인 신학자들이 이 주제에 대해 글을 썼다.

1997년, 중국계 미국인 게이로서 성공회 신부인 로는 "창조적인 주변성의 영성"란 논문을 『종교를 퀴어링하기』(Que[e]ring Religion)란 선문집 안에 출간했다. 이 논문에서 로는 대학시절 커밍아웃하고 게이공동체로부터 완전히 배제당했던 경험에 대해 "아무도 나와 말하지 않았다. 심지어 나를 쳐다보는 사람도 없었다. 아무도 나에게 춤추자고 권하지 않았다. 또 다른 아시아인이 들어오면, 나는 경쟁심을 느꼈다"고 기술했다. LGBTIQ 공동체 안에서의 인종차별 경험은 로에게 궁극적으로 그가 "창조적인 주변성"(creative marginality)이란 영성을

---

33) "Asian Pacific Islander Roundtable," Center for Lesbian and Gay Studies in Religion and Ministry, 2013년 1월 3일 접속. http://bit.ly/Tqda91.
34) Network on Religion and Justice for Asian Pacific Islander Lesbian, Gay, Bisexual, and Transgender People, 2013년 1월 3일 접속, http://netrj.org.
35) Queer Asian Spirit, 2013년 1월 3일 접속, http://queerasianspirit.org.

명확하게 깨닫게 하는 계기가 되었다.36) 즉, 로는 아시아인들과 LGBTIQ 공동체라는 두 세상 "사이"(in between)에 자신의 존재가 위치하고 있다는 것을 인식했다. 신성과 인성에 대한 예수 그리스도의 경험처럼, 로는 자신이 "양쪽 공동체의 변두리에서 한 부분으로 존재했었지만, 어느 쪽에도 완전하게 속하지 못했다"고 주장했다.37)

2004년, 로는 그의 책 『교차로에서의 복음: 다상황적 공동체에서 복음 실천하기』에 유색인 LGBTIQ와 백인 LGBTIQ 사이의 한 가상적인 대화를 썼다. 그 대화는 그가 기독교인들의 LGBTIQ 옹호를 위한 에큐메니칼 학술제에서 유색인 LGBTIQ로서 경험한 인종차별에 관한 것이었다. 유색인 LGBTIQ가 말했다. "나는 여기에 와서 모든 게이, 레즈비언 기독교인들과 함께 있게 되면, 나도 받아들여진다고 느낄 줄 알았다. 그런데 여기는 이른바 '환영하는 공동체'인데도, 내가 보기엔 다른 백인 공동체들과 똑같아."38)

나는 또한 LGBTIQ 공동체와 인종차별에 대해 폭넓게 글을 썼다. 2002년에 나는 "다양성과 사사기 19장: 퀴어 아시아 태평양계 미국인 성서해석학"이란 논문을 『세메이아』 특별호에 기고했다.39) 그 논문에서, 나는 퀴어 아시아계 미국인은 "인종적, 성적, 지형적 외부인"

---

36) Law, "A Spirituality of Creative Marginality," 344.
37) Ibid., 345-46. 로는 현재 "다양하고 변화하는 세계에서의 유능한 지도력" 발전을 위한 훈련 프로그램을 운영하는 Kaleidoscope Institute 의 책임자로 일하고 있다. Kaleidoscope Institute, 2013년 1월 3일 접속. http://kscopeinstitute.org.
38) Eric H. F. Law, *The Word at the Crossings: Living the Good News in a Multicontextual Community* (St. Louis, MO: Chalice Press, 2004), 87.
39) Cheng, "Multiplicity and Judges 19."

이고, 그/녀의 인종차별 경험은 사사기 19장의 윤간당하고 시체가 토막이 난 이름 없는 첩의 설화에 반영된다고 주장했다. 즉, 퀴어 아시아계 미국인과 이름 없는 첩의 억압 경험은 말살되고 성적 대상화되는 형태와 유사하다고 주장했다.40)

내가 학문적으로 탐구했던 주제들 중 하나가 LGBTIQ 아시아계 미국인들이 경험한 인종차별에 대한 영적인 치유의 필요성이다. 2006년에 나는 학술지 『스피리투스』(Spiritus)에 실린 "우리의 전통, 의례, 공간 되찾기: 영성과 퀴어 아시아 태평양계 미국인의 경험"이란 논문에서 퀴어 아시아계 미국인들은 LGBTIQ 공동체로부터 겪는 인종차별로 인해 몸의 이질화를 경험할 뿐만 아니라 은유적 노숙(metaphorical homelessness)을 경험한다고 주장했다. 이런 은유적 노숙과 이방인의 경험을 치유하기 위해서, 퀴어 아시아계 미국인들은 자신들의 고유한 영적 전통과, 의례, 공간들을 되찾을 길을 찾아야 한다.41)

내가 학문적으로 탐구했던 또 다른 주제는 지배적인 백인 퀴어 문화 속에서 LGBTIQ 아시아계 미국인들에 대한 암묵적 "행동코드"(code of conduct)에 대한 도전의 필요성이다. 즉, 백인 퀴어 문화는 LGBTIQ 아시아계 미국인들이 언어, 음식, 음악, 심지어 아름다움에 대한 개념과 관련해 "너무 아시아인다운 것"을 꺼려한다. 2006년, 『퀴어성서주석』에 실린 바울이 갈라디아서에 보낸 편지에 대한 주석에서, 나는 갈라디아서는 LGBTIQ 아시아계 미국인들을 "지배적인

---

40) Ibid., 125-27.
41) Patrick S. Cheng, "Reclaiming Our Traditions, Rituals, and Spaces: Spirituality and the Queer Asian Pacific American Experience," *Spiritus* 6, no.2 (Fall 2006): 234-40.

백인 퀴어 공동체에 의해 강요된 암묵적인 행동코드로 인한 노예의 굴레"로부터 자유하게 만들기 위한 책으로 읽혀질 수 있다고 주장했다.42)

나는 또한 게이 남성 온라인(on-line) 문화 속에 존재하는 성적 인종차별에 대한 논문을 여러 편 썼다. 이 논문들 중의 하나는 내가 2011년에 『테크놀로지, 신학, 종교지』에 기고한 "'나는 황색이고 아름답다': 퀴어 아시아인 영성과 게이 남성 온라인 문화에 대한 성찰"인데, 이 논문에서 나는 어떻게 "게이 남성 온라인 문화가 게이 아시아인 남자들의 영적 발전을 방해하는지"에 대해 탐구했다.43) 나는 이것과 유사한 주제를 2011년『크로스커런츠』(*CrossCurrents*)지(紙)에 실린 "게이 아시안 남성성과 기독교신학"이란 논문에서 다뤘는데, 여기서 나는 "아시아계 남자 제외"란 조항이 온라인 게이 데이트 사이트와 앱에 반복적으로 올라오는 것에 대해 주목했다.44)

끝으로, 나는 퀴어 신학에 대해 쓴 내 다른 책에서 LGBTIQ 공동체 안에서의 인종차별 문제를 다뤘다. 예를 들어, 2011년에 출간한 『급진적 사랑: 퀴어 신학입문』에서, 나는 죄의 교리는 신학적 논쟁에서 섹슈얼리티 문제를 인종의 문제로부터 분리시키는 것으로서 이해

---

42) Patrick S. Cheng, "Galatians," in *The Queer Bible Commentary*, ed. Deryn Guest et al. (London: SCM Press, 2006), 629.
43) Patrick S. Cheng, "'I am Yellow and Beautiful': Reflections on Queer Asian Spirituality and Gay Male Cyberculture," *Journal of Technology, Theology, and Religion* 2, no.3 (June 2011): 3, 201년 1월 3일 접속, http://bit.ly/jOCltG.
44) Cheng, "Gay Asian Masculinities and Christian Theologies," 542. 또한 Indie Harper, "No Asians, Blacks, Fats, or Femmes," in Boykin, *For Colored Boys*, 129-35를 보라.

될 수 있다고 주장했다.45) 이와 비슷하게, 2012년에 출판한 『죄에서 놀라운 은총으로: 퀴어 그리스도의 발견』의 11장인 '하이브리드 그리스도'(Hybrid Christ)에서, 나는 단일성의 죄―LGBTIQ에 대한 인종차별과 동성애혐오라는 두 가지 문제들을 함께 바라보지 못하는 것―에 대해 검토했다.46)

c. 초국가적인 관점에 대한 강조

퀴어 아시아계 미국인 신학의 세 번째이자 마지막 주제는 초국가적(transnational) 관점의 중요성을 강조하는 것이다. 퀴어 아시아계 미국인 공동체의 복합적인 이주와 이민 역사의 시각에서, 자국의 신학과 국제적인 신학 사이의 구분은 종종 분명하지 않다. 많은 퀴어 아시아계 미국인 신학은 그들의 연구 속에서 국제적 경계선들을 넘어섰다.

예를 들어, 캘리포니아 주 버클리의 연합신학대학원에서 문화연구학으로 박사학위를 받은 퀴어 필리핀 학자인 마이클 세피도사 캄포스는 그의 논문 "'바클라'(Baklâ: 필리핀 문화공간에서의 젠더화된 종교 공연"47)에서 국가의 경계를 넘어선다. 캄포스는 '바클라,' 즉 "필리핀의 일반적인 동성애 개념들을 개인화한 여자 같은 게이 남자"에 대해 썼다. 캄포스에 따르면, '바클라'의 몸은 "두 개로 젠더화된 인간의 섹

---

45) Cheng, *Radical Love*, 74-77.
46) Cheng, *From Sin to Amazing Grace*, 133-45. 또한 Patrick S. Cheng, "Rethinking Sin and Grace for LGBT People Today," in *Sexuality and the Sacred: Sources for Theological Reflection*, ed. Marvin M. Ellison and Kelly Brown Douglas, 2nd ed. (Louisville, KY: Westminster John Knox Press, 2010), 114-15를 보라.
47) Campos, "The *Baklâ*."

슈얼리티 개념들"을 인정하는 동시에 도전한다.48) 캄포스는 그의 논문에서, "필리핀의 로마가톨릭 종교 행진에서부터 뉴욕시의 게이 필리핀계 미국인 거룩한 십자가 행진에 이르기까지" 독자들을 세계 곳곳으로 안내한다.

이와 비슷하게, 캘리포니아 주 버클리의 연합신학대학원에서 박사과정을 밟고 있는 퀴어 중국인인 라이-샨 입은 "가톨릭 '누-통치'(*nu-tongzhi*)의 열정에 귀 기울이기: 홍콩에서의 가톨릭 레즈비언 여성신학 계발하기"란 논문에서 국제적인 경계 뛰어넘기를 시도한다.49) 입(Yip)은 중국의 레즈비언, 또는 '누-통치'가 커밍아웃하고 나서, 그들의 교구공동체에 받아들여지기 위해 얼마나 애쓰는가에 관해 썼다. 그녀는 "새로운 해방의 교회공동체"를 만들 필요가 있다고 주장한다.50)

미국 버클리의 연합신학대학원에서 공부한 후에 말레이시아 모나쉬대학에서 젠더, 섹슈얼리티, 신학 연구 분야의 박사과정을 밟고 있는 퀴어 말레이시아인 조셉 고는 퀴어 말레이시아인들을 겨냥한 정부의 적대감에 대한 글들을 많이 썼는데, 그 중에 "말씀이 육신이 되지 않았다: 2011년 '섹슈얼리티 메르데카'(*Seksualiti Merdeka*)51) 금지에 대한 신학적 성찰"52)과 "거룩한 공간으로서의 '막 나야'(*Mak Nyah*, 역

---

48) Ibid., 167-68.
49) Yip, "Listening to the Passion."
50) Ibid., 76.
51) 역자주: *Seksualiti Merdeka*는 말레이시아 쿠알라룸푸르에서 매년 열리는 성소수자 인권축제의 이름으로 '섹슈얼리티 해방 혹은 자유'를 뜻한다. 이 축제는 2008년 8월에 처음 시작되었고, 2011년 11월에 정부는 공공 무질서를 이유로 이 행사를 봉쇄했다.

자주: 트랜스여성을 뜻하는 말레이시아어) 몸: 남성에서 여성으로 전환한 말레이시아 트렌스섹슈얼의 퀴어 몸-성례화 발견"53) 등이 포함된다. 고(Goh)는 LGBTIQ 아시아인과 아시아계 미국인들의 영성 연구를 싣는 국제 온라인 학술지인 『퀴어 아시아 스피릿 E-Zine』의 편집자이기도 하다.54)

캄포스, 입(Yip), 고(Goh) 모두 "떠오르는 퀴어 아시아 종교학자 그룹"(EQARS)에 속해 있는데, 이 그룹은 세계 곳곳에 있는 LGBTIQ 아시아인, 아시아계 미국인 신학자들이 매달 스카이프(Skype)를 통해 자신들의 연구를 공유하기 위해 만난다.55) EQARS 소속 학자들은 미국 종교학회와 같은 전문적인 학술대회에서 발표해왔으며, 퀴어 아시아 신학에 대한 『신학과 섹슈얼리티』 특별호에 기고하기도 했다.56)

최근에 아시아에서 퀴어 신학의 발전이 있었는데, 그 중에 한 예가 아시아 여성신학 잡지인 『하나님의 형상대로』(In God's Image)에 홍콩의 퀴어 신학을 주제로 삼은 2010년 특별호가 출판된 것이다. 홍콩

---

52) Joseph N. Goh, "The Word Was *Not* Made Flesh: Theological Reflections on the Banning of *Seksualiti Merdeka* 2011," *Dialog: A Journal of Theology* 51, no. 2 (Summer 2012): 145-54.

53) Joseph N. Goh, "*Mak Nyah* Bodies as Sacred Sites: Uncovering the Queer Body-Sacramentality of Malaysian Male-to-Female Transsexuals," *CrossCurrent* 62, no.4 (December 2012): 512-21.

54) 이 학술지의 창간호를 보려면 *Queer Asian Spirit E-Zine* 1 (December 2012), 2013년 1월 3일 접속, http://bit.ly/YeGNM7 를 보라.

55) 퀴어 아시아 종교학자들의 출현(Emerging Queer Asian Religion Scholars)에 대해서는 http://www.eqars.org 를 보라. 2013년 1월 3일 접속. 다른 EQARS 회원으로는 나를 포함해서 우고 꼬르도바 께로(Hugo Córdova Quero), 엘리자베스 렝(Elizabeth Leung), 미아크 시우(Miak Siew) 등이 있다.

56) *Theology and Sexuality* 17, no. 3 (*September 2011): 235-64 를 보라.

에 있는 LGBTIQ 아시아 공동체의 지지자인 로즈 유(Rose Wu)는 『교회를 두려움에서 해방시키기: 홍콩의 성소수자에 관한 이야기』에서 교회공동체적 관점에서 홍콩에서의 '통치'(tongzhi) 운동의 시작에 관해 기술했다.57)

초국가적인 관점과 밀접하게 연관된 주제는 다종교 간 성찰이다. 렝 림(Leng Lim)은 "불교인으로 성장하다가 기독교인으로 개종한 혼합주의자"로서의 자신의 경험에 관해 썼다. 림은 아시아의 종교전통을 다루면서, "기독교인들이 나를 혼합주의자라고 고발해도 상관없다"고 주장한다.58) 실제로, 림은 아시아계 미국인 기독교 지도자들이 불교의 두 가지 전통인 (1) 진리에 집착하지 않기(non-attachment)와 (2) 마음 명상의 수행을 적용함으로써 성서를 통한 영적 학대에 맞서자고 제안했다.59) 아마도 퀴어 아시아 신학자들의 미래는 유교와 도교에서의 동성관계를 연구하는 앤-마리 샹과 동성애에 대한 불교적 관점을 재수립하는 유-챈 리 같은 학자들에게 달려 있는지도 모른다.60)

나 역시 LGBTIQ 아시아계 미국인들이 어떻게 자신들의 선조들의

---

57) Rose Wu, *Liberating the Church from Fear: The Story of Hong Kong's Sexual Minorities* (Kowloon, Hong Kong: Hong Kong Women Christian Council, 2000).
58) Lim, "Gay Erotics," 176, 175.
59) Lim, "The Bible Tells Me to Hate Myself," 321-22.
60) Ann-Marie Hsiung, "Gender and Same-Sex Relations in Confucianism and Taoism," in *Heterosexism in Contemporary World Religion: Problem and Prospect*, ed. Marvin M. Ellison and Judith Plaskow (Cleveland, OH: Pilgrim Press, 2007), 99-134; Yu-chen Li, "Reconstructing Buddhist Perspectives on Homosexuality: Enlightenment from the Study of the Body," in Ellison and Plaskow, *Heterosexism in Contemporary World Religion*, 135-53.

영적 전통들을 되찾아왔는지에 대해 썼다. 이런 전통들에 대해서는 다종교 간 명상 그룹들, 거룩한 북치기 의례들(sacred drum rituals), 『도덕경』과 같은 경전에 대한 성찰과 그 외의 다른 실천들을 통해 살펴보았다.61) 나는 또한 불교의 관음보살(觀音菩薩)이 퀴어 아시아 그리스도로 간주될 수 있다는 점에 대해서도 썼다. 즉, 관음은 그/녀가 인도에서 중국으로 넘어가면서 남성에서 여성으로 전환하였기 때문에 퀴어다. 그리고 그/녀는 (구속론적으로 말하자면) 일종의 기독론적 존재인데, 그/녀는 다른 사람들을 데리고 오기 전에는 극락에 들어가기를 거부한다.62) 자기 선조들의 영적 전통을 끌어오는 것을 통해, LGBTIAQ 아시아계 미국인들—기독교인들을 포함해서—은 신과의 관계를 보다 깊게 심화시킬 수 있다.

기독교인들에 의한 다종교적 성찰 이외에, 비기독교적 종교의 관점에서 쓰인 논문들이 있다. 예를 들어, 말레이시아 출신의 메릴랜드 대학 박사 과정생인 유엔메이 왕은 "이슬람 논쟁을 통해 말레이시아에서 불법으로 판정된 남자처럼-보이는 말레이시아-무슬림 레즈비언인" '팽키드'(*Pengkid*)에 대해 썼다.63) 왕은 어떻게 여성적 남성성이 '팽키드'의 정체성을 형성했고, 또 어떻게 이러한 "성장하는 사회현상"이 계속해서 "근본주의 이슬람의 해석과 제재의 등장에 도전할" 것

---

61) Cheng, "Reclaiming Our Traditions, Rituals, and Spaces," 236-37.
62) Patrick S. Cheng, "Kuan Yin: Mirror of the Queer Asian Christ" (미간행 논문, 2003), 2013년 1월 3일 접속, http://bit.ly/qyvGtk.
63) Yuenmei Wong, "Islam, Sexuality, and the Marginal Positioning of Pengkids and Their Girlfriends in Malaysia," *Journal of Lesbian Studies* 16(2012): 1.

인지를 설명했다.64)

끝으로, LGBTIQ 아시아계 미국인 공동체의 지지자들의 공헌에 대해 언급하는 것이 중요하다. 유명한 지지자들 중에 한 명이 메사추세츠 주 보스턴에 있는 성공회신학대학원의 윌리엄 코울(William R. Cole) 기독교신학과 영성학 석좌교수이며 미국종교학회 증경회장인 곽 퓰-란이다. 곽은 LGBTIQ 아시아계 미국인 문제와 관련한 많은 논문을 썼는데, 그중에 하나가 LGBTIQ에게 옹호적인 아시아계 미국인 교회에 관한 글이고, 다른 하나는 인종문제에 대한 백인 LGBTIQ 신학자들의 침묵에 관한 글이다.65) 또 다른 유명한 지지자는 캘리포니아 주 버클리의 퍼시픽종교대학원의 교학부장이자 신약학 교수인 타-치옹 베니 류다. 곽 퓰-란처럼, 류는 LGBTIQ와 아시아계 미국인 사이의 교차점에 대해 썼고, LGBTIQ 성서학자들의 인종문제에 대한 침묵을 비판했다.66)

---

64) Ibid., 14.
65) Kwok Pui-lan, "Asian and Asian American Churches," in *Homosexuality and Religion: An Encyclopedia*, ed. Jeffrey S. Siker (Westport, CT: Greenwood Press, 2007), 59-61; Kwok Pui-lan, "Body and Pleasure in Postcoloniality," in *Dancing Theology in Fetish Boots: Essays in Honour of Marcella Althaus-Reid*, ed. Lisa Isherwood and Mark D. Jordan (London: SCM Press, 2010), 31-43; Kwok Pui-lan, *Postcolonial Imagination and Feminist Theology* (Louisville, KY: Westminster John Knox Press, 2005); Kwok Pui-lan, "Touching the Taboo: On the Sexuality of Jesus," in Ellison and Douglas, *Sexuality and the Sacred*, 119-34.
66) Tat-siong Benny Liew, "(Cor)Responding: A Letter to the Editor," in *Queer Commentary and the Hebrew Bible*, ed. Ken Stone (Cleveland, OH: Pilgrim Press, 2001), 182-92; Tat-siong Benny Liew, "Queering Closets and Perverting Desires: Cross-Examining John's Engendering and Transgendering Word Across Different Worlds," in *They Were All Together in One Place?: Toward Minority Biblical Criticism*, ed. Randall C. Bailey,

3. 결론

1990년대 중반 이후로 퀴어 아시아신학 논문들이 많이 나왔다. 이 논문들은 많은 중요한 주제들을 다뤘는데, 그 중에 세 가지가 (1) 아시아와 아시아계 미국인 교회의 배타성, (2) LGBTIQ 인종차별에 대한 비판, (3) 초국가적 관점의 중요성에 대한 강조다. 하지만, 아시아계 미국인 퀴어 신학과 관련해서 앞으로 더 연구해야 할 과제들은 여전히 많다. 예컨대, 아시아계 미국인 트랜스젠더들의 목소리를 들려주는 연구는 거의 없다.[67] 남아시아(인도), 동남아시아, 태평양제도의 상황에서 기독교신학을 하는 LGBTIQ의 목소리도 거의 없다.[68] 그렇지만 퀴어 아시아인들을 퀴어 아시아계 미국인들과 구분하여 초국적 경계 문제를 다루는 목소리들이 많아지고 있고,[69] 이러한 경계가 미

Tat-siong Benny Liew, and Fernando F. Segovia (Atlanta, GA: Society of Biblical Literature, 2009), 251-88.

67) 이 분야의 연구로는 일본계 미국인 엄마와 그의 트랜스젠더 아들의 이야기를 다룬 *Two Spirits, One Heart*가 있다. Marsha Aizumi with Aiden Aisumi, *Two Spirits, One Heart: A Mother, Her Transgender Son, and Their Journey to Love and Acceptance* (Arcadia, CA: Peony Press, 2012)을 보라. 아시아계 미국인 트랜스젠더들이 직면한 도전들에 대한 개괄에 대해서는 National Gay and Lesbian Task Force, "Injustice at Every Turn: A Look at Asian American, South Asian, Southeast Asian, and Pacific Islander Respondents in the National Transgender Discrimination Survey" (July 19, 2011), 2013년 1월 3일 접속, http://bit.ly/MRTpTP.

68) Brown, *Other Voices, Other Worlds*.

69) Ramón A. Guitiérrez, ed., "Further Desire: Asian and Asian American Sexualities," *Amerasia Journal* 37, no.2(2011)를 보라. 또한 Travis S. K. Kong, *Chinese Male Homosexualities: Memba, Tongzhi and Golden Boy* (London: Routledge, 2011); Martin F. Manalansan, *Global Divas: Fillipino Gay Men in the Diaspora* (Durham, NC: Duke University Press, 2003); Fran Martin et al., eds., *AsiaPacifiQueer: Rethinking Genders and*

래에는 어떻게 더 순조롭게 흐르게 될지 무척 기대된다.

학습을 위한 질문들

1. 퀴어 아시아계 미국인들의 역사에서 가장 놀라운 사건은 무엇인가요? 가장 불편했던 사건은 무엇인가요? 퀴어 아시아계 미국인 역사에 대해서 어떤 것을 더 알고 싶나요?
2. 교회로부터의 LGBTIQ 아시아인과 아시아계 미국인의 배제에 대해 쓴 퀴어 아시아계 미국인 신학자들의 글들 중 주요 저서로는 무엇이 있나요?
3. 인종차별과 백인 LGBTIQ 공동체에 대해 쓴 퀴어 아시아계 미국인 신학자들의 글들 중 주요 저서로는 무엇이 있나요?
4. 초국가적인 논쟁에 대해 쓴 퀴어 아시아계 미국인 신학자들의 글들 중 주요 저서로는 무엇이 있나요?
5. 자신의 신학적 성찰과 연구를 더 풍성하게 만들기 위하여 초국가적이고 다종교간 대화의 관점을 어떻게 활용할 수 있을까요?

심화학습을 위한 자료들

퀴어 아시아계 미국인의 경험

    Eng and Hom, *Q&A*

    Guitiérrez, "Further Desire"

Sexualities (Urbana: University of Illinois Press, 2008)를 보라.

Leong, *Asian American Sexualities*

Lim-Hing, *The Very Inside*

아시아 교회와 아시아계 미국인 교회의 배타성

Brown, *Other Voices, Other Worlds*

Kim, "Out and About"

Kwok, "Asian and Asian American Churches"

Lim, "'The Bible Tells Me to Hate Myself'"

Lim, "Gay Erotics"

Lim, "Webs of Betrayal"

Lim, with Yap and Lee, "Mythic Literalists"

Shrake, "Homosexuality and Korean Immigrant Protestant Churches"

인종차별에 대한 LGBTIQ의 비판

Harper, "No Asians, Blacks, Fats, or Femmes"

Law, "A Spirituality of Creative Marginality"

Law, *The Word at the Crossings*

Liew, "(Co)Responding"

Cheng, *From Sin to Amazing Grace*, 133-45

Cheng, "Galatians"

Cheng, "Gay Asian Masculinities and Christian Theologies"

Cheng, "I am Yellow and Beautiful"

Cheng, "Multiplicity and Judges 19"

Cheng, *Radical Love*, 74-77

Cheng, "Reclaiming Our Traditions, Rituals, and Spaces"

Cheng, "Rethinking Sin and Grace for LGBT people Today"

초국가적 관점과 관련된 연구들

Campos, "The *Baklâ*"
Goh, "*Mak Nyah* Bodies as Sacred Sites"
Goh, "The Word Was *Not* Made Flesh"
Robinson, *In the Eye of the Storm*, 135-38
Wong, "Islam, Sexuality, and the Marginal Positioning of *Pengkids*"
Wu, *Beyond Right and Wrong*
Wu, *Liberating the Church from Fear*
Wu, "A Story of Its Own Name"
Yip, "Listening to the Passion"

기타 자료들

Busto, "Normally Queer?"
Cheng, "Roundtable Discussion: Same-Sex Marriage"
Cheng, "A Three-Part Sinfonia"
Consolacion, "Where I am Today"
Hsiung, "Gender and Same-Sex Relations in Confucianism and Taoism"
Kwok, "Body and Pleasure in Postcoloniality"
Kwok, *Postcolonial Imagination and Feminist Theology*, 100ff
Law, "A Litany for Dialogue Among People with Different Sexual Orientations"
Lee, "Queerly a Good Friday"
Li, "Reconstructing Buddhist Perspectives on Homosexuality"
Liew, "Queering Closets and Perverting Desires"
Schexnayder, *Setting the Table*, 39-40
Tuaolo, *Alone in the Trenches*, 199-210

4장

퀴어 라띠나/노 신학들[1]

유색인 퀴어 신학에서 가장 새로운 목소리들 중의 몇 가지가 퀴어 라띠나/노 신학자들의 목소리들이다. 이런 신학자들이 직면하는 도전들 중의 하나는 비(非)LGBTIQ 라띠나/노 신학자들이 퀴어 섹슈얼리티와 젠더 정체성에 대한 문제에 대한 놀라울 정도의 침묵하고 있다는 사실이다. 샌디에고대학의 게이 라띠노 신학교수인 올란도 에스핀은 "그 주제는 건드릴 수 없을 정도고, 우리는 사실 이 주제에 대해 깊이 성찰해보지 못했다. … 그리고 지나치면서 단순하게 문구를 첨가시키는 정도로는 지속적인 성찰의 가치를 갖지 못한다"고 말한다.[2]

게이 신학자이면서 LGBTIQ 라띠나/노 공동체의 백인 지지자인 제임스 니콜로프는 2003년에 "섹슈얼리티: 미국 라띠나/노 신학에서의 퀴어 부재(不在)"라는 제목의 논문을 발표했다. 이 논문에서 그는

---

[1] 역자주: Latina/o 는 미국에 살고 있는 라틴계 여성과 남성을 가리키며 여기서는 원어를 그대로 음역하여 번역한다.
[2] Orlando O. Espín, *Grace and Humanness: Theological Reflections Because of Culture* (Maryknoll, NY: Orbis Books, 2007), 58.

속죄의 고독(redemptive solitude), 구원적 자기희생(salvific self-sacrifice), "위험한 거짓말(dangerous falsehoods)"의 거부 등의 주제를 담은 신학을 발전시키기 위한 라띠나/노 신학자들과 백인 LGBTIQ 신학자들 사이의 대화—'함께 해나가는 "동종" 신학'(una teología "homo" de conjunto)—를 제안했다.3)

앞의 두 장들에서 퀴어 흑인신학과 퀴어 아시아계 미국인 신학을 다룬 방식과 마찬가지로, 이 장은 미국에서의 LGBTIQ 라띠나/노의 역사적 배경으로부터 시작할 것이다. 그 다음에 퀴어 라띠나/노 신학의 계보를 발전시키기 위한 세 가지 구체적 주제들—(1) 경계 지역에서 살아남기, (2) 남성다움 과시문화(machismo)에 도전하기, (3) 문화적, 종교적인 경계 넘어가기—에 초점을 맞출 것이다. 비록 퀴어 라띠나/노 신학의 목소리가 1990년대 중반까지 거슬러 올라가서 발견되지만, 퀴어 흑인신학과 퀴어 아시아계 미국인 신학의 경우보다는 이 주제에 대한 저술들의 숫자가 적다. 그런 점에서, 이 장에서는 좀 더 새로운 퀴어 라띠나/노 신학의 목소리들에 초점을 맞출 것이다.

1. 역사적 배경

LGBTIQ 라띠나/노의 이야기는 아프리카계 미국인이나 아시아계 미국인의 이야기와 다르다. 주니페로 세라(Junipero Serra) 신부가 "알칼라의 산디에고 미션"을 설립한 1769년에 스페인이 오늘날 캘리포

---

3) James B. Nickoloff, "Sexuality: A Queer Omission in U.S. Latino/a Theology," *Journal of Hispanic/Latino Theology* 10, no. 3 (2003): 50-51.

니아로 알려진 지역을 식민지화하기 시작했다.4) 하지만 라띠나/노가 미국의 공식적인 거주민이 된 것은 1800년대가 되어서야 가능했다. 이것은 그들이 국가의 경계를 넘어감으로써 발생한 것이 아니라, 미국의 정복에 뒤따른 경계의 변화에 따른 결과였다. 1848년에 공인서약을 맺은 과달루뻬 이달고 조약5)은 멕시코-미국 전쟁을 종결시켰고, 그 결과로 미국이 1백만 스퀘어 마일의 땅을 멕시코로부터 넘겨받았다. 여기에는 우리가 지금 알고 있는 애리조나, 캘리포니아, 콜로라도, 네바다, 뉴멕시코, 텍사스, 유타가 포함된다.6)

이 조약의 결과로, 미국이 획득한 땅에 이미 살고 있던 멕시코 시민들은 미국 시민권을 선택할 수 있게 허용되었고, 그들 대부분이 미국 시민권을 선택했다. 그러나 그들은 극도의 이질감을 느꼈다. 한 멕시코 외교관이 예견했다. "우리 인종, 우리의 불행한 백성들은 낯선 땅에서 환대의 손길을 찾아 헤매다가 결국에는 내쫓길 것이다." 그는 "북미 사람들은 우리를 미워한다." 그리고 "그들은 우리가 그들과 한 나라, 한 사회를 만들어갈 가치가 없다고 생각한다"고 말했다.7) 멕시코인들은 계속해서 미국으로 이민을 왔고, 특히 1910년 멕시코 혁명 이후에는 피난민 자격으로 미국으로 왔다. 하지만 그들은 반(反)이민 정서에 맞닥뜨리게 되었고, 대공황 시기에는 많은 사람들이 멕시코로

---

4) Takaki, *A Different Mirror*, 159-60.
5) 역자주: 1848년, 과달루뻬 이달고에서 미국과 멕시코 정부 사이에 맺은 영토 협약(Treaty of Peace, Friendship, Limits, and Settlement between the United States of America and the Republic of Mexico).
6) Ibid., 163.
7) Ibid., 165.

송환되었다. 20세기 후반부터는 푸에르토리코, 쿠바, 도미니카 공화국, 중앙아메리카와 같은 다른 나라와 지역들로부터의 라띠나/노들이 유입해 들어왔다.8)

"라띠나/노"란 용어는 복잡한 역사를 갖고 있다. 라띠노 신학자인 벤자민 발렌틴이 설명한 것처럼, 이 용어는 "범민족을 아우르는 포괄적 용어"다. 이 용어는 "스페인어를 사용했던 선조들을 가진 사람들의 미국에서의 경험과 정체성을 합체하려는 노력으로" 사용되었다. (즉, "라띠나/노"란 용어는 중앙아메리카와 남아메리카에 살고 있는 사람들을 가리키는 라틴아메리칸과 달리, 미국에 살고 있는 사람들을 가리킨다.) 이 용어는 종종 "히스패닉"(Hispanic)이란 말과 혼용되지만, "라띠나/노"가 "스페인과 연관이 없는 라틴아메리카 국가들까지도 더 폭넓게 포용하므로" 많은 사람들이 이 용어를 선호한다.9) "라띠나/노"란 용어는 공유된 언어적 유산에 초점을 맞추고 있기 때문에, 엄밀히 말해 인종적(racial) 용어—확장된 의미에서 인종은 생물학적 의미를 지닌다—가 아니라, 민족적(ethnic) 용어다.10)

퀴어 라띠나/노의 목소리들이 출판물에 등장하기 시작한 것은 적어도 1960년대 초부터이다. 애리조나 주립대학의 라띠나/노 문학과

---

8) Daniels, *Coming to America*, 307-27, 371-84.
9) Benjamín Valentín, "Introduction," in New Horizons in *Hispanic/Latino(a) Theology*, ed. Benjamín Valentín (Cleveland, OH: Pilgrim Press, 2003), 1n1. "Hispanic"이란 인종과 상관없이 스페인식 문화와 기원을 가진 사람들을 범주화하기 위해 미국의 인구조사국이 만들어낸 용어다.
10) 예를 들어, 이 점은 2010년 미국인구조사서에도 반영되어 있는데, 이 조사서에 따르면, "이 인구조사에서, 히스패닉은 인종을 나타내는 것이 아니다"라고 분명히 밝힌다. "United States 2010 Census Form,"을 보라. 2013년 1월 3일 접속, http://1.usa.gov/6Pph2M.

교수인 마누엘 데 헤수스 에르난데스-구띠에레스는 세 개의 주요 라띠나/노 민족그룹들—멕시코계 미국인들(Chicanas/os), 푸에르토리코계 미국인들(AmeRícans), 쿠바계 미국인들—의 퀴어 라띠나/노 작가들의 저술들을 정리했다. 에르난데스-구띠에레스에 따르면, LGBTIQ 라띠나/노 문학작품들이 학계에 인정받기까지는 거의 25년이 걸렸다. 그는 말하기를, "1963년에 존 레치(John Rechy)가 쓴 『밤의 도시』(*City of Night*)로부터 1987년 글로리아 안살두아가 쓴 『경계 지역들/최전선』(*Borderlands/La Frontera*)에 이르기까지, 그런 작품들이 미국의 주요 학계와 일반에게 알려지는 데는, 알려지기 위한 의식적인 노력에도 불구하고 24년이 넘게 걸렸다."11)

퀴어 흑인 공동체들과 퀴어 아시아계 미국인 공동체들의 경우처럼, 퀴어 라띠나/노 공동체의 역사를 쉽게 볼 수 있는 자료는 많지 않다. 예를 들어, 잘 알려지지 않은 역사적 사실 중 하나는 라티노 게이인 호세 사리아가 1961년에 미국에서 공직 경선에 참여했던 첫 번째 커밍아웃한 게이 후보였다는 것이다.12)

역사 자료들의 부족함에도 불구하고, 라띠나/노의 역사에 대한 유익한 자료로는 오라시오 로께 라미레스가 쓴 "경계 지역들, 유랑민들,

---

11) Manuel de Jesús Hernández-Gutiérrez, "Building a Research Agenda on U.S. Latino Lesbigay Literature and Cultural Production: Texts, Writers, Performance Artists, and Critics," in *Chicano/Latino Homoerotic Identities*, ed. David William Foster (New York: Garland Publishing, 1999), 297.
12) 1961년 사리아는 커밍아웃한 게이 남자로서 샌프란시스코 감독위원회 위원을 뽑는 경선에 참여했다. "José Sarria: First Gay Man in History to Run for Public Office Was Latino," *Gay LAtino* (September 9, 2011)를 보라. 2013년 1월 3일 접속, http://bit.ly/P1UdqP.

그리고 초국가적인 경계들: LGBT 라띠나와 라띠노의 역사 가르치기"
란 논문이 있다. 이 논문은 1950년대 뉴욕시에 살았던 한 레즈비언의
사랑 이야기에 대한 구전역사로부터 시작한다. "흑인-정체성을 지닌
푸에르토리코 레즈비언"으로 소개된 이 일화의 주인공인 훌리아(Julia)
는 어떻게 자신의 어머니가 훌리아 자신을 여자 친구인 마리아의 집
에서 발견했는지를, 또한 자신이 "마리아, 나는 너를 사랑해! 나는 너
와 함께 할 거야, 마리아!"라고 외치는 와중에도, 어머니가 그녀를 거
리로 내쳐 질질 끌고 갔는지를 묘사했다.13)

로께 라미레스의 에세이는 1969년 6월의 스톤월 항쟁에서 중심적
역할을 했던 라띠나 트랜스 여성인 실비아 레이 리베라(Sylvia Ray
Rivera)에 대해 기술했다.14) 인생의 말년에, 리베라는 뉴욕의 메트로
폴리탄 공동체교회(MCCNY)의 활동에 깊이 관여했고, 교회는 그녀를
기념해서 MCCNY 청소년 보호처를 그녀의 이름으로 명명했다. 나는
2000년에서 2001년까지 MCCNY의 교구사역을 위한 부사제로 일했
는데, 그 때 실비아에 대해 알게 되어 수십 년에 걸친 그녀의 퀴어 활
동에 대해 배우는 행운을 누렸다. 2005년에 뉴욕시는 그녀를 기리며
그리니치빌리지(Greenwich Village)15)의 한 거리를 실비아 리베라 길이
라고 이름 붙였다.16)

---

13) Horacio N. Roque Ramírez, "Borderlands, Diasporas, and Transnational Crossings: Teaching LGBT Latina and Latino Histories," *OAH Magazine of History* (March 2006): 39.
14) Ibid., 40.
15) 역자주: 뉴욕 맨해튼시의 남쪽지역에 있는 한 구역의 이름이다.
16) Vicki, L. Eaklor, *Queer America: A People's GLBT History of the United States* (New York: New Press, 2008), 197. 스톤월 항쟁에 대한 리베라의 인

스톤월 항쟁에 이어서, LGBTIQ 라띠나/노들은 자신들의 인종적, 성적 정체성에 따라 조직화하기 시작했다. 1970년, 레즈비언과 게이 '치까나/오스'(Chicana/os, 즉 멕시코계 라띠나/노)는 로스앤젤레스에 '유니도스'(Unidos)를 설립했다. 1979년, LGBTIQ 라띠나/노는 첫 번째 레즈비언 게이 인권을 위한 전국 워싱턴 행진과 동시에 개최된 전국 제3세계 레즈비언 게이 학술대회에 참여했다.17) 그리고 1987년에 전국 라띠나/노 레즈비언, 게이, 양성애자, 트랜스젠더 조직(LLEGÓ)이18) '전국 워싱턴 행진'(National March on Washington for Lesbian and Gay Rights)때 설립되었다.19) (아쉽게 LLEGÓ는 2004년에 문을 닫았다.)

가장 오래 지속된 LGBTIQ 라띠나/노 조직들 중에 하나는 1985년에 설립된 "오스틴 라띠나/노 레즈비언, 게이 단체"(Austin Latina/o Lesbian and Gay Organization)' ALLGO다. 이 단체는 원래 "농장노동자, 경찰폭력, 인종차별이 게이 활동가 의제들에 포함되지 않거나 라티노 활동가들이 입구에서 성적 정체성을 확인할 것을 요구하는 것에 대한 우려에서 설립되었다.20) 이후 수십 년 동안, ALLGO는 그 영역을 확장해나갔고, 지금은 텍사스 주 전역의 유색인 퀴어들을 대상으로 일하고 있다.

터뷰에 관해서는, Eric Marcus, *Making Gay History: The half-Century Fight for Lesbian and Gay Equal Rights* (New York: Harper, 2002), 126-30.
17) Easklor, *Queer America*, 151.
18) 역자주: The National Latino/a Lesbian, Gay, Bisexual & Transgender Organization(LLEGÓ).
19) Ibid., 188.
20) "History & Future," ALLGO: A Statewide Queer People of Color Organization, 2013년 1월 3일 접속, http://bit.ly/sjUd5F.

어떤 LGBTIQ 라띠나/노 운동의 역사도 글로리아 안살두아의 저술을 논하지 않고서는 완성될 수 없다. 레즈비언 라띠나 작가로서, 그녀는 "다른 문화들이 함께 모여 서로의 장점을 존중하면서 정치적, 역사적, 성적 의식을 공유하는 지역"을 뜻하는 "경계 지역" 또는 '라 프론떼라'(*la frontera*)란 단어를 만들어냈다. 안살두아의 '메스티자'(*mestiza*) (혹은, 섞인-인종) 의식이란 그녀가 말하는 경계 지역의 존재를 반영하는 "사이 안에 존재하는 상태"(in-between state)다.21) 1981년에 안살두아가 체리 모라가와 공동 편집한 『나의 등판으로 불리는 이 다리: 급진적 유색인 여성의 저작들』에는 레즈비언과 양성애자 유색인 여성들의 에세이들이 실린 "경계 사이에서: 문화, 계급, 그리고 동성애혐오에 관하여"란 장(章)이 포함되었다.22) 2009년에는 안살두아의 작품 선문집인 『글로리아 안살두아 해석』이 듀크대학교 출판사에 의해 출간되었다.23)

2. 퀴어 라띠나/노 신학의 족보

퀴어 라띠나/노 신학자들은 1990년대 중반 이후로 자신들의 민족적, 성적, 영적 경험들에 대해 저술해왔다. 그렇지만 퀴어 흑인과 퀴

---

21) Roque Ramírez, "Borderlands, Diaspora, and Transnational Crossings," 40.
22) Cherríe Moraga and Gloria Anzaldúa, eds., *This Bridge Called My Back: Writings by Radical Women of Color* (New York: Kitchen Table: Women of Color Press, 1981), 105-59.
23) Gloria Anzaldúa, *The Gloria Anzaldúa Reader*, ed. AnaLouise Keating (Durham, NC: Duke University Press, 2009).

어 아시아계 미국인 신학자들의 목소리와 마찬가지로, 지금까지 그런 저작들에 대한 조직적 연구가 없었다.24) 따라서 이 장에서는 퀴어 라띠나/노 신학의 족보를 만들어보려고 한다. 이 족보는 (1) 경계 지역에서 살아남기, (2) 남성다움 과시문화에 도전하기, (3) 문학적, 종교적인 경계 넘어가기의 세 가지 중심 주제들에 초점을 맞출 것이다.

이 장에서는 아르헨티나 퀴어 신학자인 마르셀라 알트하우스-라이드(Marcella Althaus-Reid)의 최근 저작들을 다루기는 하지만, 그 저작들에 초점을 맞추지는 않을 것이다. 그는 스코틀랜드 에든버러대학교에서 가르치고 있는 라틴아메리카 신학자인데, 『외설적인 신학: 성, 젠더, 정치에 대한 신학적 도착(倒錯)』을 포함한 그녀의 저술들은 퀴어 신학의 선구자적인 저술들로서, 해방신학, 퀴어 이론, 탈식민주의적 인식론을 모두 하나로 묶어내면서 신학세계를 변화시켰다. 비록 이 장에서는 일차적으로 미국에서의 퀴어 라띠나/노 신학을 다루는 데 초점을 맞추지만, 이 책의 2부에서 알트하우스-라이드의 인식론을 다시 다룰 것이다.

a. 경계 지역에서 살아남기

퀴어 라띠나/노 신학의 첫 번째 주제는 경계 지역에서 살아남기

---

24) Salvador Vidal-Ortiz 가 라띠나/노 학자들이 섹슈얼리티와 종교에 대해 쓴 현존하는 연구들에 대해 조사한 논문을 썼다. 하지만 그 논문은 신학보다는 사회과학에 더 초점이 맞춰져있다. Salvador Vidal-Ortiz, "Religion/Spirituality, U.S. Latin/o Communities and Sexuality Scholarship: A Thread of Current Works," in *Latina/o Sexualities: Probing Powers, Passions, Practices, and Policies*, ed. Marysol Asencio (New Brunswick, NJ: Rutgers University Press, 2010), 173-87.

다. 이 개념은 글로리아 안살두아의 연구에서 나왔는데, 그녀는 '라 프론떼라,' 혹은 경계 지역들이 라띠나 레즈비언인 그녀에게 육체적으로 또한 은유적으로 얼마나 중요한 지점인지에 관해 썼다. 그녀는 "나는 경계선에 서있는 여자다. … 나는 평생 동안 텍사스-멕시코 경계와 다른 경계에 걸쳐 살아왔다." 안살두아에게, 경계 지역은 "살아가기에 안락한 장소가 아니다." 그러나 그곳에는 "경계와 주변부에서 살아가는, 또한 한 사람의 계속 변화하는 다양한 정체성과 온전함을 손상시키지 않고 그대로 지켜주는" 기쁨이 있다.[25]

가장 초기의 퀴어 라띠나/노 신학 저술들 중에 하나가 1996년에 출판된 『경계 전쟁』에 실린 논문이다. 그 논문은 쿠바출신 미국인 레즈비언 여성주의 활동가, 목회자, 신학자인 마리 까스떼야노스가 쓴 "지탱하지 못하는 장벽들: 레즈비언 시각에서"이다.[26] 이 논문에서, 까스떼야노스는 "레즈비언"으로서 경계 지역에서 살아가는 경험에 대해 성찰했다. 낯선 사람들과는 함께 일을 하지 않는 그녀의 사회적 상황 속에서의 "문화적 현실" 때문에, 까스떼야노스는 친구로서, 그리고 목회자로서의 이중적 역할을 구분하기를 거부했다. 오히려 그녀는 목회자로서 자신은 개인적 친구관계를 유지하면서 목회를 위한 직업적인 관계를 맺는, "이중적인 관계"가 가능하다고 믿었다.[27]

---

25) Anzaldúa, *Borderlands, La Frontera*, 19.
26) Mari E. Castellanos, "Barriers Not Withstanding: A Lesbianista Perspective," in *Boundary Wars: Intimacy and Distance in Healing Relationships*, ed. Katherine Hancock Ragsdale (Cleveland, OH: Pilgrim Press, 1996), 197-207.
27) Ibid., 197-200.

일 년 뒤인 1997년에 또 다른 선구자적인 퀴어 라띠나/노 신학 논문이 『퀴어링 종교』에 실렸다. 그 논문은 레즈비언 라띠나이면서 미국연합교회(UCC) 목사인 마가리따 수아레스가 쓴 "라띠나와 레즈비언으로 살아감에 대한 성찰"이다.28) 수아레스의 논문은 얼마 전에 돌아가신 아버지, "뽀삐"(Popi)에게 커밍아웃하면서 쓰는 편지 형식을 갖추었다. 그 편지에서, 그녀는 쿠바계 미국인으로서 자신의 문화적 정체성과 섹슈얼리티가 온전하게 통합되는 과정에서 경험한 기쁨과 도전들에 대해 썼다. 그녀는 아버지에게 이제야 마침내 자신이 "교회의 다른 라틴 사람들에게 거부되거나 받아들여지는 위험을 감수할 자신이 생길 정도로 자신의 존재를 인정할 수 있게" 되었다고 말한다.29) 달리 말해서, 수아레스는 라띠나, 레즈비언, 그리스도인으로서의 정체성을 그녀가 살고 있는 경계 지역의 공간으로 받아들일 수 있게 되었다.

경계 지역이란 주제는 2011년 출간된 게이 라띠노 성서학자인 마누엘 비야로보스의 논문에서 명백히 정면에 부각된다. 그는 "다른 편의 몸들: 경계 지역에서의 삶과 희망 발견하기―글로리아 안살두아, 사도행전 8:26-40의 이디오피아 환관, 그리고 너"란 논문에서 안살두아의 '경계 지역' 개념을 끌어온다. 비야로보스는 세 개의 몸들―안살두아의 몸, 사도행전 8장의 이디오피아 환관의 몸, 그리고 그[비야로보스]의 몸―사이의 대화를 통해 어떻게 "그 몸들이 경계 지역에서 삶과 희망을 발견하는지," 특별히 그 몸들이 "경계를 뛰어 넘고, 제도에 도전하고, 우리 안에 새 삶을 불어넣어주는 영을 좇을 때, 어떻게 삶

---

28) Margarita Suárez, "Reflections on Being Latina and Lesbian."
29) Ibid., 350.

과 희망을 발견하는지를 보여준다.30) 그의 논문은 경계 지역 개념을 창조적으로 적용한—특별히 성서연구 분야에서—좋은 사례다.31)

b. "남성다움 과시문화"(*machismo*)에 대한 도전

퀴어 라띠노/나 신학의 두 번째 주제는 남성다움 과시문화에 관한 것이다. 남성다움을 과시하는 문화에서 "남자는 성관계에서 능동적인 주도자여야 하지, 수동적으로 받아들이는 역할을 해서는 안 된다. 이러한 전통적 이해에서 이것[수동적인 역할]은 남성의 권위를 깎아내리는 것이고, 여자의 역할이기 때문이다."32) LGBTIQ 라띠나/노에 대한 신학적 성찰을 다룬 많은 글들이 남성다움 과시문화와 라띠나/노 문화에서의 젠더 역할에 대한 논제를 다뤘다.

샌디에고대학의 게이 라띠나 교수인 올란도 에스핀은 라띠나/노 신학이 LGBTIQ 문제와 남성다움 과시문화를 포함한 젠더의 문화적 구조와의 연관성에 대해 침묵하고 있음을 지적했다. 그의 책 『은총과 인간됨: 문화를 통한 신학적 성찰』의 "인간애, 정체성, 그리고 (가톨

---

30) Manuel Villalobos, "Bodies *Del Otro Lado* Finding Life and Hope in the Borderland: Bloria Anzaldúa, the Ethiopian Eunuch of Acts 8:26-40, *y Yo*," in *Bible Trouble: Queer Reading at the Boundaries of Biblical Scholarship*, ed. Teresa J. Hornsby and Ken Stone (Atlanta, GA: Society of Biblical Literature, 2011), 192.
31) 게이 라티노이면서 MCC의 안수 받은 목사인 마이클 A. 디아스는 최근 중간 지점을 가리키는 원주민 용어인 '네빤뜰라'(*Nepantla*)란 개념을 근거로 퀴어 라띠나/노 성서해석학을 구성하는 목회학 박사 논문을 완성했다. Michael A. Diaz, "*Nepantla* as Indigenous Middle Space: Developing Biblical Reading Strategies for Queer Latina/os" (D. Min. thesis, Episcopal Divinity School, 2012).
32) Jeffrey S. Siker, "Latin@Church Traditions," in Siker, *Homosexuality and Religion*, 145.

릭) 전통의 또 다른 신학적 인류학"이란 장에서, 에스핀은 젠더에 대한 고정관념에서 비롯된 LGBTIQ 라띠나/노에 관한 침묵에 대해 논쟁한다. 에스핀에 따르면, "젠더는 단지 생물학적인 것이 아니라, 문화적인 것이기도 하다." 그리고 그는 퀴어 라띠나/노들이 여전히 고통받는 이유는 "우리 동족들 사이에 아직도 생생하게 영향을 미치는 구체적인 남자다움과 여자다움에 대한 정형화된 문화와 역사가 교차하는 실제적인 결과 바로 그것" 때문이라고 비판한다.[33]

"게이 라띠노의 삶에 나타난 종교와 남성성"이란 논문에서 에릭 로드리게스와 수잔 에예트는 맨해튼에 있는 게이-옹호적인 교회인 뉴욕 메트로폴리탄 공동체교회(MCC)에 다니는 네 명의 라띠노 게이들을 대상으로 한 그들의 연구를 발표했다. 그들은 전통적인 "남성다움과 시문화 이데올로기"—즉, 라띠노 남자들은 육체적으로는 공격적이고, 성적으로는 문란하고, 여성들에게는 폭군처럼 굴고, 술을 잘 마실 줄 알아야만 한다고 정형화하는 논리—가 섹슈얼리티, 종교, 그리고 남성성에 대한 게이들의 감정에 어떻게 영향을 미치는지에 관심을 가졌다.[34] 로드리게스와 에예트는 "많은 책임을 져야 하면서도 동시에 다

---

[33] Espín, *Grace and Humanness*, 64-65. 에스핀은 종교와 목회 속에서의 레즈비언과 게이 연구 센터에서 열린 라띠노/나 원탁토론의 공동주최자다. "Latino/a Roundtable," Center for Lesbian and Gay Studies in Religion and Ministry, 2013년 1월 3일 접속, http://bit.ly/gKAxfp 를 보라. 2012년에 에스핀은 퍼시픽 종교대학원에서 개최한 제5회 존 E. 보스웰 강연(John E. Boswell Lecture)에서 연설했다. 그의 강연 제목은 "누가 인간인가?-기독교인의 심장을 향한 전복적인 질문"("Who is Human?-The Subversive Question at the Heart of Christianity")이었다.

[34] Eric M. Rodriguez and Suzanne C. Ouellette, "Religion and Masculinity in Latino Gay Lives," in *Gay Masculinities*, ed. Peter Nardi (Thousand Oaks, CA: Sage Publications, 2000), 107.

른 사람들을 돌보고 지원해야 하는" 상황 속에서 이 남자들의 남성다움 과시문화에 대한 태도가 놀라울 정도로 변화되었음을 발견했다. 특별히, 남성다움 과시문화 속의 "여성적인" 속성들—즉, "자긍심, 존엄성, 용기, 역경의 인내, 이타심—은 종교공동체 안에서 긍정적 특징들로 여겨졌다.35)

아일리프 신학대학원의 사회윤리와 라띠나/노 연구 교수인 미겔 데 라 또레는 LGBTIQ 공동체의 강력한 지지자다. 2009년 출간한 "라띠노 마초의 고백: 게이 비난자에서 게이 옹호자로"란 논문에서 그는 신학적, 윤리적 관점에서 남성다움 과시문화의 라띠나/노 개념을 다시 생각하게 된 자신의 여정에 대해서 썼다. 데 라 또레는 "깃털이 아니라 강철로 만들어진 남자의 힘과 특권"을 보호하기 위해 자신이 어떻게 사회화되었는지에 대해 썼다. 더욱이 그는 마초는 "남자가 된다는 것이 어떤 의미인지를 그려낸 마초 상(像)에 걸맞게 살아가지 못하는 남자들에 관심을 갖는 것과 연관이 있다"라고 말한다.36) 그러나 결국 마초는 물론이고 마초가 아닌 사람들도 모두 "남자다움에 대한

---

35) 다른 학자들도 라띠노 게이 남자들의 삶에서의 영성의 역할에 대해 탐구했다. 2010년, 에리베르또 바예스꼬르보(Heriberto Vallescorbo)는 어떻게 라티노 게이 남자들이 "그들의 성적지향성과 교회의 반동성애적인 태도 사이의 갈등 때문에 자신들의 본래 종교를 포기했는지"에 관한 박사학위 논문을 썼다. 바예스꼬르보는 궁극적으로 이런 남자들이 영성을 그들의 삶 속에 다시 접목할 수 있다는 것을 발견했다. Heriberto Vallescorbo, "Latino Gay Men's Experiences of Spiritual Reintegration: A Heuristic Study" (Psy. D. diss., California Institute of integral Studies, 2010), UMI (No. 3432452).

36) Miguel A. De La Torre, "Confession of a Latino Macho: From Gay Basher to Gay Ally," in *Out of the Shadows into the Light: Christianity and Homosexuality*, ed. Miguel A. De La Torre (St. Louis, MO: Chalice Press, 2009), 63-64.

거짓된 상"으로 인해 "소외되고," "강박신경증적 증상"으로 고통당하고, 마침내 "자신들의 상태로부터의 해방"이 필요하게 된다고 데 라 또레는 주장한다.37)

c. 문학적, 종교적 경계 넘어가기

퀴어 라띠노/나 신학의 최근 동향에서 가장 흥미로운 현상 중 하나는 문학적, 종교적 경계들을 넘어가는 것이다. 즉, 많은 멋진 작품들이 퀴어 라띠나/노 영성을 전통적인 기독교 신학서적들이 아닌 다른 형태로 소개하고 있다. 오히려, 그 작품들은 문학적 장르들과 종교적 경계들을 모호하게 만들어버린다. 이러한 문학적, 종교적 경계넘기는 퀴어 라띠나/노 신학 족보의 세 번째이자 마지막 주제다.

예를 들어, 게이 라띠노 시인인 엠마누엘 하비에르는 시 모음집 『만일 예수가 게이라면, 그리고 다른 시들』을 출간했다. 하비에르는 인종, 성, 섹슈얼리티, 종교의 주제들을 멋지게 하나로 엮어낸다. 한 예로, 그가 2010년에 쓴 "멕시코인"(The Mexican)이란 시에서, 그는 텍사스에서 공연을 마친 한 멕시코계 미국인을 만났을 때의 흥분에 대하여 다음과 같이 썼다. "그래, 내가 무대 뒤로 걸어 나올 때/ 나의 누요리컨(Nuyorican, 역자주: 푸에르토리코계 뉴욕시민) 눈은 너의 치까노

---

37) Ibid., 74. 데 라 또레는 인권 캠페인 후원재단에 의해 출판된 라띠나/노 공동체를 위한 성서, 성적 지향성, 젠더 정체성에 대한 이중 언어 연구 자료집의 공동저자다. Miguel A. De La Torre, Ignacio Castuera, and Lisbeth Meléndez Rivera, *A La Familia: Conversation About Our Families, the Bible, Sexual Orientation and Gender Identity*, ed. Sharon Groves and Rebecca Voelkel (Washington, DC: Human Rights Campaign Foundation, 2010).

(Xicano; 역자주: 멕시코계 미국인) 미소에 머물렀지 ··· / 과달루뻬 성모(역자주: 중남미의 토착성모)처럼/ 그리고 다른 모든 정령들(orishas)은/ 이 모임을 거룩하게 만들었네." 하지만 그 남자는 남자친구 '바토'(vato)가 있는 것으로 밝혀졌고, 그 시는 갑자기 끝난다. 큰 실망감에 휩싸여, 하비에르는 "멍청이,/ 이 시는 서사가 될 수도 있었어"라고 외친다.38) 하비에르의 시는 전통적인 신학 언어로 잡아내기 어려운 놀라울 정도로 초월적인—그러면서도 무상(無常)한—섹슈얼리티의 본질과 종교적 엑스타시에 대한 뛰어난 표현들로 가득하다.

게이 라띠노 작가인 마누엘 무뇨스도 인종, 섹슈얼리티, 종교 이슈들을 그의 작품에 담았다. 2003년의 단편소설 "지그재거(Zigzagger, 역자주: 지그재그로 나아가는 사람)"에서 무뇨스는 악마로 밝혀진 잘 생긴 낯선 남자와 춤추는 젊은 여인에 관한 전통적인 멕시코계 미국인들의 민담설화를 다루었다. 여기서 무뇨스는 무도회장에서 잘 생긴 낯선 남자 때문에 황홀해진 젊은 게이에 대해 썼다. 그 낯선 남자는 젊은 남자를 밖으로 데리고 나갔다. 거기서, 젊은 남자는 "나뭇가지들로 덮인 어둠 속에서 빛나는 그 남자의 팔에 안겨 있는 자신을 발견할 수 있었고, 그의 피부는 빨갛게 달아올랐고, 바지와 신발은 없어졌다." 갑자기 그 젊은 남자는 "그 남자의 발의 섬광이" 마치 "길고, 단단한 발굽이 땅 속을 파 들어가 듯" 들어가는 것을 보았다—사탄의 발굽! 그 젊은 남자가 관통당할 때, "그는 소리 지르는 것 밖에는 달리 할 수 있는 것이 없었다."39) 하비에르처럼, 무뇨스는 퀴어 라띠노의 영

---

38) Emanuel Xavier, "The Mexican," in Emanuel Xavier, *If Jesus Were Gay and Other Poems* (Bar harbor, ME: Queer Mojo, 2010), 21.

적 경험을 강렬하게 표현하는 언어를 사용한다.

버클리에 있는 캘리포니아대학의 라띠나 윤리학 교수인 로라 페레스도 장르를 넘어선 학술활동을 펼친다. 특별히 그녀는 치까나 여성주의자들과 퀴어 예술을 자신의 종교적, 신학적 성찰의 자료로 삼는다. 그녀의 논문 "치까나 여성주의자와 퀴어 예술의 섹슈얼리티와 영성의 탈식민지화"에서 페레스는 과달루뻬 성모 아이콘을 포함한 치까나 여성주의자와 퀴어 예술의 강렬한 이미지들을 자신의 저작에 포함시킨다.40) 페레스는 그런 작품들이 "어둡고, 여성적인, [또한] 퀴어 몸"을 거룩한 것으로 간주하고 있다고 주장한다. 그런 몸들은 "비인간화시키는 종교성들, 사회적 관습들, 신이나 자연에 의해서가 아니라 인간이 만든, 그리고 치유보다는 해가 되는, 몸과 섹슈얼리티 등에 대항해 싸우는 전쟁터로 불러내는 여신 또는 초월적인 영웅적인 힘"의 현현이다.41)

문학 장르들만이 넘어야 할 경계들인 것은 아니다. LGBTIQ 라띠나/노들의 문제들, 복합적인 신앙전통들(즉, 기독교를 넘어선)도 넘어야 할 경계들이다. 아메리칸대학의 게이 라띠노 교수인 살바도르 비달-오르티스는 LGBTIQ 라띠나/노들의 삶 속에서의 아프리카-쿠바

---

39) Manuel Muñoz, "Zizgagger," in Manuel Muñoz, *Zizgagger* (Evanston, IL: Northwestern University Press, 2003), 17.
40) Laura E. Pérez, "Decolonizing Sexuality and Spirituality in Chicana Feminist and Queer Art," *Tikkun Magazine* (July/August 2010), 2013년 1월 3일 접속, http://bit.ly/ahPJiW.
41) Ibid. 마리에타 메스머(Marietta Messmer)도 현대 치카나 문화에서 육화된 영성의 레즈비언 형태에 대해 썼다. Marietta Messmer, "Transformation of the Sacred in Contemporary Chicana Culture," *Theology and Sexuality* 14, no. 3 (May, 2008): 259-78를 보라.

종교 '산떼리아'(Santería)의 역할에 관한 많은 논문을 썼다. 그 종교의 매력 중 하나는 퀴어들이 성적 존재로 온전하게 참여할 수 있게 해줄 뿐 아니라, 게이에 대한 "매우 엄격한" 개념을 적용하지도 않는다는 점이다.42) 흥미롭게도, 퀴어 산떼리아 사제들은 그들의 집(예배공동체들)에 살고 있는 사람들의 섹슈얼리티보다 다른 요소들—가령 "대부(padrino)와 대모(mardrina)의 계보, 그들의 풍속들(costumbres), 또는 삶의 방식들"—을 더 중요하게 여긴다.43) 이 점은 종교적 의례들이 섹슈얼리티와 교차할 때 그 범주들이 유동적일 수 있음을 보여준다.

문학적, 종교적 경계 넘기에 추가적으로, 국제적인 경계 넘기의 문제가 있다. 위에서 지적했듯이, 이 장(章)의 초점은 퀴어 라띠나/노 신학에 있다. 따라서 퀴어 라틴아메리카 신학자들의 신학은 이 책의 범위 밖에 놓여 있다. 하지만 마르셀라 알트하우스-라이드,44) 우고 꼬르도바 께로,45) 톰 행크스,46) 안드레 무스코프47)와 같은 퀴어 라

---

42) Salvador Vidal-Ortiz, "Sexuality and Gender in Santería: LGBT Identities at the Crossroads of Santería Religious Practices and Beliefs," in *Gay Religion*, ed. Scott Thumma and Edward R. Gray (Walnut Creek, CA: AltaMira Press, 2005), 117.

43) Ibid., 124.

44) Althaus-Reid, *Indecent Theology*; Marcella Althaus-Reid, *The Queer God* (London: Routledge, 2003); Marcella Althaus-Reid, ed.. *Liberation Theology and Sexuality* (Aldershot, UK: Ashgate, 2006); Marcella Althaus-Reid and Lisa Isherwood, eds. *The Sexual Theologian: Essays on Sex, God, and Politics* (London: T & T Clark, 2004).

45) Hugo Córdova Quero, "Risky Affairs: Marcella Althaus-Reid in Indecently Queering Juan Luis Segundo's Hermeneutical Circle Propositions," in Isherwood and Jordan, *Dancing Theology*, 207-18; Martín Hugo Córdova Quero, "Friendship with Benefits: A Queer Reading of Aelred of Rievaulx and His Theology of Friendship," in Althaus-Reid and Isherwood, *The Sexual Theologian*, 26-46; Martín Hugo Córdova

틴아메리카 신학자들은 퀴어 라띠나/노 신학에 관심 있는 사람 누구에게나 대단히 중요하다. 『다른 목소리들, 다른 세상들』에 쿠바, 브라질, 아르헨티나, 파라과이, 우루과이, 볼리비아, 페루의 성공회교회 안에 있는 LGBTIQ 문제를 다룬 논문이 많이 실려 있다.48)

3. 미래의 목소리들

위에서 언급한 다양한 목소리들 말고도, 퀴어 라띠나/노 신학 분야를 연구하는 떠오르는 학자들이 많다. 아일리프신학대학원의 윤리학 박사 과정생 로빈 엔더슨-에스피노사는 경계 지역('라 프론떼라')로서의 몸에 관한 논문을 썼다. 이 논문에서, 핸더슨-에스피노사는 "퀴어 메스티조"49) 공간으로서의 퀴어 몸에 대해 성찰하는데, 그 공간 안에서 "다중적이고 구성적인(constitutive) 접촉점들"과의 연결들에 의해 지식이 만들어진다.50)

Quero, "The Prostitutes Also Go into the Kingdom of God: A Queer Reading of Mary of Magdala," in Althaus-Reid, *Liberation Theology*, 81-110.
46) Tom Hanks, *The Subversive Gospel: A New Testament Commentary of Liberation*, trans. John P. Doner (Cleveland, OH: Pilgrim Press, 2000).
47) André S. Musskopf, "A Gap in the Closet: Gay Theology in the Latin American Context," in *Men and Masculinities in Christianity and Judaism: A Critical Reader*, ed. Björn Krondorfer (London: SCM Press, 2009), 460-71; André S. Musskopf, "Cruising (with) Marcella," in Isherwood and Jordan, *Dancing Theology*, 228-39.
48) Brown, *Other Voices, Other Worlds*, viii.
49) 역자주: 메스티조는 스페인인과 원주민의 피가 섞인 라틴 아메리카 사람을 가리키는 말이다.
50) Robyn Henderson-Espinoza, "*El Cuerpo Como (un) Espacio de*

남캘리포니아 대학의 비교문학 전공 박사 과정생인 빈센트 세르반테스는 신학과 문학을 함께 묶어 분석했다. 예를 들어, 세르반테스는 멕시코시티의 창기인 한 젊은 멕시코 남자에 관한 19금 소설 『꼴로니아 로마 인근의 뱀파이어』(*El vampiro de la colonia Roma*)에 대한 신학적 해석을 시도했다. '호테리아' 신학51)(*jotería* theology)을 수립한 세르반테스는, 그런 해석이 우리로 하여금 "몸과 신성에 대한 특정한 신학적 범주들을 다시 생각"하는 데 도움을 줄 수 있다고 주장한다.52)

세르반테스는 그 멕시코 소설을 시카고 신학대학원의 레즈비언 신학교수인 로렐 슈나이더의 신학과 접목시켰다. 슈나이더에 따르면, 예수 그리스도는 그들이 백부장, 정치인, 가난한 자, 부자, 어린이, 성매매자, 어부, 또는 여성 등 상대가 누구였던지 간에 "[상대의] 정체성을 구분하는 데 전혀 관심이 없었다." 슈나이더에 따르면, 성육은 하나님께서 "과도한 친밀함을 보여주시고, 예의규범을 과감하게 무시하셨던" 사건이다.53) 세르반테스는 멕시코 게이 창기를 기독론적 용어로 묘사

Frontera: The Body as (a) Borderland Space," in *New Frontiers in Latin American Borderlands*, ed. Leslie Cecil (Newcastle Upon Tyne, UK: Cambridge Scholars Publishing, 2012), 41-48을 보라.

51) 세르반테스에 따르면, '호테리아'(*jotería*)란 말은 "동성애"와 "퀴어"의 범주를 넘어서는 성 정체성을 나타낸다. 세르반테스의 블로그, jot(e)ologia를 보라. http://joteologia.blogspot.com. 2013년 1월 3일 접속. (역자주: *jotería*는 '퀴어 라띠나/노'를 가리키는 말로 멕시코 퀴어 신학을 말한다.)

52) Vincent D. Cervantes, "Hustling the Divine: Promiscuously Rethinking Sex, Flesh, and Incarnation in Luis Zapata's *El vampiro de la colonia Roma*" (unpublished paper, 2012), 2, 7; 또한 Vincent D. Cervantes, "Evolving Theologies: Rethinking Progressive Theology Along the Lines of Jotería Studies" (미간행 논문, 2012)를 보라.

53) Laurel C. Schneider, "Promiscuous Incarnation," in T*he Embrace of Eros: Bodies, Desires, and Sexuality in Christianity*, ed. Margaret D. Kamitsuka

함으로써, '호테리아' 신학이 우리가 하나님의 "세상을 향한 과도하면서 차별이 없는 신적 사랑"을 볼 수 있도록 돕는다고 주장한다.54) 엔더슨-에스피노사, 세르반테스, 그리고 다른 퀴어 라띠나/노 학자들의 연구는 퀴어 라띠나/노 신학의 미래에 관한 좋은 징조다.55)

4. 결론

요약하면, 퀴어 라띠나/노 신학들은 1990년대 중반 이후로 등장하고 있지만, 아직은 상대적으로 새로운 연구영역으로 남아 있다. 이 장에서 우리는 세 가지 주제들―(1) 경계 지역에서 살아남기, (2) 남성다움 과시문화에 도전하기, (3) 문학적, 종교적인 경계 넘어가기―을 검토했다. 이 분야에서 떠오르는 장래가 촉망되는 목소리들이 기대되며, 앞으로 트랜스젠더 이슈와 같은 다양한 종류의 침묵들에 대해 논의하는 일은 퀴어 라띠노/나 신학자들에게 주어진 중요한 과제다.56)

(Minneapolis, MN: Fortress Press, 2010), 244.
54) Cervantes, "Hustling the Divine," 15.
55) 아일리프 신학대학원의 박사과정에 있는 게이 라띠노인 야레드 바스께스(Járed Vazquez)는 '오순절교단의 퀴어화'(queering Pentacostalism)에 관한 글을 썼고, 라띠노/나 연구들, 성, 종교가 교차하는 지점에 대해 관심을 갖는다. Járed Vazquez, "Queer Tongues Confess, I know That I Know That I Know: A Queer Reading of James K. A. Smith's *Thinking in Tongues*" (M. Div. thesis. Philips Theological Seminary, 2012).
56) 예를 들어, 트랜스젠더 라띠나/노에 관한 최근의 연구는 그들 중에 28%가 극심한 빈곤 속에서 살고 있으며―이것은 일반 라띠나/노 인구의 빈곤비율의 거의 5배가 되는 수치이다―47%가 자살의 시도했다고 보고한다. National Gay and Lesbian Task Force, "Injustice at Every Turn: A Look at Latino/a Respondents in the national Transgender Discrimination Survey" (April 18, 2011), 2013년 1월 3일 접속, http://bit.ly/QPEBGU.

학습을 위한 질문

1. 퀴어 라띠나/노 역사에서 가장 놀라웠던 사건은 무엇인가요? 가장 불편했던 사건은? 퀴어 라틴 역사에 대해 더 알고 싶은 것은 무엇이 있나요?
2. 경계 지역에 사는 것에 관한 퀴어 라띠나/노 신학자들의 글들 중에 중요한 저서로는 무엇이 있나요?
3. 남성다움 과시문화에 대해 도전하는 퀴어 라띠나/노 신학자들의 글들 중에 중요한 저서로는 무엇이 있나요?
4. 문학과 종교의 경계를 넘나드는 것에 관한 퀴어 라띠나/노 신학자들의 글들 중에 중요한 저서로는 무엇이 있나요?
5. 자신의 신학적 성찰과 연구를 풍성하게 만들기 위해 퀴어 라띠나/노 관점과 라틴아메리카의 관점을 어떻게 활용할 수 있을까요?

심화학습을 위한 자료들

퀴어 라띠나/노의 경험

Díaz, *Latino Gay Men and HIV*
Foster, *Chicano/Latino Homoerotic Identities*
Hames-García and Martínez, *Gay Latino Studies*
Misa, "Where Have All the Queer Students of Color Gone?"
Moraga and Anzaldúa, *This Bridge Called My Back*
Ramirez-Valles, *Compañeros*
Roque Ramírez, "Borderlands, Diasporas, and Transnational

Crossings"

경계 지역에서 살아남기

    Anzaldúa, *Borderlands/La Frontera*
    Castellanos, "Barriers Not Withstanding"
    Diaz, "*Nepantla* as Indigenous Middle Space"
    Henderson-Espinoza, "*El Cuerpo Como (un) Espacio de Frontera*"
    Suárez, "Reflections on Being Latina and Lesbian"
    Villalobos, "Bodies *Del Otro Lado*"

문학과 종교의 경계 넘기

    Cervantes, "Evolving Theologies"
    Messmer, "Transformations of the Sacred"
    Moya, "Comment"
    Muñoz, *Zigzagger*
    Pérez, "Decolonizing Sexuality and Spirituality in Chicana Feminist and Queer Art"
    Vidal-Ortiz, "Sexuality and Gender in Santería
    Xavier, *If Jesus Were Gay and Other Poems*

라틴 아메리카 퀴어 신학

    Althaus-Reid, *Indecent Theology*
    Althaus-Reid, *Liberation Theology and Sexuality*
    Althaus-Reid, *The Queer God*
    Brown, *Other Voices, Other Worlds*
    Córdova Quero, "Friendship with Benefits"
    Córdova Quero, "The Prostitutes Also Go into the Kingdom of

God"
Hanks, *The Subversive Gospel*
Murray, *Latin American Male Homosexualities*
Musskopt, "Cruising (with) Marcella"
Musskopt, "A Gap in the Closet"
Musskopf, "Ungraceful God"
Petrella, "Queer Eye for the Straight Guy"

남성 과시문화(Machismo)에 대한 도전

De La Torre, "Confessions of a Latin Macho"
Espín, *Grace and Humanness*
Girman, *Mucho Macho*
Rodriguez and Ouellette, "Religion and masculinity in Latino Gay Lives"
Siker, "Latin@ Church Traditions"

기타 자료들

Crowley, "An Ancient Catholic"
García, "Priests"
Nickoloff, "Sexuality"
Oliver, "Why Gay Marriage?"
Rodriguez, *Hunger of Memory*
Schexnayder, *Setting the Table*, 39
Vallescorbo, "Latino Gay Men's Experience of Spiritual Reintegration"
Vazquez, "Presión Bajo Gracia"
Vidal-Ortiz, "Religion/Spirituality, U.S. Latina/o Communities, and Sexuality Scholarship"

5장

두-영혼 원주민 담론

우리는 이 책의 1부를 '두-영혼'(Two-Spirit) 원주민(퀴어 미국 원주민)의 담론으로 마무리 할 것이다. 이 장은 앞의 세 장들과는 달리 일방적으로—혹은 일차적으로—기독교신학에 초점을 맞추지 않을 것이다. 오히려, 좀 더 보편적으로 원주민 후손의 LGBTIQ2에 의해 진행되어 온 종교학 담론에 중점을 둘 것이다.1) 이 영역에서 이루어진 많은 창조적이고 중요한 업적들 때문만이 아니라, 원주민들의 땅에 대한 주권을 빼앗아간 (종종 기독교 개종과 연관된) 정복자 식민주의(settler colonialism)의 끔찍한 유산을 드러내기 위해서도, 이 주제에 대한 별도의 장을 마련하는 것은 중요하다.

2010년 이후로, 두-영혼 원주민 담론에 관한 책들이 많이 출간되었다. 이 저작들은 동성애, 가부장제, 그리고 정복자 식민주의 사이의 깊은 연관성을 강조해왔다. 여기에는 『섹슈얼리티, 국가주의, 원주민

---

1) "LGBTIQ2"에서 "2"는 원주민 문화 속의 두-영혼 전통을 인식하고 붙여진 이름이다. 비록 나는 "LGBTIQ"의 "Q"에 두-영혼 정체성을 포함하려고 의도했지만, 특별히 이 장에서는 그러한 정체성을 드러내서 명명하는 것이 중요하다고 생각한다.

성』(2010),2) 『퀴어 원주민 연구: 이론, 정책, 문학에 대한 비평적 탐구』(2011),3) 『우리 사이의 공간들: 퀴어 정복자 식민주의와 원주민 탈식민지화』(2011),4) 『언제 인디언들이 이성애자가 되었나?: 친족, 섹슈얼리티의 역사, 그리고 원주민 주권』(2011),5) 『주권의 에로틱: 자기결정 시대의 퀴어 원주민 문학들』(2012)6)이 포함된다. 이 저작들을 다루는 것은 이 장의 범위를 넘어서는 것이지만, 독자들에게 이 영역의 담론이 나아가는 방향을 소개해주기 위해 몇 가지 기본적인 정보들을 제시할 것이다.

이 장은, 앞의 세 장들과 마찬가지로, 북미 원주민 역사에 대한 간단한 일반 역사와 LGBTIQ2 원주민 미국인들의 특별한 역사를 다루면서 시작할 것이다. 그 다음에는 위에서 소개한 최근의 퀴어 원주민 담론의 계보를 제공할 것이다. 여기서는 특별히 세 가지 주제들—(1) 정복자 식민주의에 저항하기, (2) 두-영혼 정체성 깨닫기, (3) 지지자들의 과제 수행하기—에 초점을 맞출 것이다.

---

2) Daniel Heath Justice, Mark Rifkin, and Bethany Schneider, eds., "Sexuality, Nationality, Indigeneity," *GLQ: A Journal of Lesbian and Gay Studies* 16, nos. 1-2(2010).
3) Driskill et al., *Queer Indigenous Studies: Critical Interventions in Theory, Politics, and Literature.*
4) Scott Lauria Morgensen, *Spaces Between Us: Queer Settler Colonialism and Indigenous Decolonization* (Minneapolis: University of Minnesota Press, 2011).
5) Mark Rifkin, *When Did Indians Become Straight?: Kinship, the History of Sexuality, and Native Sovereignty* (New York: Oxford University Press, 2011).
6) Mark Rifkin, *The Erotics of Sovereignty: Queer Native Writings in the Era of Self-Determination* (Minneapolis: University of Minnesota Press, 2012).

1. 역사적 배경

북미 원주민의 이야기는 식민지화와 정복의 역사였다. 1492년에 "신대륙"(New World)에 제일 처음 도착했던 크리스토퍼 콜럼버스는, 1600년대에 영국 탐험가들이 했던 것처럼, 그의 첫 번째 항해 동안 대략 550명의 원주민들을 납치해 그들을 스페인으로 데려갔다(그들 중에 200명 정도는 유럽에 도착하기 전에 배에서 죽었다). 처음에 유럽 정착민과 원주민 사이의 관계는 화기애애했지만, 식민주의자들이 수출을 목적으로 담배를 재배하려고 원주민들의 땅을 차지하면서 그 관계는 점차 폭력적으로 변해갔다.

자연스럽게, 종교 언어가 원주민들의 땅과 사람들의 식민지화를 정당화하는 데 사용되었다. 예를 들어, 존 윈스럽(John Winthrop)은 1629년 미국행 배에 승선하기에 앞서 그의 동료 영국 식민자들에게 "모든 땅은 주님의 정원"이고 하나님은 이것을 "사람의 아들들"에게 "정복하게" 주셨다고 선포했다.[7] 많은 미국의 원주민들이 천연두로 끔찍하게—피부가 벗겨지면서 "썩어가는 양"처럼—죽어갈 때, 윌리엄 브래드퍼드(William Bradford)는 "이 인디언들이 이런 훌륭한 질병에 걸리는 것을 하나님께서는 만족하게 생각하신다"고 말했다. 그 때 "시체를 묻을 무덤이 부족해서 그들 중 많은 이들이 땅 위에서 썩었다."[8]

유럽의 탐험가들과 선교사들을 가장 괴롭힌 원주민들의 특성 중 하나가 자신의 생물학적 성과 다른 젠더 역할을 담당하는 '젠더-변형

---

7) Takaki, *A Different Mirror*, 26.
8) Ibid., 39.

자'(gender-variant) 또는 두-영혼 사람들이었다.9) 대부분의 원주민 문화에서는 그러한 두-영혼 사람들에게 주어진 공식적인 역할이 있었을 뿐 아니라, 그들 중 많은 이들이 "특별한 영적 힘을 가진 존경받는 샤먼들(shamans)"이었다.10)

16세기가 시작될 무렵, 유럽의 탐험가들과 선교사들은 동성애자들과 젠더-변형 원주민들을 종교적 언어로 비난했다. 두-영혼 원주민들을 향한 폭력을 기록한 문서들도 있다. 그 중 하나가 유럽 탐험가들이 "소돔인들"이라고 불렀던 원주민 젠더-변형자들 40명을 개들에 의해 "물어 뜯겨 죽인" 사례다. 또 다른 사례는 한 유럽 탐험가가 살아있는 원주민 젠더-변형자를 산 채로 불태워 죽인 사건이다. 유럽의 탐험가들은 이런 젠더-변형자들을 "베르다슈"11)(berdaches)라고 불렀는데, 이 말은 남성 창기를 가리키는 아랍어를 불어에 적용시킨 단어다.12)

원주민들에 대한 폭력은 19세기까지 계속되어 1890년에는 운디드 니(Wounded Knee, 역자주: 미국 사우스다코타 주 남서부의 마을 이름)의 수 부족(Sioux Nation) 수백 명이 집단학살을 당했다. 1887년에는 국회가 "인디언보호구역을 만들고 인디언들을 개인 재산 소유자로 등록시켜 미국 시민권자로 전환시키는 작업을 가속화했다." [부족의] 땅을 개인

---

9) Bronski, *Queer History*, 3.
10) Eaklor, *Queer America*, 17.
11) 역자주: 아메리칸 인디언의 어떤 종족 사이에서 이성의 옷을 입고, 이성처럼 행동하며, 이성의 역할을 하는 사람. 특별히, 여성의 역할을 하는 남자를 가리키는 말.
12) Beemyn, "The Americas," 145-49.

에게 땅 소유자로 "할당"하는 이 정책은 "인디언 부족의 존재를 와해시키는 치명적인" 타격을 주려는 의도를 가졌다.13) 1934년에 국회는 할당제 정책을 반전시켜서, 참가하기로 투표한 부족들을 위한 보호구역 프로그램과 자치행정으로 되돌렸다.

LGBTIQ2 원주민들의 목소리는 1990년대 "베르다슈"란 용어에 대한 비판의 결과와 "예전에 있었던 그들의 다양한 삶과 젠더/성 다양성과 영성의 원주민 전통과의 연관성"을 나타낼 대체 용어를 찾으려는 열망으로부터 생겨나기 시작했다.14) 최근에는 많은 공동체가 "두-영혼"이란 용어를 사용하기 시작했다. 이와 관련된 중요한 저작으로는 1997년에 출간된 『두-영혼 사람들: 미국 원주민의 젠더 정체성, 섹슈얼리티, 그리고 영성』15)이 있는데, 이 책은 "역사적인 원주민 젠더/성 다양성, 또는 오늘날의 원주민 GLBTQ2"에 초점을 맞춘 첫 번째 학문적인 저작이다.16)

2010년 이래로, 두-영혼과 원주민 담론의 교차점에 초점을 맞춘 LGBTIQ2 원주민들의 책들이 많이 나왔고, 우리는 이제 이러한 담론을 살펴볼 것이다.

---

13) Takaki, *A Different Mirror*, 221, 225.
14) Qwo-Li Driskill et al., "Introduction," in Driskill et al., *Queer Indigenous Studies*, 12.
15) Sue-Ellen Jacobs, Wesley Thomas, and Sabine Lang, eds., *Two-Spirit People: Native American Gender Identity, Sexuality, and Spirituality* (Urbana: University of Illinois Press, 1997).
16) Driskill et al., "Introduction," 13.

2. 두-영혼 담론의 계보

앞서 말했듯이, 두-영혼 담론이 등장한 것은 불과 최근 몇 년 전의 일이다. 이것이 퀴어 흑인, 퀴어 아시아계 미국인, 퀴어 라띠나/노 담론과의 차이이며, 두-영혼 원주민 담론의 계보는 15~20년의 역사를 갖고 있지 못하다. 이런 점을 염두에 두고, 이곳에서의 족보는 연구의 역사적 발전에 초점을 맞추기보다는 최근의 담론에서 다루어진 세 가지 주제들—(1) 정복자 식민주의에 저항하기, (2) 두-영혼 정체성 깨닫기, (3) 지지자들의 과제 수행하기—에 초점을 맞추어 살펴볼 것이다.

a. 정복자 식민주의에 저항하기

퀴어 원주민 연구의 족보에 관한 첫 번째 주제는 정복자 식민주의에 저항하기다. 정복자 식민주의는 유럽 식민주의자들이 원주민들의 땅에 대한 정복과 정착을 가능하게 만들고 또한 인정받기 위해 역사적으로 만들어진 이념이다. 원주민 학자들은 정복자 식민주의란 "국가적인 다름의 표시"로서의 원주민성을 지워버리려는 시도라고 정의한다. 비원주민, 즉 오늘날의 대부분의 미국인들은 "원래의 땅, 사회, 또는 문화가 그들이 상속받고, 통제하고, 즐길 수 있는 것이 아님에도 불구하고" 그렇게 살아가고 있다.[17]

현대 퀴어 원주민 담론에서 가장 탁월한 학자 중의 한 명이 체로

---

17) Morgensen, *Space Between Us*, 1.

키(Cherokee)족 출신 학자이며 활동가이고 리버사이드에 있는 캘리포니아 대학의 미디어학 교수인 안드레아 스미스다. 뉴욕의 유니온신학대학원을 졸업한 스미스는 『정복: 성적인 폭력과 미국 인디언 집단학살』과 『미국 원주민과 기독교 우파: 가능하지 않은 동맹의 젠더화된 정책』이란 두 권의 책을 썼다.18)

최근의 논문, "퀴어 이론과 원주민 연구: 정복자 식민주의의 이성애 규범"에서 스미스는 퀴어 원주민 연구가 원주민들 연구에만 한정되는 협소한 과제—그녀는 이것을 "민족지형적 함정"(ethnographic entrapment)이라고 부른다—로부터 해방되어야 한다고 주장한다. 즉, 스미스는 LGBTIQ2 원주민들에만 초점을 맞추기보다는, 원주민들이 단지 "분석의 대상"이 아니라, "이론의 생산자"가 되는 좀 더 폭넓은 "지적 자주권"(intellectual sovereignty)이란 과제를 수행할 것을 주장한다.19)

달리 말해서, 스미스는 만일 정복자 식민주의에 대한 원주민의 비판이 퀴어 이론의 중심 주제로 다뤄진다면, 어떤 퀴어 이론이 이와 유사할지를 묻는다. 스미스는 퀴어 이론은 "보편적으로는 민족국가(nation-state)가, 좀 더 구체적으로는 미국이란 나라가 미리 주어진" 것을 전제로 하고 있다고 지적한다. 즉, 퀴어 이론가들은 종종 원주민

---

18) Andrea Smith, *Conquest: Sexual Violence and American Indian Genocide* (Cambridge, MA: South End Press, 2005); Andrea Smith, *Native Americans and the Christian Right: The Gendered Politics of Unlikely Alliances* (Durham, NC: Duke University Press, 2008).

19) Andrea Smith, "Queer Theory and Native Studies: The Heteronormativity of Settler Colonialism," in Driskill et. al., *Queer Indigenous Studies*, 45.

들을 "하나의 정착체제에 대항하는 식민지화된 사람들"로 이해하기 보다는, "인종적 소수자의 범주 속으로 밀어 넣어버린다."20)

그것과 대조적으로, 스미스는 단순히 "원주민들의 이해관계를 대표하는" 것을 넘어선 원주민성의 비전을 제시한다. 좀 더 폭넓은 이 비전은 "모든 사람들을 지속가능하게 할 또 다른 세계를 구축하기 위해 서구의 인식론과 전 세계적인 국가와 경제 구조를 해체"하는 데 기여할 것이다. 이 비전은 또한 "이성애 규범이라는 국가적 동일성(national belonging)"에 도전할 것이다.21) 만일 이것이 성공한다면, 정복자 식민주의에 대한 스미스의 비전은 퀴어 이론은 물론이고 퀴어 신학의 목표를 바꾸는 데 큰 영향을 미칠 것이다.

b. 두-영혼 정체성 깨닫기

퀴어 원주민 연구의 두 번째 주제는 "두-영혼"이란 용어가 LGBTIQ2 원주민들을 묘사하는 한 방법임을 깨닫는 것이다. 우리가 살펴보았듯이, 소수자 그룹에게 용어에 대한 도전은 중요한 논쟁점이 된다. 특별히, 원주민들은 유럽 식민주의자들에 의해 처음에 만들어진 용어인 "베르다슈"를 거부했다. 하지만 많은 이들은 "퀴어" 또는 "LGBTIQ"를 동성애 혹은 젠더-변형자 원주민들에게 똑같이 적용하는 것도 거부한다. 대신에, 그들은 "두-영혼"이란 용어를 쓴다.

『퀴어 원주민 연구들』의 편집자들은 서문에서 "두-영혼"이란 용어의 역사를 소개하면서, 이를 "원주민 LGBTIQ2 비평에 대한 도전과

---

20) Ibid., 56-57.
21) Ibid., 61.

전망을 나타내는" 사례 연구로 삼는다. 본래 두-영혼이란 용어는 인류학 연구에서 "베르다슈"란 말의 사용에 대한 비판에서 기원했다. 이 말은 처음에는 "부족사회에서 남자들과 성적인 그리고 사적인 관계를 가지는 젠더-변형자 남성들을 가리키는 말로 성적, 젠더 '변형자'들"을 가리키는 용어였다.[22]

"베르다슈"란 용어는 나중에 인류학자들에 의해 "동성 관계에 대한 미국 원주민들의 관용을 찬양"하는 긍정적인 방편으로 사용되었다. 하지만 그런 사용법 또한 문제가 있었다. 왜냐하면, 이 말이 정착민 사회(미국)를 비판하기 위해 원주민 문화를 사용했을지라도, 여전히 그 비판은 궁극적으로는 정착민 사회의 구성원들(비원주민 LGBTIQ들)에게 이득을 주기 위한 것이기 때문이다. 더욱이 이것은 사회와 원주민들 사이의 권력 위계질서를 변화시키는 데 아무런 역할을 하지 못한다. 그 초점이 여전히 성정체성에 맞춰져 있고, "원주민 공동체의 문화적 범주"를 존중하지 않는다.[23]

1990년대에, LGBTIQ2 공동체 내에서 "두-영혼"이란 용어가 "베르다슈"란 말을 대체할 뿐 아니라 그들의 "다양한 삶의 방식들"을 표현해주고, 그들을 "젠더/성의 다양성과 영혼 사이의 원주민 전통과 연관시켜준다"고 믿는 공통된 견해가 생겨났다.[24] 즉, "두-영혼"은 LGBTIQ2들이 원주민 문화의 필수적인 한 부분임을 존중하는 방식을 표현하는 용어다. 주변성과 위법성의 의미를 내포하고 있는 "퀴어"란

---

22) Dristill et. al., "Introduction," 11.
23) Ibid., 11-12.
24) Ibid., 12.

용어와 달리 "두-영혼"이란 용어는 많은 원주민 문화의 일상 속에서 LGBTIQ2들이 어떻게 중심적인 부분을 차지하고 있는가를 보여주는 용어다. 하지만 원주민들 모두가 "두-영혼"이란 용어를 선호하는 것은 아니다. 그럼에도 불구하고 이 말은 중요하며, 퀴어 원주민들을 가리키는 용어에서 배제되고 있지 않는 것을 염두에 둘 필요가 있다.25)

비록 2000년대 첫 10년 동안에 학술적인 의미에 초점을 맞췄던 "두-영혼"이란 용어가 조직화와 활동을 중심으로 하는 공동체-기반의 논의로 전환되었지만, 『퀴어 원주민 연구』의 편집자들은 이 용어가 "공동체-기반의 용법"에 기반하고, 또한 이 용어가 이성애 가부장제— 즉 "젠더, 섹슈얼리티, 영성, 그리고 사회적 역할들"을 연관시키는— 를 비판하기 때문에 원주민 공동체 안팎에서 이 용어를 다시 사용할 것을 주장해왔다.26)

c. 지지자들의 과제 수행하기

퀴어 원주민 연구 계보의 세 번째이자 마지막 주제는 지지자들의 과제 수행하기다. 특별히, 정복자 식민주의의 역사와 역동성을 와해시키려는 입장에서, 어떻게 비(非)-원주민 지지자들—가령, 비(非)원주민 유색인 퀴어들—이 어떻게 퀴어 원주민 연구에 참여할 수 있을까? 어떻게 우리는 지적인 관점에서 정복자 식민주의의 적용에 동조하거나 그 역동성을 강화시키지 않고 퀴어 원주민 연구를 끌어올 수 있을까? "정착하지 못한 퀴어 정책들: 비-원주민들은 두-영혼 조직화에서

---

25) 나는 이 점을 상기시켜준 내 친구 앤디 스미스(Andy Smith)에게 감사한다.
26) Dristill et. al., "Introduction," 17.

무엇을 배울 수 있을까?"란 논문에서 스콧 로리아 모르겐센은 이와 같은 많은 질문을 제기했다. 『퀴어 원주민 연구』의 공동편집자이면서 캐나다의 퀸스 대학 교수인 모르겐센은 원주민 공동체의 백인 퀴어 지지자이다. 모르겐센은 대부분의 비-원주민 퀴어들은 "원주민 사회에서의 젠더와 성적 다양성의 역사들"에 관심이 있다고 말한다. 하지만 그런 사람들은 "정복자 식민주의를 비판하고 원주민 공동체를 탈식민지화하려는" 두-영혼 활동가들의 일에는 관심이 없다.27)

모르겐센의 관점에서 보면, 만일 비(非)-원주민들이 두-영혼 사람들로부터 배우기를 원한다면, 그들은 정복자 식민주의가 "그들 자신과 두-영혼 사람들이 처한 삶의 조건"임을 알아야 한다.28) 그의 논문에서, 모르겐센은 세 가지 교훈들을 말하는데, 나는 이 교훈들이 두-영혼 원주민들에 관한 신학적 성찰을 위한 광범위한 상황을 이해하는 데 도움이 될 수 있다고 본다.

모르겐센이 제시하는 첫 번째 교훈은 "두-영혼은 원주민 성소수자가 아니다"라는 것이다. 우리가 이 장의 첫 번째 부분에서 살펴보았듯이, 두-영혼이란 단순히 LGBTIQ의 상응어가 아니다. 오히려, 이 용어는 "비-원주민들을 위한 성적 소수자 정체성의 식민지적 기원과 논리에 의문을 던진다." 즉, 두-영혼 정체성을 다수의 섹슈얼리티 혹은 젠더 규범에 대항하는 개념으로서의 소수자로 자리매김하기보다는, 두-영혼 사람들이 실제로 "친족관계들, 경제, 사회생활, 또는 종교를

---

27) Scott Lauria Morgensen, "Unsettling Queer Politics: What Can Non-Natives Learn from Two-Spirit Organizing?" in Driskill et al., *Queer Indigenous Studies*, 132.
28) Ibid.

통해 모든 원주민들과 연결된 관계인 통합적 삶의 자리(integral location)" 안에 존재한다는 점을 인지해야 한다.29) 이로써 두-영혼의 조직화(two-spirit organizing)는 퀴어 정책에 대해서 백인과 비-원주민 정체성 양자 모두에게 도전하는 결과를 가져온다.

모르겐센의 두 번째 교훈은 "두-영혼에 관한 비-원주민들의 이야기는 비-원주민들의 욕망을 반영한다"는 것이다. 즉, 모르겐센은 많은 비-원주민들이 두-영혼의 존재의 문화적 표명(cultural manifestations)을 적절한 말로 적용시키려는 방법들을 비판하면서, 그들은 처음에 이런 적용을 가능하게 만든 정복자 식민주의의 근원적인 이데올로기에 도전하는 데 실패했다고 지적한다. 반대로, 모르겐센은 글로리아 안살두아나 체리 모라가와 같은 레즈비언 치까나 작가들이 두-영혼의 역사를 살펴봄으로써 어떻게 자신들의 인종적 유산을 탐구했는지를 언급했다. 안살두아와 모라가가 자신들의 원주민 정체성을 인정했을지라도, 그들은 자신들이 "원주민 두-영혼 사람들과 같다고" 주장하지는 않았다."30) 안살두아와 모라가는 두-영혼 전통과 대화하기를 원하는 비-원주민 퀴어 사람들에게 도움이 되는 모델을 제공할 수 있을 것이다.31)

모르겐센이 제시하는 세 번째이자 마지막 교훈은 "두-영혼의 조직화가 정복자 사회 안에서의 힘의 논리에 도전"한다는 점이다." 모르겐

---

29) Ibid., 134-35.
30) Ibid., 141.
31) 하지만, 안드레아 스미스를 포함한 몇몇 원주민 학자들은 안살두아가 한편으로는 "원시 원주민"을 말하고, 다른 한편에서는 좀 더 성숙한 "메스티조(mestizaje) 의식을 말하는" 이분법을 만들어낸 것에 대해 비판한다.

센은 비-원주민 퀴어들이 어떻게 젠더와 성적 해방에 대한 LGBTIQ 인권 논쟁이 실제로 "정복자 국가를 자유의 지평으로 만들어냈고 원주민 땅에 대한 정복자들의 권한을 강화시켰는지를" 깨달을 필요가 있음을 강조한다.32) 즉, 비-원주민 퀴어들은 그들이 정복자 식민주의의 공범임을 알아차릴 필요가 있다. 그것은 비-원주민 유색인 퀴어들(유색인 이주자들을 포함한)이 "반식민주의, 반인종주의, 반제국주의" 전략들을 연구하는 사람들과의 대화에 기여하는 공헌들 중에 하나가 될 수 있다.33)

유색인 퀴어들이 모르겐센의 세 가지 교훈들을 성찰해보면—특히 신학적 맥락에서—이 교훈들을 통해 그들이 어떻게 백인 퀴어 신학들에 질문을 제기할지를 깨닫는 데 도움이 될 것이다. 즉, 다음과 같은 질문들이다. 유색인 퀴어 선조들의 섹슈얼리티와 젠더 정체성은 백인 퀴어 신학자들의 "성소수자" 논의와 어떻게 다른가? 유색인 퀴어에 관한 백인 퀴어 신학 이야기들이 백인들의 욕망을 어떻게 반영하고 있는가? 그리고 유색인 퀴어들의 영적 혹은 종교적 조직화가 백인 퀴어 세계 안에서의 권력관계에 어떤 도전을 던지는가?34)

---

32) Morgensen, "Unsettling Queer Politics," 145.
33) Ibid., 146.
34) 유색인 퀴어들이 두-영혼 원주민 공동체 안에서의 트랜스젠더 이슈를 다루는 것은 또한 중요하다. 예를 들어, 최근의 연구는 트랜스젠더 미국 인디언과 알래스카 원주민들이 극심한 빈곤 속에 살아가고 있으며 그 비율이 일반 미국 인디언과 알래스카 원주민들의 3배가량이고, 일반 미국인들에 비하면 거의 6배라고 한다. National Gay and Lesbian Task Force, "Injustice at the Every Turn: A Look at American Indian and Alaskan Native Respondents in the National Transgender Discrimination Survey" (October 8, 2012), 2013년 1월 3일 접속, http://bit.ly/RM31A6.

3. 요약

이 책의 1부를 두-영혼 원주민 담론에 관한 장으로 끝맺는 것이 적절해 보인다. 첫째로, LGBTIQ2 원주민들의 끔찍한 경험들을 증언—그리고 존중—하는 것이 중요하다. 특별히 그들의 땅을 정복하고 식민지화하는 과정에서 기독교의 신학 논의가 행했던 추악한 역할을 되새겨야 한다. 그런 점에서, 이 장은 앞선 세 장들에서와 같이 두-영혼 원주민들의 연구들을 동일한 정체성의 범주 안에 넣어 다루지 않았다. 이 장은 또한 LGBTIQ2 원주민의 관점에서 기독교신학을 구성하는 것에 초점을 두지 않았다.

둘째로, 미국에서의 유색인에 대한 억압에도 불구하고, 미국은 정복자 국가체제로 남아 있다는 점을 상기하는 것이 중요하다. 이 사실은 이 책에서 언급해온 미국 안에서의 유색인들에 관한 중요한 비판점을 제기한다. 즉, 이 책은 정복자 국가체계의 존재—좀 더 광범위한 차원에서는 국가체계에 대한 도전을 반대하지만—를 전제하고 있다. 하지만 나는 이 책의 2부에서는 이런 전통적인 국가체계의 경계를 뛰어넘고 깨부수는 특별한 주제들을 다룰 수 있기를 바란다.

셋째로, 이 책은 앞으로 남은 장들에서 안드레아 스미스의 지적 주권의 개념을 좀 더 발전시킬 것이다. 즉, 유색인 퀴어들에 관한 "민족지형적 함정"에 종속되기보다는, 이 책의 나머지 부분에서 현재 진행되고 있는 신학적 논쟁에 도전하는 좀 더 폭넓은 신학을 형성하기 위하여 유색인 퀴어 신학을 끌어올 것이다. 다른 말로 표현하면, 이 책의 2부에서 논의될 무지개신학은 단순히 LGBTIQ2 유색인과 관련된 내용에 초점을 맞추는 것에 반대하면서, 신학함(doing theology)의 방법론을 제안할 것이다. 이제 무지개신학을 수립하는 작업으로 넘어가보자.

학습을 위한 질문들

1. 두-영혼 원주민의 역사에서 가장 놀라웠던 사건은 무엇인가요? 가장 불편했던 사건은? 두-영혼 원주민의 역사에 대해 더 알고 싶은 것은 무엇이 있나요?
2. 정복자 식민주의에 저항하기와 관련된 퀴어 두-영혼 원주민 학자들의 글들 중에 중요한 저서로는 무엇이 있나요?
3. 두-영혼 정체성 인식하기와 관련된 퀴어 두-영혼 원주민 학자들의 글들 중에 중요한 저서는 무엇이 있나요?
4. 두-영혼 원주민을 지지하는 과제 수행하기와 관련된 퀴어 두-영혼 원주민 학자들의 글 중 중요한 저서는 무엇이 있나요?
5. 여러분의 신학적 성찰과 연구를 풍성하게 만들기 위해서 '지적 주권'(intellectual sovereignty)이란 개념을 어떻게 사용할 수 있다고 생각하나요?

심화학습을 위한 자료들

두-영혼 원주민 경험

Driskill et al., *Queer Indigenous Studies*
Justice, Rifkin, and Schneider, "Sexuality, Nationality, Indigeneity"
Morgensen, *Spaces Between Us*
Rifkin, *The Erotics of Sovereignty*
Rifkin, *When Did Indians Become Straight?*

정복자 식민주의 저항하기

Smith, *Conquest*
Smith, *Native Americans and the Christian Right*
Smith, "Queer Theory and Native Studies"

두-영혼 정체성 깨닫기

Driskill et al., "Introduction"

지지자들의 과제 수행하기

Morgensen, "Unsettling Queer Politics"

2부

무지개신학

6장

무지개신학 소개하기

이 책의 1부에서, 우리는 유색인 LGBTIQ 신학자들의 저술들에 대해 살펴보았다. 특히, 퀴어 흑인, 퀴어 아시아계 미국인, 퀴어 라띠나/노, 그리고 두-영혼 원주민 신학과 종교학자들의 연구를 살펴보았다. 이런 저술들이 늦어도 1990년대 중반 초기부터 나오기 시작했지만, 지금까지 그런 저술들을 조직적으로 분석한 연구는 그 수가 얼마 되지 않았다. 그런 과정 속에서, 우리는 각 그룹에 공통적인 주제들뿐만 아니라, 각 그룹들의 숨겨진 역사들을 검토했다.

이 책의 2부는 "무지개신학"의 개념을 소개할 것이다. 무지개신학은 유색인 LGBTIQ의 경험에서 생겨난 신학함(doing theology)의 한 새로운 방식이다.[1] 무지개신학은 단지 유색인 퀴어에 관한 신학(유색인 퀴어를 주제로 한 신학)만이 아니다. 오히려, 무지개신학은 신학적 성찰의 모든 형태에 적용될 수 있는 폭넓은 방법론이자 비평이다.

---

[1] 무지개신학에 대한 이전의 구상에 대해서는 Patrick S. Cheng, *The Rainbow Connection: Bridging Asian American and Queer Theologies* (Berkeley, CA: Center for Lesbian and Gay Studies in Religion and Ministry, 2011)를 보라.

리버사이드에 있는 캘리포니아 대학의 교수인 안드레아 스미스는 정복자 식민주의에 대한 원주민 비평이 단순히 원주민들의 삶에 관한 것만은 아니라고 주장한다. "민족지형학의 덫"을 피하는 수단으로서의 원주민의 비평은 오히려 "삶의 모든 영역에 영향을 미치는 정복자 식민주의의 논리를 들춰내고 분석하기 위한" 폭넓은 과제에 관한 것이다.2) 마찬가지로, 무지개신학은 단지 유색인 LGBTIQ에 관한 것만이 아니라 모든 신학들이 인종, 섹슈얼리티, 영성의 관계를 다시 생각해보도록 도전하는 "주체를 특정하지 않은(subjectless) 비평"이다.

이 장에서, 우리는 먼저 무지개라는 상징과 또한 어떻게 이 상징이 인종, 섹슈얼리티, 영성의 통합을 표상할 수 있는지에 대해 탐구할 것이다. 그 다음에는 유색인 퀴어의 경험을 반영하는 무지개신학을 세 가지 주제들—(1) 다양성, (2) 중간 지점, (3) 중재—로 나누어 살펴볼 것이다. 끝으로, 우리는 무지개신학이 어떻게 단색신학을 비판하는지와 또한 무지개신학의 주제들과 정반대되는 단색신학의 세 가지 주제들—(1) 단일성, (2) 집에 머물기, (3) 편 선택하기—의 특징들을 살펴볼 것이다.

1. 무지개들, 그리고 인종, 섹슈얼리티, 영의 통합

무지개는 유색인 LGBTIQ의 경험을 표현하기에 가장 적합한 은유다. 유색인 퀴어와 마찬가지로, 무지개는 인종, 섹슈얼리티, 영성이

---

2) Smith, "Queer Theory and Native Studies," 44-46, 61.

통합되는(또는, 함께 모이는) 공간 안에 존재한다. 달리 말하면, 무지개는 인종적, 성적, 영적 중요성을 지닌 유동적인 상징이다.

첫째로, 무지개는 인종의 상징이다. 무지개는 서로 다른 인종적, 민족적 집단을 뛰어넘는 동맹 결성을 중요하게 여기는 그룹에 의해 사용되었다. 예컨대, "전국 무지개 동맹"(National Rainbow Coalition)은 1984년에 제시 잭슨(Jesse Jackson) 목사가 다양한 인종적, 민족적 집단의 정치적 힘을 규합하기 위해 설립한 조직이었다. 이와 비슷하게, 많은 사람들의 존경을 받는 남아프리카 성공회의 은퇴한 대주교이며 노벨 평화상 수상자인 데스몬드 투투(Desmond Tutu)는 그가 아파르트헤이트(apartheid, 역자주: 인종격리정책) 이후의 남아프리카에 대해 1994년에 쓴 책 『하나님의 무지개 사람들: 평화로운 혁명 만들기』의 제목에 무지개 상징을 포함했다.3)

하지만, 어떤 경우에는 무지개와 인종적, 민족적 동맹 결성을 연관 짓는 것이 너무 배타적이 될 수도 있다. 이 책의 1부에서 지적했듯이, 동성애자들이 결혼할 권리를 격렬하게 반대한 메릴랜드 출신의 아프리카계 미국인 해리 잭슨(Harry Jackson) 감독은 2012년 7월 텍사스에서 있었던 '종교적 권리에 관한 학술대회'에서 "우리가"(we're) 무지개 동맹이라고 주장했다. 잭슨은 아마도 "우리"라는 말 속에 이성애자, 시스젠더 유색인만을 염두에 두었을 것이다. 그는 계속해서 유색인들에게 "게이들"로부터 "무지개를 다시 훔쳐올 것"을 촉구했다.4)

---

3) Desmond Tutu, *The Rainbow People of God: The Making of a Peaceful Revolution*, ed. John Allen (New York: Image Books, 1994).
4) "Harry Jackson, Maryland Bishop, Claims Gays Are 'Trying to Recruit' Children, Wants to 'Steal Back' Rainbow," *Huffington Post* (August 3,

달리 말하면, 잭슨은 무지개를 "순수하게"—즉, 오직 인종적 상징으로만—지키길 원했다. 물론 그는 유색인이면서 퀴어인 사람은 없다고 가정하고 있기 때문에, 이런 생각에는 많은 문제가 있다.

둘째로, 무지개는 섹슈얼리티의 상징이다. 해리 잭슨이 지적했듯이, 무지개는 사실 LGBTIQ 공동체와 밀접하게 연관이 있다. 1978년에 샌프란시스코의 예술가인 길버트 베이커(Gilbert Baker)가 창작한 다채로운 무지개 깃발은 세계 곳곳의 LGBTIQ 프라이드 축제와 동의어가 되었다.5) 실제로, 무지개 깃발—빨주노초파보 색을 지닌—은 서부 할리우드의 교차로에서부터 뉴욕시의 첼시동네에 이르기까지 미국 전역의 LGBTIQ 공동체에서 일 년 내내 발견할 수 있다.

정체성을 숨긴 채 압제 속에서 성장한 경험이 있는 미국의 구세대 게이 남자들에게, 무지개는 1939년의 영화 『오즈의 마법사』와 밀접하게 연관되어 있다.6) 그 영화에서 쥬디 갈랜드(Judy Garland, 도로시 역을 맡았던 배우)는 주제곡인 "무지개 너머 그 어딘가에"를 통해 "당신이 감히 꿈꾸는/ 실제로 실현할 수 있는," "저 위에 있는" 세상에 대해 간절히 노래했다.7) 실제로, (적어도 1940년대까지 거슬러 올라가면) 게이 남자를 위한 코드명이 "도로시의 친구"였으며 스톤월 항쟁—현대의 LGBTIQ 권리 운동의 시작—은 1969년 7월에 갈랜드가 죽은 직

2012), 2013년 1월 3일 접속, http://huff.to/QMrx3q.
5) Randy P. Conner, David Hatfield Sparks, and Mariya Sparks, Cassell's *Encyclopedia of Queer Myth, Symbol and Spirit* (London: Cassell, 1997), 279.
6) *The Wizard of Oz*, Victor Fleming 감독 (1939).
7) Harold Arlen and E. Y. Harburg, "Somewhere Over the Rainbow," 1939.

후에 발생했다.

좀 더 젊은 LGBTIQ 세대에게, 무지개는 "연인들, 꿈꾸는 자들, 그리고 나"를 위한 무지개의 마술적인 힘을 찬양하는 개구리 커미트 (Kermit the Frog)의 노래 "무지개 잇기"를 떠올리게 만든다.8) 머펫인 형들(Muppets)과 퀴어 공동체와의 결합은, 짐 핸슨 회사(Jim Henson Company)가 반동성애 사건에 백만 달러를 기부한 칙필라(Chick-fil-A) 패스트푸드 체인점 회사와의 관계를 끊은 이후인 2012년 7월에 매우 강화되었다.9)

셋째로, 무지개는 영성의 상징이다. 유대-기독교의 관점에서, 무지개는 히브리 성서와 신약 성서에 여러 번 등장한다. 가령, 무지개, 또는 히브리어로 '케쉐트'(qeshet)는 창세기 9:13-16에 처음으로 하나님과 지구 생명체 사이의 "언약의 표식"으로 나타난다. 그 표식을 통해서, 하나님은 "다시는 물이 모든 육체를 멸하는 홍수가 되지 아니할지라"10)고 약속하신다. 나중에 무지개는 에스겔 1:28에 다시 등장하는데, 무지개는 하나님의 권좌를 둘러싼 "주의 영광의 형상의 모양"11)과 같다. 신약성서에서 무지개, 혹은 그리스어로 '이리스'(iris)는 요한계시록 4:3에 등장한다. 여기서 무지개는 신의 권좌를 둘러싸고 있다. 무지개는 또한 요한계시록 10:1에 언급되는데, 여기서 무지개

---

8) Paul Williams and Kenneth Ascher, "The Rainbow Connection," 1979.
9) Timothy Stenovec, "Chick-Fil-A Presdient's Anti-Gay Comments Continue To Inspire Movements Across The Country," *Huffington Post* (July 27, 2012), 2013년 1월 3일 접속, http://huf.to/P7bOYb를 보라.
10) 창세기 9:13-16 (역자주: 저자는 영어성경 New Revised Standard Version을 사용한다).
11) 에스겔 1:28.

는 "힘센 천사"의 머리 위에 있다.12)

기독교 외에 많은 종교전통들에서도 무지개는 영성의 상징이다. 예를 들어 그리스-로마 신화에서, 메신저인 이리스 여신은 무지개를 여행하는 통로로 사용했다. 이와 대조적으로, 어떤 미국 원주민들은 무지개는 위대한 영의 의복이라고 믿었다. 여전히, 어떤 사람들은 무지개가 거대한 뱀이라고 믿는다. 티베트의 불교인들은 모든 욕망으로부터 자유로운 사람은 궁극적으로 모든 빛을 융해시키는 무지개 몸(a rainbow body)을 갖는다고 믿는다.13) 이런 사례들은 다른 문화들 사이에서 무지개가 영성의 상징으로 나타나는 많은 방식들의 몇 가지 예들에 불과하다.

요약하면, 무지개—유색인 LGBTIQ처럼—는 성, 섹슈얼리티, 영성이 교차하는 자리에 존재한다. 그러므로 무지개는 유색인 LGBTIQ의 경험을 말하는 신학을 수립하기 위한 이상적인 상징이다.

2. 무지개들과 유색인 LGBTIQ

무지개들과 유색인 LGBTIQ 사람들 사이의 유사성은 양자가 모두

---

12) 요한계시록 4:3; 10:1. 무지개는 또한 외경/제 2 경전에 나타난다. 시락서(집회서) 43:11-12을 인용하면 다음과 같다. "무지개를 보아라! 그리고 그 만드신 분을 찬양하여라. 무지개는 제 차례가 되면 그 아름다운 모습을 드러낸다. 무지개는 하늘을 가로질러 영광스런 원호를 그린다. 그것은 지극히 높으신 분의 손이 당기는 활이다"(공동번역개정판).

13) 더 많은 사례들에 대해서는 Richard Whelan, *The Book of Rainbows: Art, Literature, Science, and Mythology* (Cobb, CA: First Glance Books, 1997), 104-21 ("The Mythology of Rainbows")를 보라.

인종, 섹슈얼리티, 영성이라는 3중적인 주제들을 공유한다는 점에 그치지 않는다. 무지개들은 또한 유색인 퀴어의 경험들, 특별히 세 가지 "무지개 주제들"인 (1) 다양성(multiplicity), (2) 중간 지점(middle spaces), (3) 중재(mediation)를 공유한다. 이어지는 세 개의 장들에서 이런 세 주제들을 각각 길고 세밀하게 다룰 것이지만, 이 장에서는 간략하게 무지개들과 유색인 LGBTIQ들이 이런 주제들을 공유하는 방식을 논의할 것이다.

첫째로, 무지개들과 유색인 퀴어들은 다양성이란 특징을 공유한다. 다양성은 하나의 지배적인 정체성에 상충하는, 또한 다중적으로 공존하고 중복되는 정체성의 상태를 가리킨다. 무지개는 역사 속에서 많은 다양한 방식들로 이해되어왔기 때문에 다양성으로 정의된다. 우리가 이미 살펴보았듯이, 무지개는 다른 문화권들 속에서, 언약, 길, 옷, 뱀, 깨우친 몸과 같이 다중적인 의미를 갖는다. 기독교 경전 안에서조차도, 무지개의 의미는 한 가지가 아니다. 이것은 인류를 홍수로 쓸어버리지 않겠다는 약속을 해주신 하나님의 언약의 상징이면서, 동시에 권좌, 혹은 천사를 둘러 싼 하나님의 신적인 영광의 상징이다. 히브리 성서에서 무지개에 대한 단어 '케쉐트'(*qeshet*) 자체도 다중적인 뜻을 갖고 있다. 이 단어는 '사냥꾼의 활'을 뜻하기도 한다.

유색인 LGBTIQ 역시 다중적인, 즉, 한 사람 안에 공존하고 중복된 정체성들을 경험한다. 유색인 퀴어들은 인종적 또한 성적 소수자들, 혹은 '서발턴들'(subalterns, 역자주: 낮은 지위에 처한 사람들')[14]이기

---

14) 탈식민주의 담론에서, "섭알턴"은 "지배하는 계급의 헤게모니"에 복종하는 "서열에서 하위에 있는" 사람을 가리킨다. Ashcroft, Griffiths, and Tiffin,

때문에, 어떤 하나의 정체성(즉, 그것이 인종이든, 성이든)이 다른 것보다 더 지배적일 수 없다. 더욱이 이러한 정체성들은 서로 배타적이지 않으며 서로 구분될 수 없다. 오히려, 이러한 정체성들은 상호적으로 함께 구성된다. 즉, 많은 학자들이 주장했듯이, 어느 누구도 성적 차원을 고려하지 않고—노골적으로든 암시적으로든—인종에 대해 생각할 수 없다(그 반대도 마찬가지다).15) 심지어 인종적, 성적 하위범주들 자체도 다양성을 포함한다. 예를 들어, 아시아계 미국인들의 경우, 많은 다른 민족과 출신국가들(가령, 중국계 미국인, 일본계 미국인, 한국계 미국인, 베트남계 미국인)이 있다.16) 유색인 퀴어가 삼위일체 하나님의 가장 중심적인 활동을 들여다볼 수 있는 창(窓)을 가질 수 있는 것은 바로 이 다중성의 경험을 통해서다.

둘째로, 무지개와 유색인 퀴어는 중간 지점이란 특성을 공유한다. 중간 지점에서의 경험은 "집"에 있는 경험과 결코 같을 수 없다. 이것은 두 지점 사이에 있는 제 3의 공간 안에서 끊임없이 유예당하는 상태를 말한다. 이것은 무지개가 하늘과 땅이라는 두 극점 사이의 중간 지점에 위치한다는 것과 같은 경우다. 예를 들어, 일본의 남신 이자나기(Izanagi)와 여신 이자나미(Izanami)는 무지개다리의 중간 지점에 서

Post-Colonial Studies, 215.
15) Nagel, *Race, Ethnicity, and Sexuality*.
16) 나는 모든 사람들—그리고 유색인 LGBTIQ 뿐만 아니라—이 어떤 방식으로든 그들의 삶 속에서 다중성을 어느 정도 경험한다는 것을 안다. 예를 들어, 직장을 가진 엄마는 직장인과 부모로서의 다중적인 정체성들 사이의 긴장을 경험하게 될 것이다. 그런 점에서, 나는 또한 인종차별과 동성애혐오는 양자가 모두 한 사람이 존재의 중심 특성(즉, 인종과 섹슈얼리티)에 근거해서 본질적으로 가치 없는 존재라는 메시지를 보내는 것이므로, 특별히 고통스러운 억압이라고 믿는다.

서 보석으로 장식된 창을 태평양 바다에 던짐으로써 일본 섬을 창조했다.17) 특정한 사회들 속에서 무지개는 '성의 유동성'(fluidity of sex)과 관련해 중간 지점에 위치하기도 한다. 특히, 어떤 문화들—보헤미안, 헝가리, 세르비아, 프랑스, 알바니아 문화 등을 포함해서—에서는 한 사람이나 동물이 무지개 아래를 건너면 그/녀의 성이 바뀔 수 있다고 생각하기도 했다.18)

유색인 LGBTIQ의 경우, 그들도 은유적인 노숙자의 상태를 경험하거나 중간 지점에 갇힌 경험을 한다. 그들은 인종과 섹슈얼리티의 이분법적 극단 사이에 갇혀 있다. 다른 말로 하면, 그들은 (종종 이성애적 성차별과 동성애혐오의 특성을 갖는) 그들의 출신 인종과 민족 공동체 안에서도 온전히 집에 있는 느낌을 갖지 못하며, (종종 인종차별적인) LGBTIQ 공동체 안에서 온전하게 집에 있는 느낌을 갖지 못한다. 유색인 퀴어들은 또한 그들의 육체와 관련해서도 심각한 노숙의 경험을 한다. 이상현과 이정용 같은 아시아계 미국인 신학자들의 설명에 따르면,19) 유색인 퀴어들은 한계적(liminal) 공간 혹은 틈새(interstitial) 공간에 존재한다. 이러한 공간들이 한때는 참기 힘들 정도로 고통스러울 수 있지만, 궁극적으로 하나님 안에서 자신의 진정한

---

17) Whelan, *Book of Rainbows*, 108.
18) Raymond L. Lee and Alistair B. Fraser, *The Rainbow Bridge: Rainbows in Art, Myth, and Science* (University Park: Pennsylvania State University Press, 2001), 27-28; Carl B. Boyer, *The Rainbow: From Myth to Mathematics* (Princeton, NJ: Princeton University Press, 1987), 29.
19) Sang Hyun Lee, *From a Liminal Place: An Asian American Theology* (Minneapolis, MN: Fortress Press, 2010); Jung Young Lee, *Marginality: The Key to Multicultural Theology* (Minneapolis, MN: Fortress Press, 1995).

집을 찾을 수 있다고 믿는 그리스도인으로서 스스로의 정체성을 삼는 우리와 같은 사람들에게는 도움이 된다.

셋째로, 무지개들과 유색인 퀴어들은 중재의 특성을 공유한다. 중재란 일반적으로 함께 속하지 않은 이질적인 정체성이나 생각들을 한 곳으로 불러 모으는 다리 역할을 말한다. 중재자는 어느 한 편을 선택하거나 혹은 잘못된 이분법을 강화하기보다는, 양자가 공존할 수 있는 공통의 기반을 발견한다. 이질적인 정체성들과 생각들이 함께 엮일 수 있는 것은 바로 이러한 중재의 역할을 통해서이며, 그 중재자는 변화의 대리인이 된다. 우리가 보았던 것처럼, 무지개는 신과 인간의 영역을 한 곳으로 불러오는 다리 역할을 담당한다. 그렇게 함으로써, 무지개는 그 양쪽 영역들이 변화될 수 있게 만든다. 이와 유사하게, 기독교의 맥락에서, 무지개는 노아를 비롯한 온 인류와 맺은 하나님의 언약을 통해 신과 인간을 하나로 묶어낸다. 하나님과 인간이 변화된 것은 바로 이 언약을 통해서다.

유색인 LGBTIQ들의 경우, 그들은 유색인 공동체들과 LGBTIQ 공동체 사이의 중재 역할을 담당한다. 그들이 어떤 공동체 속에도 단독으로 존재하지 않는다는 사실은, 역설적으로, 사실상 그들이 양쪽 공동체에 참여할 수 있음을 뜻한다. 유색인 퀴어들은 초국가적 경계들(transnational borders), 학제 간 연구(interdisciplinary work), 다종교 간 전통을 넘나드는 경험들을 하나로 엮어낼 수 있다. 유색인 퀴어들이 변화될 수 있고 또한 그들이 만나는 사람들을 변화시킬 수 있게 하는 것은 바로 이러한 중재의 역할을 통해서다. 달리 표현하면, 유색인 퀴어들은 정지된 상태에 남아 있기보다는, 육체적, 은유적 경계들을 뛰어넘고, 그럼으로써 중재의 은사를 통해 다른 사람들이 변할 수 있도록 돕는다.20)

3. 단색신학에 저항하기

다음 장에서 세 가지 무지개 주제들을 하나씩 세밀하게 살펴보기 전에, 여러 가지 면에서 무지개신학과 대조된 주제들을 갖는 단색신학의 간략한 사례들을 검토하려고 한다. 이 사례들을 살펴보는 목적은 또 다른 이분법적 대립(즉, 무지개적 사고방식과 단색적 사고방식의 대립)을 만들어내려는 것이 아니라, 세 가지의 무지개 주제들인 다양성, 중간 지점, 중재가 어떻게 겉으로 보기엔 LGBTIQ들에게 해방적인 신학처럼 보이는 신학에 맞서 저항하도록 도울 수 있는지를 보여주기 위해서다.

단색신학은 (1) 단일성, (2) 집에 머물기, 그리고 (3) 편 선택하기라는 세 가지 주제들로 특징지어진다. 단일성과 관련해서, 단색신학은 한 가지 형태의 억압에만 초점을 맞춘다. 즉, 한 개인이 다중적인 형태의 억압을 경험할지라도, 단색신학은 다른 모든 억압에 우선하는 한 가지 억압을 자신의 논쟁점으로 삼는다. 집에 머물기와 관련해서, 단색신학은 억압당하는 사람들이 단일한 억압을 함께 경험한 다른 사

---

20) 실제로 유색인 퀴어들의 중재 역할은 탈식민주의 개념인 혼종성(hybridity)을 상기시킨다. 혼종성이란 두 개의 극점(가령, 식민주의자와 피식민자)을 중재하는 과정에서 만들어진 혼종 공간 속에서 생긴 상호적인 변화다.

람들과의 연대를 통해서 은유적 "집"을 발견할 수 있다고 주장한다. 끝으로, 편 선택하기와 관련해서, 단색신학은 세상을 이분법적(가령, 억압자와 억압받는 자, 속박과 해방)으로 바라본다. 즉, 억압당하는 개인의 과제는 편을 선택하는 것, 억압에 맞서 해방을 선택하는 것이다. 단색신학은, 그 신학이 가진 선한 뜻에도 불구하고, 궁극적으로 유색인 퀴어들이 겪는 경험의 복합성을 드러내 주는 데 실패했다.

단색신학의 한 예는 리처드 클리버의 『내 이름을 알아다오: 게이 해방신학』이다.21) 1995년에 출판된 이 책에서, 클리버는 레즈비언과 게이들을 위한 해방신학을 구성하기 위해 라틴 아메리카 해방신학을 끌어왔다. 클리버는 교회와 사회의 억압으로부터 레즈비언과 게이들을—그리고 더 넓게는 다른 퀴어들을—해방시킬 신학적인 해결책을 모색했다.

비록 클리버의 연구는 그 의도가 좋았고 또한 레즈비언과 게이들을(그리고 다른 LGBTIQ들도) 교회와 사회의 억압으로부터 해방시킬 방안을 모색했지만, 이것은 다양성, 중간 지점, 중재라는 세 가지 무지개 주제들로 특징지어지지 않는다. 오히려, 이것은 무지개 주제들과 대비되는 단순성, 집에 머물기, 편 선택하기의 단색 주제들로 특징지어진다.

예를 들어, 단일성의 측면에서, 클리버는 억압의 단일한 범주에 초점을 맞춘다.22) 그는 인종, 민족성, 계급과 같이 다중적으로 교차되는

---

21) Richard Cleaver, *Know My Name: A Gay Liberation Theology* (Louisville, KY: Westminster John Knox Press, 1995).
22) Ibid., 1. ("책 전체"가 레즈비언과 게이남자들의 질문에 초점이 맞춰져 있음에 주목하라.)

정체성을 지닌 "게이"라는 범주의 복합성에 대해서는 논의하지 않는다. 앞서 지적했듯이, 흑인 페미니스트들은 적어도 1970년대부터 이 문제에 대해서 글을 써왔고, 그렇듯 이런 논쟁들이 1990년대 중반에 알려지지 않았던 것은 아니다. 클리버의 책이 초점을 맞춘 강조점은 게이로서 당하는 억압으로부터의 해방 하나뿐이며, 그는 LGBTIQ들이 어떻게 다른 요인들에 의해서 한 가지 이상의 억압들을 경험하는지에 대해서는 연구하지 않았다.

집에 머물기와 관련해서, 클리버는 그의 연구를 위해서 게이들을 위한 "집"이 있음을 전제하고 있다. 고대 이스라엘인들처럼, 게이들은 하나의 부족이다. 그들의 과제는 단지 함께 모여 노예의 속박에서 벗어나 약속의 땅인 새로운 집으로 가는 길을 발견하는 것이다.23) 클리버는 어떤 사람에게 "게이"로서의 소속감에 대한 질문을 하지 않는다. 즉, 그에게는 게이가 인종, 민족 문제 때문에, 혹은 어떤 다른 이유 때문에, LGBTIQ 공동체 안에서 머물 "집"이 없다는 계속적인 고민을 던지게 만드는 중간 지점에 대한 감각이 없다.

끝으로, 편 선택하기와 관련해서, 클리버는 억압자와 피억압자 사이의 분명한 이분법을 설정한다.24) 그는 연관된 모든 것들의 놀라운 변화를 가져올 이질적인 생각들과 신학 자원들을 하나로 모아 토론하기보다는, 독자들에게 편을 선택하도록 자극한다. 더욱이 클리버는 전통적인 신학 자료들만 사용한다. 그는 학문간 자료들(가령, 문학작품

---

23) Ibid., 39. ("게이 편에 서있는" 사람들이 출애굽 설화에서 이스라엘인들이 겪은 경험과 닮은 "공유된 역사"를 가진다고 주장하는 점에 주목하라.)
24) Ibid., 144. (게이 기독교인들은 스톤월 항쟁을 혁명적인 변화의 전통으로 회복시킬 필요가 있다고 주장하는 점에 주목하라.)

들), 초국가적인 사례들(가령, 세상의 다른 2/3에 살고 있는 LGBTIQ 들의 경험들), 또는 다종교 간 생각들(가령, 비기독교적인 종교 경험들)을 그의 책에 활용하지 않는다.

그를 변호하자면, 클리버의 책은 퀴어 이론의 포스트모던 담론과 탈식민주의적 사고가 LGBTIQ 신학에 중요한 영향을 미치기 이전에 쓰였다. 그럼에도 불구하고, 『내 이름을 알아다오』를 무지개신학의 관점을 통해 살펴보고 또 표면상 해방적인 신학이 실제로 어떻게 많은 퀴어들—유색인 퀴어들을 포함해서—이 진정한 해방에 도달하거나 번창하는 것을 방해할 수 있는지를 검토하는 것은 여전히 도움이 된다.

4. 요약

그렇다면, 정확하게 무지개신학이란 무엇인가? 간단히 말해서, 무지개신학은 유색인 LGBTIQ에 의해서 쓰인, 또한 LGBTIQ들을 위한 신학이다. 이 신학은 백인이 주를 이루는 LGBTIQ 공동체 안에서의 인종과 민족의 아름다운 색조들을 모두 포용한다. 이것은 또한 이성애자와 시스젠더가 주를 이루는 유색인 공동체 안에서의 섹슈얼리티와 젠더 정체성의 다양성을 모두 포용한다. 그리고 앞서 지적했듯이, 무지개신학은 모든 형태의 신학적 성찰들에 적용될 수 있는 하나의 보다 광범위한 방법론이자 비평이다.

무지개신학은 이미 존재하고 있는 상황신학들—가령, LGBTIQ 신학, 흑인신학, 아시아계 미국인 신학, 라띠나/노 신학, 원주민 신학—

을 기반으로 삼고, 그 위에 특별히 LGBTIQ의 경험에 대한 성찰을 통해 만들어진다. 즉, 무지개신학은 이 책의 1부에서 살펴봤던, 지난 20년간의 유색인 퀴어 신학자들의 저작들을 하나로 엮어낸다. 비록, 무지개신학이 서로 다른 인종적, 민족적 집단들을 망라해 가로지르는 측면이 있지만, 이것은 또한 각 집단의 특징적인 사회적 삶의 자리의 상황을 반영한다.

하지만, 무지개신학은 단순하게 유색인 퀴어들의 목소리를 성찰하는 데 그치지 않는다. 이 신학은 유색인 LGBTIQ들이 그들이 속한 소외된 공동체 안에서 성소수자이기 때문에 겪는 독특한 위치성(positionality)에 대해 성찰한다. 유색인 LGBTIQ들은 두 번에 걸쳐 거부당한다. 즉, 그들은 간과되거나 무시될 뿐 아니라, 그들이 속한 소외된 공동체의 사람들로부터 그들의 존재는 저주받은 것이고, 그들은 존재조차 해서는 안 된다는 노골적인 말을 듣는다. 이러한 독특한 위치성 자체가, 신학적으로 표현하면, 세 가지 무지개 주제들—(1) 다양성, (2) 중간 지점, (3) 중재—을 통해 스스로를 드러낸다.

학습을 위한 질문들

1. 무지개가 유색인 LGBTIQ의 경험—특별히 인종, 섹슈얼리티, 영과 관련하여—을 어떻게 반영하나요?
2. 무지개가 어떤 방식으로 다양성, 중간 지점, 중재라는 주제들을 반영하나요?

3. 여러분은 여러분의 삶에서 다양성, 중간 지점, 중재라는 무지개 주제들을 어떻게 경험했나요?
4. 세 개의 무지개 주제들와 단일성, 집에 머물기, 편 선택하기라는 단색주제들을 비교하고 대조해보세요.
5. 자신의 언어로 무지개신학에 대한 개념을 정의해보세요. 무지개신학이 여러분 자신의 삶에 어떤 의미가 있나요?

심화학습을 위한 자료들

무지개들

    Boyer, *The Rainbow*
    Conner, Sparks, and Sparks, *Cassell's Encyclopedia*, 278-79.
    Lee and Fraser, *The Rainbow Bridge*
    Whelan, *The Book of Rainbows*

무지개신학

    Cheng, *The Rainbow Connection*

7장

다양성

　내 인생에서 가장 놀라운 수업은 뉴욕의 유니온 신학대학원에서 들었던 현대신학개론이었다. 그 수업은 흑인신학의 아버지이며 내 박사논문 지도교수이자 멘토인 제임스 콘(James Cone) 박사가 가르쳤다. 한 학기 동안, 우리는 자유주의로부터 시작해서 신-정통주의를 거쳐 해방신학에 이르기까지 20세기의 중요한 신학자들과 신학운동의 흐름을 모두 훑었다. 그 수업은 신학적 논쟁이 지닌 멋진 복합성에 눈뜨게 했고, 조직신학자가 되는 나의 소명을 발견하게 도와주었다.

　그 수업은 무척 흥미로웠고, 내게 흑인, 페미니스트, 우머니스트, 아프리카, 라틴 아메리카, 아시아, 아시아계 미국인, 원주민, 게이와 레즈비언, 에코페미니스트 신학들과 또한 다른 신학들을 처음 소개했다. 그러나 내가 그 수업에 흥미를 느끼면 느낄수록, 나는 다양성의 문제와 씨름하게 되었다. 한편으로, 그 수업은 많은 다른 목소리들을 담아내면서 다양성의 문제를 다루었다. 하지만 다른 한편으로, 그 수업은 우리가 다루는 거의 모든 신학적 목소리들 속에서 단일한 억압을 말하는 가운데 다양성에 대해서는 이상할 정도로 침묵했다.

다시 말하면, 우리가 공부하는 거의 모든 신학이 어떤 단일한 억압 또는 정체성에―그것이 인종이든, 젠더이든, 섹슈얼리티이든―초점을 맞췄다. 아시아계 미국인으로서만이 아니라, 또한 게이임을 공개적으로 밝힌 남자로서, 내게 적합한 곳은 어디인가? 내게 이 질문이 생겨난 것은 사실 우리가 읽었던 아시아계 미국인 신학이 LGBTIQ 문제에 대해서 침묵하고, 또한 우리가 읽었던 LGBTIQ 신학이 인종문제에 대해서 침묵하기 때문이었다. 전통적인 해방의 패러다임이 유색인 퀴어들에게도 적용되는 것일까?

내가 다양성 신학의 맛을 보았던 것은 우리가 우머니스트신학과 흑인페미니스트신학(즉, 아프리카계 여성 미국인들에 의한 신학들)을 다룰 때였다. 이 신학자들은 그들의 다중적인 사회적 삶의 자리들―(1) 남성-지배적인 흑인신학에서의 여성, 그리고 (2) 백인중심적인 여성신학에서의 흑인[여성]들-을 놓고 씨름했다. 이제 다양성의 문제로 넘어가보자.

1. 다양성과 유색인 퀴어들

a. 유색인 퀴어의 경험

유색인 퀴어의 경험은 다양성으로 표현된다. 즉, 유색인 퀴어들은 LGBTIQ로서의 정체성과 또한 유색인으로서의 정체성에 근거한 다양한 억압들을 경험한다. 백인 LGBTIQ 형제자매들과 달리, 유색인 퀴어들은 인종차별의 억압에 직면해 살아간다. 그리고 그들의 유색인 이성애자와 시스젠더 형제자매들과 달리, 유색인 퀴어들은 동성애혐오의 억압에도 직면하며 살아간다.

오드리 로드가 "나이, 인종, 계급, 그리고 성: 여성들이 차이를 재정의하다"라는 논문에서, 미국에는 "백인, 날씬함, 남자, 젊음, 이성애자, 기독교인, 경제적 안정"이란 "신화적 규범"(mythical norm)이 존재한다고 말한다. 이런 신화적 규범에서 벗어나는 사람들은 누구나 종종 자신들이 다른 사람들과 차이나는 어떤 단일한 방식을 선택하는 것으로 끝나곤 한다. 즉 "그 차이점 때문에 부수적으로 생겨나는 다른 왜곡들은 잊은 채, 모든 억압의 근본적인 이유"가 바로 그 한 가지 차이 때문이라고 가정한다.[1] 이것이 흑인 여성들이 백인 페미니스트 운동에 대해 여성의 억압에만 초점을 맞추고 인종과 계급의 문제를 무시한다고 비판하는 이유다.

물론, 유색인 퀴어 공동체들 안에서도, 어떤 개인들은 다른 사람들보다 더 많은 억압을 경험할 수 있다. 예를 들어, 유색인 레즈비언들은 이성애주의와 인종차별의 문제를 다뤄야 하면서, 또한 성차별과 계급주의 문제도 다뤄야 한다. 인도 출신의 레즈비언 시인으로 미국에서 대학을 다닌 아누(Anu)는 그녀가 유색인 퀴어 여성으로서 직면해야 했던 억압적인 고정관념으로 인한 다중적인 고충에 대해 자신의 논문에 적나라하게 썼다: "나는 누구? 나는 문명화되지 못한, 야만적인, 이교도, 원시인, 동양인/ 나는 수동적이고, 복종적이고, 자기희생

---

[1] Lorde, *Sister Outsider*, 116.

적이고, 말 잘 듣는, '사티 사비트리'(Sati Savitri)/ 나는 '다이크'(Dike),[2] 일탈자, 퀴어, 융합된 자, 지옥에서 온 음탕한 여자."[3]

다양한 억압과 씨름하는 것에 덧붙여, 유색인 퀴어들은 인종, 섹슈얼리티, 영성과 같은 좀 더 큰 범주 안에서의 특정한 정체성들의 다양성과 씨름해야 한다. 예를 들어, 인종과 관련해서는, "유색인"이 되는 것은 무슨 뜻인가? "아시아계 미국인"이란 범주는 정말 무엇을 뜻하는 것일까? 시애틀에서 기술직에 종사하는 3세대 일본계 미국인 전문가는 미네소타에서 살고 있는 제1세대 흐몽족(Hmong) 이민 여성과 실제로 얼마나 많은 공통점이 있는가? "아시아계 미국인들," "아시아 태평양계 미국인들"(APAs), "아시아 태평양제도인들"(APIs), 아니면 어떤 다른 용어가 아시아인들을 아우르는 포괄적 용어가 되어야 하는가? 우리가 남아시아와 동남아시아 후손들은 포함시키지 못하고 있지는 않은가? 혼합된 유산을 지닌 사람들이나 다인종적 사람들은 어떠한가?

이름 짓기와 이름 지우기 사이의 긴장—즉, 좀 더 포괄적인 정체성의 범주를 일컫는 이름을 지어 사용함으로써, 그 결과로 구체적인 차이점들이 지워지는—이 똑같이 섹슈얼리티 문제에서도 발생한다. 예를 들어, 우리가 앞에서 지적했듯이, "퀴어"라는 범주는 섹슈얼리티와 젠더 정체성에 근거해서 주변화된 사람들을 위한 포괄적 용어로서 도움이 된다. 하지만, "퀴어"는 "레즈비언," "게이," "양성애자," "트랜

---

2) 역자주: '다이크'는 남성역할을 하는 동성애자, 레즈비언을 가리키는 말이다.
3) Anu, "Who A I?" in *The Very Inside: An Anthology of Writing by Asian and Pacific Islander Lesbian and Bisexual Women*, ed. Sharon Lim-Hing (Toronto, ON: Sister Vision Press, 1994), 19.

스젠더," "간성," "퀘스처닝," "지지자," "두-영혼," "범성애자," "무성애자"들과 같은 다른 많은 정체성들을 포함하기 때문에, 그런 용어의 사용은 실제로 서로 다른 많은 정체성들 사이의 차이점들을 존중하기 보다는, 오히려 그 안에서의 차이를 지워버린다. 이것이 조금 길어도 "LGBTIQ2"와 같은 머리글자들을 쓰는 것을 중요하게 여기는 이유다.

끝으로, "종교적" 또는 "영적"이기도한 유색인 퀴어가 된다는 것은 무슨 뜻인가? 이런 말들을 사용할 때, 우리는 조직화된 종교를 말하는 것인가? 아니면 궁극적 실재에 대한 좀 더 개인적인 경험에 대해 말하는 것인가? 만일 조직화된 종교에 관해 말하는 것이라면, 우리는 단지 기독교에 대해서만 말하고, 다른 전통들에 대해서는 말하지 않는 것인가? 그리고 만일 기독교만 뜻하는 것이었다면, 동방 정교회, 로마 가톨릭, 개신교 중 어떤 전통에 대해서 말하는 것인가? 만일 개신교라면, 어떤 교단을 말하는 것인가? 이처럼 다양성을 둘러싼 논쟁은 계속된다.

유색인 퀴어들은 인종, 섹슈얼리티, 종교에 대한 다양한 정체성 속에서 지속적으로 선택하도록 요구받는다. 이것은 마치 그들이 항상 다음과 같은 질문을 받는 느낌이다. "바로 이 순간 나는 누구인가?"4) (주로 백인이 지배적인) LGBTIQ 공동체 속에 있을 때, 그들은 종종 자신들의 인종적, 민족적 면모는 억누르고 드러내지 않을 것을 요청

---

4) 이 점은 주디스 버틀러(Judith Butler)의 젠더의 실행성(performativity)에 대한 주장을 떠올리게 한다. 만일 젠더 현실이 "지속된 사회적 실행"을 통해 창조된 것이라면, 인종적 현실 또한 같은 방식으로 이해될 수 있을 것이다. Judith Butler, *Gender Trouble* (New York: Routledge, 1990), 192.

받는다. 그리고 (주로 이성애자와 시스젠더가 지배적인) 유색인 공동체 안에 있을 때, 그들은 종종 그들의 성적 정체성과 젠더 정체성을 억누르고 드러내지 않을 것을 요청받는다. 그리고 신앙공동체 안에 있을 때, 그들은 종종 그들의 인종적, 민족적, 성적, 그리고 젠더 정체성을 억누르고 드러내지 않을 것을 요청받는다. 그러므로 많은 유색인 퀴어들에게, 그들의 정체성과 억압의 다양성은 분열(fragmentation)에 대해 깊은 성찰을 하도록 이끈다. 이런 분열에 대한 인식은, 역설적으로, 이것을 무시하거나 억누르는 것과는 반대로 유색인 LGBTIQ들의 조각을 모아 온전한 조각보를 만들도록 돕는다.5)

b. 유색인 퀴어 비평

억압들의 다양성과 (공통-구조의) 본질에 대한 주제들은 일반 퀴어 이론에서도 다뤄졌다. 지난 10년 동안, 우리는 "유색인 퀴어 비평"으로 분류되는 연구들의 전성기를 목격했다. 학계에서 퀴어 연구 활동의 부분집합이라고 할 수 있는 이 흐름은 유색인 LGBTIQ들에 의한, 그리고 그들을 위한 연구들로 구성되었다. 유색인 퀴어 비평가들은 로데릭 퍼거슨(Roderick A. Ferguson), 호세 에스테반 무뇨스(José Esteban Muñoz), 데이비드 잉(David L. Eng), 자스비르 푸알(Jasbir K. Puar) 같은 개인들을 포함한다.

유색인 퀴어 비평의 주요한 주제중 하나가 다양성에 관한 것이다. 『낯선 조합: 비교 인종구분에서의 젠더와 성의 정책들』에서 그레이

---

5) Cheng, "Multiplicity and Judges 19," 129-30.

스 경원 홍(Grace Kyungwon Hong)과 공동 편집자 로데릭 퍼거슨은 유색인 퀴어 비평의 학문적 기원이 인종, 젠더, 그리고 다른 요인들로 다양하게 교차하는 정체성 문제로 오랫동안 씨름해온 유색인 여성이론에서 비롯되었음을 지적한다. 퍼거슨과 홍에 따르면, 유색인 퀴어들을 또 다른 "정체성"으로 범주화하는 과정 속에서 본질주의의 오류를 영구화시키는 것을 피하는 일이 중요하다.

그들은 서로 다른 집단에 속한 우리[유색인 퀴어]들이 지배 문화에 의해 어떻게 비슷하게 가치 평가되고 있는지를—또는 좀 더 정확하게 말해서 어떻게 평가 절하되는지를—살피면서, 어떻게 동맹관계를 형성하는지를 볼 수 있어야 한다고 주장한다. 즉, 유색인 퀴어운동은 유색인 퀴어들을 획일적인 인종적, 성적 정체성의 혼합으로 이해하는 대신에, 그들이 처한 다양한 사회적 삶의 자리들 사이의 유사성과 차이점 모두를 관찰하고 존중해야 한다. 이러한 "비교의 이소성 방식"(heterotopic mode of comparison)"은 그들의 다양한 정체성을 지워 버리지 않고 보존할 수 있도록 돕는다.6)

유색인 퀴어 비평은 또한 어떻게 인종적, 성적 정체성이 상호적으로 함께 구성되는지를 다룬다. 즉, 유색인 LGBTIQ는 단순히 인종과 섹슈얼리티의 결합체가 아니다. 오히려, 이런 범주들은 유동적이고 다른 것들과 떼어놓을 수 없을 정도로 뒤엉켜 있다. "게이 남자"라는 범주를 예로 들어보자. 이런 표면상의 "성적" 범주는, 우리가 이 사실을 의식적으로 인식했든지 혹은 그렇지 않든지에 상관없이, 사실상 인종

---

6) Hong and Ferguson, "Introduction," 9.

구분과 밀접하게 연관되어 만들어졌다. 즉, 우리가 "백인 게이 남자"(정상적인)에 대해 상상하는 고정관념은 "흑인 게이 남자"(과도한 성욕의), "아시아계 미국인 게이 남자"(여성적인), "라띠노 게이 남자"(관능적인), 그리고 "원주민 게이 남자"(무성애적인)를 상상할 때의 고정관념과 많이 다르다.

『인종, 민족, 그리고 섹슈얼리티』에서, 조안 나겔(Joane Nagel)은 "민족과 성의 경계들"(ethnosexual frontiers)로서의 인종과 섹슈얼리티의 범주 사이의 밀접한 관계를 논했다. 나겔은 많은 경계들—정복, 국가주의, 전쟁, 기생관광, 세계화 등을 포함해서—을 인용하는데, 그런 경계들 안에서 "민족성과 섹슈얼리티가 함께 결합해 어떤 사람들은 포함시키고 어떤 사람들은 배제시킬지를 결정하고, 누가 순결하고 누가 불결한지를 판정하는 장벽들을 만들어낸다. … [그리고] 민족, 인종, 국가의 영역 주변에 섹슈얼리티로 둘러싼 장벽을 만든다."7) 바로 이런 민족과 성의 경계들이 유색인 LGBTIQ들의 정체성의 다양성을 그토록 복합적이게 만든다.

럿거스 대학의 여성학과 젠더학 교수이며 남아시아 출신의 레즈비언 자스비르 푸알은 『테러리스트 집단들: 퀴어 시대의 호모네셔널리즘』에서 911사태 이후 어떻게 남아시아인들의 인종차별된 몸이 정치적, 성적 일탈을 위한 기호학이 되었는가에 대해 썼다. 즉, 인정받기 위한 그들의 욕구 때문에, 백인 중산층 게이와 레즈비언들은 궁극적으로는 유색인 퀴어들의 몸을 테러리스트인 "타자"로 주변화시키는

---

7) Nagel, *Race, Ethnicity, and Sexuality*, 1.

호모네셔널리즘 이데올로기(an ideology of homonationalism)에 동의한다. 푸알의 책은 퀴어됨(queerness)과 "애국주의, 전쟁, 고문, 안전, 죽음, 테러, 테러리즘, 구금, 추방"이라는 주제들 사이의 연관성을 폭로하고, 이런 것들이 "보편적으로는 성과 관련된 정책들과, 특별하게는 퀴어 정책들과 연관이 없는 것으로 생각된다"고 지적한다.8) 푸알의 책은 섹슈얼리티 문제가 인종이나 정책 문제와 분리될 수 없음을 보여준다.

요약하면, 다양성은 유색인 LGBTIQ에 관한 중요한 논제다. 유색인 퀴어들은 퀴어혐오와 인종차별(그리고, 어떤 경우 성차별, 계급차별, 몸 파시즘[body fascism], 장애인차별, 나이차별)의 다양한 억압들을 통해 다양성을 경험한다. 하지만, 유색인 퀴어들은 종종 단일한 억압을 내세우기 위해 이런 다양성의 경험을 무시하도록 요구받는다. 캐나다 토론토의 요크 대학의 교수인 진 해리타원이 "유색인 퀴어들과 다양한 이유로 소수화된 다른 퀴어들은 문제를 단일한 이슈로 등식화하는 데에는 관심이 거의 없으며, 그것은 젠더, 인종, 섹슈얼리티를 둘러싼 실제적인 권력의 차이를 회피하는 것이다"9)라고 잘 지적했듯이, 이것은 문제가 된다.

---

8) Jabir K. Puar, *Terrorist Assemblages: Homonationalism in Queer Times* (Durham, NC: Duke University Press, 2007), xii. (역자주: 호모네셔널리즘이란 국수주의이념을 가지고 LGBTIQ의 권리를 주장하는 입장을 가리키는 신조어다.)

9) Jin Haritaworn, "Shifting Positionalities: Empirical Reflections on a Queer/Trans of Colour Methodology," *Sociological Research Online* 13, no. 1.13 (March 21, 2008): 5.1, 2013년 1월 3일 접속, http://bit.ly/ifbHzR.

2. 다양성과 유색인 퀴어 신학

우리가 이 책의 1부에서 살펴보았듯이, 다양성은 유색인 LGBTIQ 신학자들의 중요한 연구주제다. 예를 들어, 퀴어 흑인 윤리학자인 로저 스니드는 특약 칼럼을 집필하는 칼럼니스트(syndicated columnist)인 댄 새비지(Dan Savage)10)와 같은 백인 게이 남자들이 유색인 공동체에 대한 단면적인 특성을 강조하는 것에 대해 비판한다. 스니드에 따르면, 2008년 캘리포니아 제안 8호에 대한 투표 이후 흑인들을 다 똑같은 동성애혐오자로 보는 새비지의 견해는 불행하게도 흑인 게이와 레즈비언들의 경험을 축소하고 경시할 뿐 아니라, 그들을 "사실상 투명한" 사람들로 만드는 결과를 가져왔다. 바꿔 말하면, 새비지는 "퀴어와 흑인 공동체들이 다양한 주체들로 구성되었다"는 점을 알아차리는 데 실패했다.11)

실제로, 다양성이란 주제는 우머니스트와 흑인 페미니스트들이 섹슈얼리티 주제를 다룰 때 중요하게 다뤄진다. 앞서 지적했듯이, 르네 힐은 1993년에 쓴 "우리는 서로에게 누구인가?"라는 논문에서 우머니스트운동이 인종, 젠더, 계급과 관련된 다양성을 포용한다고 주창했음에도 불구하고, 실제로는 흑인 레즈비언들의 경험을 알아차리고 받아들이는 데 실패했다고 비판했다.12) 13년 뒤인 2006년, 모니카 콜만, 아이린 몬로, 트레이시 웨스트를 포함한 여러 신학자들은 『여성주

---

10) 역자주: 댄 새비지는 "It Gets Better" 프로젝트를 시작한 칼럼니스트다.
11) Sneed, *Representations of Homosexuality*, 193-94.
12) Hill, "Who Are We for Each Other?"

의 종교학 저널』(*Journal of Feminist Studies in Religion*)이 주최한 "나는 반드시 우머니스트이어야 하는가?"란 제목의 원탁토론에서 위와 비슷한 문제제기를 했다.13) 콜만, 몬로, 웨스트가 보기에는, 우머니스트신학들보다 흑인페미니스트신학들이 흑인 레즈비언과 양성애자 여성들의 다양한 정체성을 실제로 더 존중해주고, 더 포용적인 공간을 제공했다.

다양성은 또한 퀴어 아시아계 미국인 신학 속에도 나타난다. "다양성과 사사기 19장"이란 논문에서 나는 LGBTIQ 아시아계 미국인들의 경험에 근거해 그들의 경험의 다양성을 최소한 네 가지로 정리할 수 있다고 보았다: (1) 그들의 민족적, 성적 정체성에 대한 다양한 이름 짓기, (2) 아시아계 미국인 공동체와 LGBTIQ 공동체의 다양한 침묵, (3) 인종, 성, 종교적 정체성과 관련된 다양한 억압, 그리고 (4) 어떤 주어진 상황에서 그들의 정체성의 일부만을 선택하도록 강요받는 분열의 다양성이다. 역설적으로 들리겠지만, 나는 LGBTIQ 아시아계 미국인들이 이러한 다양성을 깨닫는 것이 오히려 그들이 자신의 총체성(wholeness)을 경험하기 위해 중요하다고 생각한다.14)

퀴어 신학자 조셉 고(Joseph Goh)가 그의 모국인 말레이시아에서의 LGBTIQ에 대한 처우를 다룬 논문을 통해 우리를 상기시켰듯이, 다양한 억압 경험은 정치경제적 문제로 확장된다. "말씀이 육신이 되지 않았다"라는 논문에서 고는 말레이시아 정부가 2011년의 성소수

---

13) Coleman, "Must I Be Womanist?"; Monroe, "Must I Be Womanist?"; West, "Must I Be Womanist?"
14) Cheng, "Multiplicity and Judges 19."

자 인권 축제였던 '섹수알리티 메르데카'(Seksualiti Merdeka)를 "비도덕적"이고 "체제 전복적"이라는 이유로 폐지시키려고 했던 사건에 대해 썼다. 고는 그의 기독교적 관점에서 정부의 검열을 비판했고, 그의 비판의 근거를 성육과 신의 형상(imago Dei)의 교리에 두었다.15)

다양성의 주제는 또한 퀴어 라띠나/노 신학에도 등장한다. 올란도 에스핀이 『은총과 인간됨』에서 지적했듯이, LGBTIQ 라띠나/노들은 다양한 정체성들을 지니고 있으며, 이런 모든 정체성들이 라띠나/노 신학자들에 의해 다뤄져야 한다는 것을 깨닫는 것이 중요하다. 퀴어 라띠나/노들은 "다른 사람들과 마찬가지로 젠더, 인종, 성정체성, 계급, 사회적 지위 등등"의 범주에 따라 규정받는다. 이성애자 라띠나/노 신학자들이 일반 신학담론에서 인종(그리고 다른 요인들)이 간과될 수 없다고 주장하는 것과 마찬가지로, 그들도 LGBTIQ 형제자매들을 고려하면서 성적 지향성을 인지해야만 한다. 즉, 성적 지향성은 "괄호로 취급되거나 간과되어서는" 안 된다.16)

퀴어 라띠나/노들에게는 "라띠나/노"란 범주 자체 안에 다양성 문제가 더 남아 있다. 역사적으로 "히스패닉"(Hispanic)이란 말은 1970년대 중반에 스페인 문화권에 영향을 받은 디아스포라의 후손들을 하나의 집단으로 묶기 위해 미연방정부에 의해 만들어진 용어다. 비록 많은 사람들이 스페인 제국주의가 내포된 의미를 피하기 위해 "라띠나/노"란 말을 선호하지만, 그 용어도 여전히 문제가 많다. 이 말은 그 용어에 속한 다른 문화적, 사회경제적 상황에서 온 하부그룹들(즉

---

15) Goh, "The Word Was *Not* Made Flesh."
16) Espín, *Grace and Humanness*, 63.

멕시코, 푸에르토리코, 쿠바, 중앙아메리카, 남아메리카, 도미니카 공화국)에 속한 개개인의 상황을 대변해주지 못하기 때문이다.17)

끝으로, 다양성은 두-영혼 원주민의 저작들에도 등장한다. 예를 들어, "토착민"과 "원주민"이란 용어는 획일적인 개념이 아니다. 오히려, 이 용어들은 북미와 세계 도처의 많은 다른 독립 국가들에서 이민 온 사람들을 포함한다. 선문집 『퀴어 원주민 연구』에 실린 논문들은 마오리족, 사모아족, 모하크족(역자주: 뉴욕 주와 캐나다에 많이 거주하는 북미 원주민), 나바호족(역자주: 미국의 뉴멕시코, 애리조나, 유타 주에 사는 원주민), 체로키족, 크리족(역자주: 캐나다 중부에 많이 살고 있는 북미 원주민)의 목소리를 담은 다양한 원주민 자료들을 끌어온다.18) 선문집의 편집자들은 또한 그 책에 실린 개별 논문들이 다양한 방법론을 보여주고 있는 것을 깨달았다. 그 책의 서문에서, 저자들은 이런 논문들이 "원주민 연구에서 식민지성을 해체하는 다양한 퀴어 이론의 선례"가 될 것을 기대한다고 말했다.19)

3. 다양성과 무지개신학

다양성이란 주제는 그 자체가 단일한 억압이란 허구에 저항하기

---

17) Joanne Rodríguez-Olmedo, "The U.S. Hispanic/Latino Landscape," in *Handbook of Latina/o Theologies*, ed. Edwin David Aponte and Miguel A. De La Torre (St. Louis, MO: Chalice Press, 2006). 실제로 라띠나/노들은 다양한 언어, 인종, 민족, 종교적 상황에 속해있다.
18) Driskill et. al., *Queer Indigenous Studies*.
19) Driskill et. al., "Introduction," 21.

때문에 무지개신학에서 중요하다. 그것은 또한 표면상 구별되어 보이는 억압들—가령 인종과 섹슈얼리티—이 실제로 분리된 것이지, 불가피하게 서로 얽히고 중첩된 것이 아니라고 주장하는 허구에 도전한다. 무지개신학을 수립하면서, 일반 신학분야에서 다양성을 다룬 이론적 작업들을 몇 가지 소개하는 것이 도움이 될 것이다.

시카고 신학대학원의 레즈비언 신학교수이면서 자신을 "다양성 이론의 모퉁이에서 연구하는 철학적 신학자"[20]로 소개하는 로렐 슈나이더는 최근에 출판한 『단일신교를 넘어서: 다양성의 신학』[21]과 『다중교리: 다양성과 관계의 신학』(캐서린 켈러와 공동 편집)에서, 기독교 안에서의 단일신론에 대한 전통적인 강조에도 불구하고 유동성, 다공성(多孔性, porosity), 상호연관성과 더불어 다양성이 신학 논의에서 재고되어야 할 비평적인 주제라고 주장한다.[22]

다양성에 대한 연구뿐 아니라, 슈나이더는 어떻게 표면상 구별되어 보이는 억압들—가령 인종과 성—이 실제로 서로 깊게 상호 연관되어 있는지를 탐구했다. 예를 들어, "당신의 성(sex)의 인종은 무엇인가?"라는 논문에서, 슈나이더는 인종과 성이 어떻게 공동으로 작용하는지를 탐구한다. 그 결과로서, 슈나이더는 백인우월주의는 "인종, 성, 젠더라는 공통 구성의 측면들이 백인우월적인 행위들을 자신 속에서

---

20) Catherine Keller and Laurel C. Schneider, *Polydoxy: Theology of Multiplicity and Relation* (Abingdon, UK: Routledge, 2011), i.
21) Laurel C. Schneider, *Beyond Monotheism: A Theology of Multiplicity* (Abingdon, UK: Routledge, 2008), 164.
22) 앞서 언급했듯이, 슈나이더는 2013년 가을부터 밴더빌트 대학교의 종교학, 젠더학, 철학 교수로 재직 중이다.

인식하기 어렵게 만들기 때문에, 특히 그 측면들이 젠더와 성으로서 기능할 때는 더 어렵기 때문에" 극복하기 어렵다고 결론짓는다.23)

아르헨티나 출신의 양성애자 신학자인 마르셀라 알트하우스-라이드의 저서 또한 다양한 억압의 상황에 대해 유익한 시사점을 던져준다. 알트하우스-라이드는 섹슈얼리티에 대한 남미 해방신학과 다른 해방신학들의 침묵을 비판하는 "외설적인 신학"을 정립했다. 알트하우스-라이드에 따르면, 남미 해방신학자들이 경제와 정치 현상을 비판하는 것만으로는 충분하지 않다. 그들은 성적인 현상에 대해서도 비판해야 한다. 즉, 정치경제적 안녕을 성적인 안녕과 구별할 수 없다. 알트하우스-라이드는 자신의 외설적인 신학을 정립하면서, 사실상, 비-외설적인 신학들의 고상한 이념적 특성의 가면을 벗겨버렸다.24)

그렇다면 이 모든 것들 가운데 하나님은 어디에 계시는가? 내 견해로는, 유색인 퀴어의 다양성에 대한 경험은 삼위일체적 존재 자체 안에서 다양성을 경험하는 하나님에 대한 직접적인 성찰이기도 하다. 하나님은 단순히 하나가 되는 것에 만족하지 않으시고, 오히려 하나-속-셋(three-in-one)이 되신다. 하나님은 하나님 자신의 그 깊은 내면에서 다양성을 경험하신다. 레즈비언 신학자 엘리자베스 스튜어트는 삼위일체(Godhead) 안에서의 다양한 인격을 묘사하기 위해서 전통적인 신학개념인 '페리코레시스'(*perichōrēsis*)—즉, "춤추며 돌아다닌다"

---

23) Laurel C. Schneider, "What Race is your Sex?," in Boisvert and Johnson, *Queer Religion II*, 138.
24) Althaus-Reid, *Indecent Theology*.

는 뜻―를 사용하면서, 하나님은 "역동적이고, 비(非)위계적이고 평등한, 상호적인 관계를 가지며, '춤추는 자들의 사이를 물 흐르듯 넘나들면서 아름답게 어울리고, 끝나지 않는 춤을 추시는 분'"이라고 설명한다. 다양성은 하나님의 심장 그 자체다.

우리는 실제로 하나님은 관계 속에서 발견된다는 것을 안다. 카터 헤이워드(Carter Heyward), 메리 헌트(Mary Hunt), 엘리자베스 스튜어트와 같은 레즈비언 신학자들은 관계신학과 "에로틱" 신학을 통해 이것을 잘 보여주었다.25) 관계 속에서 발견되는 하나님은 다양성(즉, "타자"의 존재)을 요구하며, 단순한 단일성에 만족하지 않으신다. 그것이 하나님께서 창조에 개입하시는 이유이다. 그렇게 함으로써 하나님은 끊임없이 넘쳐흐르는 삼위일체의 신적 사랑을 함께 나눌 타자들을 가질 수 있게 된다. 그리하여, 유색인 퀴어의 다양성의 경험은 하나의 선물이다. 다양성은 하나님께서 우리를 다양성에로 부르심을 일깨워주는 지속적인 회상이며 내면을 들여다보는 창이다. 그리고 가장 친밀한 삼위일체 하나님의 활동하심이다. 유색인 LGBTIQ들은 그들이 인종적, 성적, 영적 정체성에서의 다양성 안에서 하나님의 이미지와 형상으로 창조되었음을 기억해야 한다.26) 성령을 통해서, 모든 피조물들은 궁극적으로 열려 있는―닫히지 않은―하나님의 삼위일체적 역동성을 지속적으로 품고 살아가는 존재들이다.

---

25) Carter Heyward, *Touching Our Strength: The Erotic as Power and the Love of God* (New York: HarperSanFrancisco, 1989); Mary E. Hunt, *Fierce Tenderness: A Feminist Theology of Friendship* (New York: Crossroad, 1991); Stuart, *Just Good Friends*.

26) Cheng, "A Three-Part Sinfonia."

4. 요약

요약하면, 다양성은 유색인 LGBTIQ들에게 중요한 주제다. 유색인 퀴어들은 다양한 억압(예를 들면, LGBTIQ 공동체에서의 인종차별과 또한 유색인 공동체에서의 동성애혐오와 트랜스혐오)은 물론 그들의 인종적, 성적, 영적 정체성을 규정하는 과정에서도 다양성을 경험한다. 당연히, 다양성은 유색인 LGBTIQ 신학자들뿐 아니라, 일반 유색인 퀴어 이론가들의 연구에서도 중요한 주제다. 다양성이란 무지개 주제는 하나님으로부터의 선물이다. 이것은 사랑으로 흘러넘치며, 삼위의 인격들 사이에서 멈추지 않고 춤을 추는 삼위일체 하나님의 내적인 활동을 볼 수 있게 해주는 창이다. 이제 두 번째 무지개 주제인 중간 지점으로 넘어가보자.

학습을 위한 질문들

1. 여러분은 각자의 삶에서 어떻게 다양성을 경험했나요? 어떤 다중적인 정체성과 사회적 삶의 자리가 여러분을 동시에 지배하나요?
2. 유색인 퀴어들은 인종, 섹슈얼리티, 영을 어떻게 다양하게 경험하나요?
3. 다양성과 관련된 퀴어 흑인, 퀴어 아시아계 미국인, 퀴어 라티나/노, 그리고 두-영혼 원주민 신학자들의 연구들로는 무엇이 있나요?
4. 다양성은 현대 신학에 어떻게 반영되고 있나요?

5. 다양성과 관련하여 여러분은 하나님을 어떻게 이해하나요?

심화학습을 위한 자료들

다양성과 퀴어 유색인

Haritaworn, "Shifting Positionalities"
Hong and Ferguson, *Strange Affinities*
Lorde, *Sister Outsider*, 114-23
Nagel, *Race, Ethnicity, and Sexuality*
Puar, *Terrorist Assemblages*

다양성과 유색인 퀴어 신학

Cheng, "Multiplicity and Judges 19"
Cheng, "A Three-Part Sinfonia"
Coleman, "Roundtable Discussion: Must I Be Womanist?"
Driskill et al., "Introduction," 21
Espín, *Grace and Humanness*, 63
Hill, "Who Are We for Each Other?"

다양성과 무지개신학

Althaus-Reid, *Indecent Theology*
Heyward, *Touching Our Strength*
Hunt, *Fierce Tenderness*
Keller and Schneider, *Polydoxy*
Schneider, *Beyond Monotheism*
Schneider, "What Race Is Your Sex?"
Stuart, *Just Good Friends*

8장

중간 지점

데이비드 정(David Chung)은 워싱턴 D.C.에 있는 아시아인 게이 공동체의 사랑받는 형제였다. 그 지역의 스포츠 게이바인 넬리스(Nellie's)의 바텐더였던 데이비드는 매력적인 미소와 사람들을 따뜻하게 맞이하기로 유명했다. 그와 함께 일했던 직원 한 명은 "그의 얼굴에는 항상 미소가 가득했다"라고 말했고, 그의 친구 한 명은 "그는 모든 이들에 대한 사랑으로 가득 찬" 사람이었다고 말했다.[1] 그 지역의 LGBTIQ 신문, 『워싱턴 블레이드』에는 그가 카메라를 향해 함박 웃으며 손을 흔드는 모습의 사진이 실렸다.

2012년 7월, 데이비드 정은 26살이라는 젊은 나이에 목을 매어 자살했다. 수백 명의 사람들이 그 게이바에서 거행된 그의 삶을 추도하는 장례식에 참여했고, 그 바에 설치된 텔레비전 모니터에 그의 사진들이 상영되는 동안, 그곳에 모인 사람들은 아일랜드 위스키로 건

---

1) Michael K. Lavers, "Hundreds Pay Tribute to Nellie's Bartender," *Washington Blade* (July 16, 2012), 2013년 1월 3일 접속, http://bit.ly/MBbwsL.

배하면서 그에 관한 추억을 나누었다.

정의 죽음에 대한 소식은 워싱턴 D.C.에 있는 퀴어 아시아인 공동체에 큰 충격을 주었다. 아무도 정이 자살충동으로 고통을 겪고 있다고 의심하지 않았고, 이 사건은 그 공동체에서 유색인 퀴어가 된다는 것이 시련이라는 사실을 사람들에게 상기시켰다.

10년 넘게 유색인 LGBTIQ를 위한 목회를 해온 사람으로서, 나는 정의 이야기를 읽으면서 큰 슬픔에 빠졌다. 그의 갑작스런 죽음 때문이기도 했지만 그의 이야기가 내 마음 깊은 곳까지 공명을 일으켰기 때문이었다. 내 경험을 통해 되돌아보면, 많은 유색인 퀴어들은 겉으로는 상당히 사회적이고 행복한 듯 보이지만, 속으로는 심한 외로움과 슬픔을 동시에 느낀다. 이런 외로움과 슬픔의 느낌들은 종종 스스로가 "아무 곳에도 속하지 못한"(non-belonging) 듯해서 다른 사람들과 어울리지 못할 때, 더욱 심하게 다가온다. 실제로, 많은 유색인 LGBTIQ들은 중간 지점—즉, 은유적으로 그들은 "노숙자다"—에 살고 있고, 한편에서는 백인이 다수를 이루는 퀴어 공동체와 다른 한편에서는 이성애자들이 다수를 이루는 인종 공동체 사이에 갇힌 채 살아간다.2)

이 장에서는 유색인 퀴어들의 삶에서의 중간 지점이란 주제와 그 주제가 어떻게 퀴어 신학과 일반적인 신학적 성찰에 영향을 미치는가

---

2) 유색인 퀴어들은 문자 그대로의 노숙도 경험한다. 예를 들어, 최근의 연구에 의하면, 흑인 트랜스젠더들의 41%가 한 번쯤은 노숙자로 살았던 경험이 있다고 하는데, 이 수치는 미국의 일반인들의 노숙 비율의 5 배가 넘는다. National Gay and Lesbian Task Force, "Injustice at Every Turn: A Look at Black Respondents"를 보라.

를 탐구할 것이다. 여기서의 결론은 많은 유색인 퀴어들이 경험하는 은유적인 노숙의 고통에도 불구하고, 중간 지점이란 무지개 주제는 신에게로 향한 창(窓)으로 여겨질 수 있다는 것이다. 특별히, 예수 그리스도는 신과 인간 사이의 중간 지점에 살았다는 점에서 은유적인 노숙자였다. 그는 "그의 머리조차 둘 곳이 없었다."3) 중간 지점이란 무지개 주제는 여기, 이 땅에서의 우리의 집—그것이 얼마나 편한 곳인지와 상관없이—은 환상임을 상기시켜준다. 하나님 안에서만 우리는 진정한 우리의 집을 발견할 수 있다.

1. 중간 지점과 유색인 퀴어

유색인 퀴어의 경험은 중간 지점이란 말로 표현된다. 즉 유색인 퀴어는 자신들이 속한 공동체들에 온전하게 속한 경험을 결코 해보지 못한다. 유색인 LGBTIQ들은, 퀴어라는 이유 때문에, 자신들의 인종적, 민족적 공동체에 온전하게 속하지 못한다. 유색인 LGBTIQ들은, 또한 인종적, 민족적 소수자라는 이유 때문에, 퀴어 공동체에 온전하게 속하지 못한다. 달리 말하면, 유색인 퀴어들은 은유적으로 노숙자다. 그들은 한편으로는 섹슈얼리티의 이분법 사이의, 다른 한편으로는 인종 사이의 중간 지점에 살고 있다.

아시아 게이 작가인 에릭 와트는 그의 에세이 "역설의 보존: 게이 의-길(*Gay-Loh*)에서의 이야기들"에서 이러한 중간 지점의 존재를 설

---

3) 마태복음 8:20; 누가복음 9:58.

명한다. 와트는 많은 아시아 게이 남자들이 "그 길의 어느 쪽에서도 받아들여지지 않는 길의 중간 지점에 영원히 남겨진다"라고 설명한다. 바꿔 말하면, 아시아 게이 남자들은 "인종차별과 동성애혐오의 교차점에" 놓여 있다.4) 이와 유사하게, 흑인 게이 작가인 키이스 보이킨은 그가 겪은 중간 지점의 경험을 통해 "집"을 찾아다녔던 여정에 대해 다음과 같이 말한다. "나는 흑인 게이남자로 나 자신을 공개하고 살면서 나의 두 정체성 사이를 앞뒤로 왕복해가며 많은 시간과 에너지를 소비했다."5)

레즈비언 라띠나 작가인 글로리아 안살두아는 이러한 중간 지점을 "경계 지역" 또는 '라 프론떼라'(la frontera)로 표현했다. 안살두아에 따르면, 이 중간 지점은 심리적, 성적, 그리고 영적인 비용을 치러야 하는 곳이며, "두 개 혹은 그 이상의 문화가 서로 부딪치는 곳이라면 어디서든지" 발생한다. 그 경계 지역은 "살기에 편한 지역이 아닌 모순의 장소다." 사실, "이 지역의 두드러진 특징은 미움, 분노, 착취다."6)

중간 지점이란 주제는 유색인 퀴어 비평에서 중요한 역할을 감당했다. 뉴욕 대학교의 퍼포먼스학과 교수이며 라띠노 게이인 호세 에스테반 무뇨스는 "탈동일시"(disidentification)에 대해 썼다. 그의 책 『탈동일시: 유색인 퀴어와 퍼포먼스의 정치학』에서 무뇨스는 탈동일

---

4) Eric C. Wat, "Preserving the Paradox: Stories from a Gay-Loh," in Leong, *Asian American Sexualities*, 79.
5) Boykin, *One More River to Cross*, 26.
6) Anzaldúa, *Borderlands, La Frontera*, 19.

시를 위해 중간 지점 전략을 쓴 LGBTIQ 연출자들에 대해 썼다. 즉, 배타적인 아이디어나 담론을 완전히 인정하거나 거부하는 대신에, 이 예술가들은 그런 아이디어들이나 담론들을 그들의 목적을 위해서 바꾸는 탈동일시라는 제3의 방법을 발견했다. 이 예술가들은 수용 혹은 거부라는 이분법적인 구조 속으로 들어가기를 강요하지 않고, 탈동일시의 중간 지점에 머문다.7)

중간 지점에 살고 있는 많은 유색인 LGBTIQ들이 치러야 할 대가들 중에 하나는 몸의 이탈(disembodiment)을, 또는 자신의 몸으로부터의 소외를 심각하게 경험해야 하는 것이다. 이런 문제는 한 사람의 몸이 완벽하게 집에 있을 수 없다는 사실로부터 발생한다. 몸은 언제나 일탈에 대한 하나의 기호다. 즉, 검은색 혹은 황색의 몸은 흰색의 아름다움을 찬양하는—어떤 사람들은 집착한다고 말하기도 하는—LGBTIQ 공동체에 어울리지 않는 몸이다. 그리고 퀴어 몸은 "가족의 가치"와 이성애를 찬양하는—어떤 사람들은 집착한다고 말하기도 하는—인종적, 민족적 공동체에 어울리지 않는 몸이다.

예를 들어, 게이 아시아계 캐나다 영화비평가인 리처드 펑(Richard Fung)은 게이 포르노그래피의 주요 흐름 속에 아시아인들의 몸이 등장하지 않고 있으며, 또한 이것은 게이 아시아 남자들이 경험하는 "인종적, 문화적, 성적 소외"를 가져온다고 지적했다.8) 그의 유명한 에세이 "나의 성기를 찾아보며: 게이 포르노 비디오에서의 성애화된 아시

---

7) José Esteban Muñoz, *Disidentifications: Queers of Color and the Performance of Politics* (Minneapolis: University of Minnesota Press, 1999).
8) Richard Fung, "Looking for My Penis: The Eroticized Asian in Gay Video Porn." In Leong, *Asian American Sexualities*, 190.

아 남자"에서 펑은 어떻게 동아시아와 남아시아 남자들의 몸이 게이 포르노 시장에서 "성적이지 않은" 또한 "성적 의미가 전혀 없는" 몸으로 여겨지는지에 대해 썼다.9)

요약하면, 유색인 퀴어의 경험은 중간 지점에서의 삶, 혹은 인종적 정체성과 성적 정체성의 이분법적인 양극점 사이에 유예된 존재로 사는 삶이다. 이것은 은유적 노숙자가 되는 경험이다. 그리고 이런 경험의 결과로, 많은 LGBTIQ들은 자신의 몸으로부터의 소외를 경험하며, 그 몸은 LGBTIQ 공동체와 유색인 공동체로부터의 일탈을 나타내는 표식으로 여겨진다.

2. 중간 지점과 유색인 퀴어 신학

여기서 나는 이 책의 1부에서 다뤘던 유색인 퀴어 신학에서의 중간 지점의 역할에 대해 설명하려고 한다. 이 주제는 적어도 (1) 인종적, 성적 노숙, (2) 영적 노숙, (3) 몸의 이탈이란 세 가지 방식들로 나타난다. 비록 이런 경험들이 표면상으로는 암울한 듯하지만, 나는 그 경험들이 실제로는 하나님의 신적인 노숙에 이르는 창(窓)이라고 주장하려고 한다. 하지만, 여기서는 먼저 중간 지점이라는 주제 자체가 유색인 퀴어 신학에서 어떻게 다뤄지고 있는지를 살펴보자.

---

9) Ibid., 182. 또한 Nguyen Tan Hoang, "The Resurrection of Brandon Lee: The Making of a Gay Asian American Porn Star," in Williams, *Porn Studies* (Durham, NC: Duke University Press, 2004) 223-70를 보라.

a. 인종적, 성적 노숙

많은 유색인 퀴어 신학자들에게, 중간 지점이란 주제는 인종적, 성적 노숙으로 특징지어진다. 예를 들어, 아이린 몬로는 "바위와 딱딱한 곳 사이에서: 흑인교회의 이성애중심주의와 백인 퀴어공동체의 인종차별과 분투하면서"라는 논문에서 흑인 LGBTIQ가 한편으로는 인종과 다른 한편으로는 성이라는 이분법 사이에서 점유하는 제3의 도전적인 공간에 대해 논의한다.10) 몬로에 따르면, 흑인이라는 그들의 인종은 LGBTIQ 공동체 안에서 흑인들을 주변화시키지만, 흑인들의 성적 지향성은 그들을 흑인 공동체로부터 "쫓아낸다." 이런 사회적 삶의 자리는 "[그들의] 삶을 가느다란 실에 위태롭게 매달려있는 것처럼 만든다."11)

나는 "게이 아시아인들의 남성성과 기독교신학"이란 논문에서 중간 지점과 아시아계 미국인 게이들에 대해 썼다. 이 논문에서, 나는 한편으로 아시아계 미국인 게이들이 백인 게이 공동체에서 종종 "성적인 매력이 없는" 존재로 여겨진다는 점을 지적했다. 다른 한편으로, 아시아계 미국인 게이들은 아시아계 미국인 공동체에서 이성애적 남성성의 규범으로부터의 그들의 "일탈"로 인해 "성적으로 위험한" 존재로 여겨진다. 이런 중간 지점에 머물렀던 경험의 결과로, "공세에 시달린 게이 아시안 남자의 몸"은 "현대 기독교신학의 인종차별과 동성애혐오를 탈식민지화"시킴으로써 속죄의 도구로 삼을 수 있게 된

---

10) Irene Monroe, "Between a Rock and a Hard Place: Struggling with the Black Church's Heterosexism and the White Queer Community's Racism," in De La Torre, *Out of the Shadows*, 39-58.
11) Ibid., 39-40.

다.12)

중간 지점은 또한 퀴어 라띠나/노 신학자들의 연구에서도 중요한 역할을 감당한다. 우리가 살펴보았듯이, 퀴어 라띠노 성서학자 마누엘 비야로보스는 글로리아 안살두아의 경계 지역 또는 '라 프론떼라'의 개념을 퀴어 라띠노 성서해석학을 수립하는 데 사용했다. 비야로보스는 안살두아의 책이 "퀴어로 살면서, 불법체류자로 살면서, 가난 속에 살면서, 박해당하는 남미에 살면서, 온갖 종류의 모호함 속에 살면서, 그리고 끝으로 '다른 편에서 온 멕시코인'(*Mexicano 'del otro lado*)으로 살면서 다양한 '경계 지역" 안에서 하루하루 묘책을 찾아 분투하며 사는 우리 모두에게 성스러운 책"이 되었다고 말한다.13)

이와 유사하게, 메트로폴리탄 공동체 교회의 게이 라띠노 목사인 마이클 디아스는 '네빤뜰라'(*nepantla*)라는 중간 지점 개념에 근거한 퀴어 라띠노 성서해석학을 정립했다. '네빤뜰라'란 (종교전통을 포함한) 원주민 관습들과 그들의 스페인 식민자들의 기독교 신앙 모두가 자신들 속에 있음을 발견한 원주민 중앙아메리카인들(Mesoamericans)에 의해 만들어진 단어다.14) 디아스는 '네빤뜰라'라는 주제를 (고대 메조아메리카인 사회에서 다른 성의 옷을 입은 사람이었던) 쏘치우아(*xochihua*)와 같은 "퀴어 원주민 선조들의 기억들을 회상하고 지켜내도록" 돕기 위해, 또한 "우리의 퀴어 원주민 문화에 대한 기억들을 확

---

12) Cheng, "Gay Asian masculinities and Christian Theologies," 540.
13) Villalobos, "Bodies *Del Otro Lado*," 191. "*Mexicano 'del otro lado*"는 "'다른 편에서 온' 멕시코인"이란 뜻이다.
14) Diaz, "*Nepantla* as Indigenous Middle Space," 21-22.

장하기" 위해 사용했다.15)

두-영혼 원주민의 상황에 대해 언급하지 않고서는 중간 지점과 은유적 노숙에 대한 토론을 완성시킬 수 없을 것이다. 정복자 식민주의의 결과로, LGBTIQ2 원주민들은 문자 그대로 "도둑질"과 "계속되는 정복"에 의해 그들의 고향 땅을 잃었다. 최근에 출판된 『퀴어 원주민 연구』의 편집자들의 말을 빌리면, "'우리'가 여기에 있고, 우리는 '퀴어'라고 선포하는 것이 우리가 우리의 땅을 되찾았다는 의미가 아니다. 이것은 우리가 퀴어 공동체의 일부가 될 수 있다는 것을 뜻하지 않는다. 퀴어 운동은 퀴어 원주민들이 원하는 모든 것을 대표하지 않는다." 많은 퀴어 원주민들에게, 커밍아웃은 "원주민이 되는 것"과 "퀴어가 되는 것" 사이에서 선택하는 것을 뜻한다.16)

b. 영적 노숙

지금까지 말한 인종적, 성적 노숙에 더해, 유색인 LGBTIQ들은 영적 노숙이라는 깊은 내면의 경험을 한다. 앞서 지적했듯이, 이브라임 압두라만 파라자예17)와 호레이스 그리핀18)과 같은 흑인 퀴어 신학자들과 켈리 브라운 더글라스19) 같은 흑인 지지자들은 흑인

---

15) Ibid., 71, 79.
16) Qwo-Li Driskill et al, "The Revolution Is for Everyone: Imagining an Emancipatory Future Through Queer Indigenous Critical Theories," in Driskill et al., *Queer Indigenous Studies*, 212.
17) Farajaje-Jones, "Breaking Silence."
18) Griffin, *Their Own Receive Them Not*.
19) Douglas, *Sexuality and the Black Church*; Kelly Brown Douglas, "Black and Blues: God-Talk/Body-Talk for the Black Church," in Ellison and Douglas, *Sexuality and the Sacred*, 48-66.

LGBTIQ들이 벽장에서 나온 후에 교회에서 어떻게 거부당하곤 했는지에 대해 썼다. 밴더빌트 대학교 신학대학원의 윤리학 교수이자 흑인 게이인 빅터 앤더슨은, 1992년의 한 연구에 근거해, 79%의 흑인 교회 목사들이 동성애에 "분명하게 반대"하는 걸 보여주고 있다고 지적한다.20) 이런 상황은 앤더슨 자신을 포함한 많은 흑인 LGBTIQ들이 흑인교회에서 멀어진 것을 보여준다. 앤더슨은 자신을 "흑인교회로부터 철저하게 멀어진 흑인 게이 남자"라고 묘사한다.21)

이와 유사하게, 많은 LGBTIQ 아시아계 미국인들도 그들이 자랐던 아시아계 미국인 교회들에서 자신들이 거부당하는 것을 발견한다. 마이클 김(Michael Kim)을 필명으로 쓰는22) 한 젊은 한국계 미국인 게이 남자는 그의 논문, "아웃, 그리고 어바웃: 이성애 백인 세상에서의 세기적인 커밍아웃"에서 한국교회에서 소외되었던 고통에 대해 썼다. 김이 설명하듯이, 한국교회는 "공동체 형성과 사회화의 현장"이다.23) 그에게는 그의 가족과 교회 공동체에 자신을 커밍아웃하는 것은 "문자적으로 도덕적, 사회적, 개인적으로 모든 것에 대해 단 한 번에 궁극적으로 패배하는 것"을 뜻한다. 커밍아웃은 그가 한 "모든 것들을 무효로 만들고," 그의 가족에게는 "최고의 수치"를 안겨준다.24)

---

20) Victor Anderson, "African American Church Traditions," in Siker, *Homosexuality and Religion*, 48.
21) Victor Anderson, "The Black Church and the Curious Body of the Black Homosexual," in Pinn and Hopkins, *Loving the Body*, 311.
22) 김은 그가 필명을 사용하는 것에 대해 "끝없이 고민했지만," "지금 시기의 [그의] 상황에서는" 익명으로 쓰는 것이 불가피하다는 결론을 내렸다고 말한다. "Out and About," 139.
23) Ibid., 146.
24) Ibid., 147. 노스리지에 있는 캘리포니아 주립대학교의 아시아계 미국인 교수

c. 몸의 이탈

끝으로, 많은 유색인 LGBTIQ들은 중간 지점에 머물렀던 결과로서 몸의 이탈, 혹은 몸의 노숙상태를 경험한다. 한편으로, 유색인 퀴어들의 몸은 LGBTIQ 공동체에 의해 종종 무시되거나 혹은 집착의 대상이 된다. 다른 한편으로, 유색인 퀴어들의 몸은 인종적, 민족적 공동체에 의해서 종종 비정상적인 몸으로 여겨진다. 이런 중간 지점에 머물렀던 몸의 경험은, 많은 유색인 LGBTIQ들이 자신의 육체를 되찾거나 인정할 필요를 느끼게 만든다.

예를 들어, 이브라임 압두라만 파라자예는 그의 논문, "거룩한 성교"에서 흑인 LGBTIQ들이 자신들의 몸을 되찾고, 흑인 공동체에 만연한 성애공포증(즉, 에로틱에 대한 두려움)에 저항해야 할 필요가 있다고 강하게 주장했다.25) 파라자예는 유색인 퀴어의 몸이 "잠재적으로 삶을 위협하는 모든 방식들 속에서 인종차별화되고, 범죄화되고, 성애화되는" 방식들에 대한 글을 썼다.26) 그는 유색인 퀴어가 자신의

이면서 LGBTIQ 지지자인 은애 슈레이크(Eunai Shrake)는 그녀의 논문 "동성애와 한국 이민교회"에서 한국 교회에 관해 썼다. 슈레이크는 그 교회들이 동성애를 반대하는 이유를 (1) 신학적 근본주의, (2) 가족 역할에 대한 유교의 영향, (3) 미국의 문화적 자유주의에 대한 걱정 등 세 가지로 제안한다. Eunai Shrake, "Homosexuality and Korean Immigrant Protestant Churches," in Masequesmay and Sean Metzger, *Embodying Asian/American Sexualities*, 147. 여기에 나는 아시아 남자들의 남성다움을 "성적으로 일탈적이고, 무성애적이고, 여성적이거나 위험한" 것으로 폄하하는 도전에 직면해서 아시아계 미국인 남성 목사들이 그들의 남성성을 주장해야할 필요 때문이라는 네 번째 이유를 추가하려 한다. Christopher T.H. Liang, et. al., "Dealing with Gendered Racism and Racial Identity Among Asian American Men," in Liu, Iwamoto, and Chae, *Culturally Responsive Counseling*, 68.

25) farajajé-jones, "Holy Fuck"를 보라.
26) Ibid., 328.

몸을 되찾는 길들 중 하나는 몸에 피어싱을 하는 것이라고 주장한다. 파라자예에 따르면, "피어싱은 몸에 새겨놓은 성스런 성애적 의례들(erotic rituals)을 만들어내는 것을 통해 육체가 무시되는 것에 저항하는 행동"이다.27)

흑인과 우머니스트 윤리학자들도 흑인 LGBTIQ 공동체에서의 몸의 이탈을 중요한 문제로 다룬다. 에밀리 타운즈는 "춤추는 마음: 학계와 교회에서의 퀴어 흑인의 몸"이란 논문에서, 퀴어 흑인―그리고 일반 흑인―들이 어떻게 "성욕과다증적인(hypersexualized) 타자로 비춰지고 있는지, 음탕한 엉덩이, 매혹적인 가슴, 큰 그리고 더 큰 성기 같은 성적 상상력에 기초해서 흑인들에 관한 전설들이 어떻게 만들어지고 있는지"에 대해 썼다. 또한 그녀는 "우리[흑인들]는 성욕으로 불타는, 검고 성욕으로 불타는 사람들이고, 오직 내일 누구와 잘지, 누구를 덮칠지, 누구를 희생자로 삼을지를 고민하며 사는 사람들이기 때문에 다른 사람들보다―또는 대부분의 사람들보다―[섹스를] 더 잘 아는 것으로 여겨진다"라고 비판했다.28) 타운즈에 따르면, 이런 편견에 대한 대답은 "이런 쓰레기의 일부가 되기를 거부하고 윤리적 사고(思考)를 만들어내는 일 … 즉 나의 과거, 현재, 미래를 살아나갈 내 몸, 우리의 몸을 괴물로 만들지 않는 일을 시작하는 것이다."29)

---

27) Ibid., 333-34.
28) Townes, "The Dancing Mind," 7.
29) Ibid., 12-13. 실제로 켈리 브라운 더글라스는 흑인 동성애혐오가 "흑인됨을 성적 일탈과 동일시"하는 백인문화의 한 결과라고 주장했다. 즉 흑인 공동체는 "그러한 일탈과 흑인됨 사이의 고리를 더 견고히 하는 데" 열중해왔고 그 결과가 흑인 동성애공포다. Douglas, *Sexuality and the Black Church*, 97.

퀴어 아시아계 미국인 신학자들 역시 그들의 몸을 인정해야 할 영적 필요에 관해 썼다. 나는 얼마나 많은 아시아계 미국인 게이들이 게이 공동체 안에서 성적, 인종차별의 결과로 자신들의 몸으로부터 깊은 소외를 경험했는지에 대해 썼다. 내 논문 "'나는 황색이고 아름답다': 퀴어 아시안 영성과 게이 남자 사이버문화에 대한 성찰"에서, 나는 게이 남자를 위한 온라인 사이트에서 많은 아시아 게이 남자들이 투명인간 취급을 당하고 있음을 (또는, 맹목적으로 숭배되고) 지적한 바 있다. 예를 들어, "뚱뚱하지 않은, 여성적이지 않은, 아시아인이 아닌"과 같은 광고 문구가 "애인 찾기 광고에 자주 등장한다."30) 실제로 펜실베이니아 대학의 게이 아시아인 교수인 데이비드 잉은 『근본적인 거세: 아시아계 미국인 속에서의 남성성 다루기』에서 아시아 남자들이 어떻게 "남자다움과 남성성의 반의어"로 묘사되는지에 관해 썼다. 아시아 남자들은 "찰리 챈(Charlie Chan)처럼 여성화된 벽장 속의 퀸"이거나 "푸 만추(Fu Manchu)처럼 위협적인 동성애자"다.31)

이런 성적, 인종차별의 경험을 치유하기 위해, 게이 아시아계 미국인 신학자 렝 림은 자신의 몸과 다른 사람들의 몸에 에로틱한 터치를 함으로써 하나님을 발견하는 것에 관해 썼다. 예를 들어, "배신의 거미줄, 축복의 거미줄"이란 논문에서, 림은 '에로틱 마사지의 몸 전

---

30) Cheng, "I Am Yellow and Beautiful," 5.
31) David L. Eng, *Racial Castration: Managing Masculinity in Asian America* (Durham, NC: Duke University Press, 2001). 트래비스 공(Travis S.K. Kong)은 "백인 남자들은 '남성성'의 기준과 이상들을 표현하는 반면," 아시아 남자들은 "항상 열등한-어쭙잖은 모방이나 탐탁지 않은 편차"로 여겨진다고 주장한다. Travis S. K. Kong, "Sexualizing Asian Male Bodies," in Seidman, Fischer, and Meeks. *Introducing the New Sexuality Studies*, 88.

기 학교'(Body Electric School of Erotic Massage)에서 "형제와 자매의 공동체"를 발견하는 것에 관해 썼다.32) 이와 유사하게, 림은 그의 논문 "육체화(embodiment)에 대한 탐구"에서 몸을 신전으로 이해하게 된 경험을 나누었다. 그 논문에서, 림은 한 레즈비언 여성에게 "성례전적 에로틱 플레이"로서의 온몸 마사지를 해준 경험을 소개했다. 게이 남자로서, 그는 그녀의 몸이 그에게는 너무도 낯설었기 때문에, 그녀를 완전하게 받아들이며 마사지를 해줄 수 있었다. 림에게, 그 "몸은 하나님을 경험하는/탐구하는 매개체"였다.33)

끝으로, 게이 라띠노 신학자인 빈센트 세르반테스는 성육의 개념을 통해 철저한 육체화를 인정할 필요성을 주장했다. 루이스 싸빠따(Luis Zapata)가 멕시코시티에 살고 있는 커밍아웃한 게이이면서, 자부심이 강한 한 창기에 관해 쓴 멕시코 소설 『꼴로니아 로마 인근의 뱀파이어』(El vampiro de la colonia Roma)를 읽으면서, 세르반테스는 "육체와 신성(divinity)과의 관계를 재설정"하기 위해 "접근가능하고, 비차별적이고, 아무런 제약을 받지 않는 섹슈얼리티"를 발견하는 것이 중요하다는 것을 인식했다. 세르반테스는 하나님과 우리 자신을 위한 "접근가능하고 비차별적인 신적 사랑"의 중요성을 주장한다.34)

---

32) Lim, "Webs of Betrayal," 236.
33) Leng Leroy Lim, "Exploring Embodiment," in Ragsdale, *Boundary Wars*, 70, 73.
34) Cervantes, "Husling the Divine," 1, 15.

3. 중간 지점과 무지개신학

"중간 지점"이란 주제는 무지개신학에 중요하다. 중간 지점은 "집에 머물기"란 단색 주제에 저항한다. 즉, 이 개념은 유색인 LGBTIQ들에게 고정된 "집"이 있다는 가설에 저항한다. 우리가 앞서 보았듯이, 유색인 LGBTIQ들은 종종 인종과 섹슈얼리티, 영성, 그리고 자신의 몸에 대해서 은유적인 노숙의 뼈저린 느낌을 경험한다. 그 결과, 그들은 자신들의 공간과 자신들의 몸에 대해 낯선 자들이 되어버린다. 역설적이게도, 이런 노숙의 개념은 사실 기독교신학의 중심 주제다.

예를 들어, 예수 그리스도는 완전하게 신이며 완전하게 인간인 존재로서 중간 지점에 존재한다. 즉, 그는 오로지 신의 세계에만 속하지 않았을 뿐만 아니라, 오로지 인간의 세계에 머물지도 않았다. 말씀이 육신이 된 성육은 하나님께서 신성과 인간성 사이의 이분법적 분리를 해체하는 순간이었다. 실제로, 예수께서 복음서에서 말하듯이, "사람의 아들은 어디에도 머리 둘 곳이 없다."35) 그는 중간 지점에 존재하고, 또한 그는 은유적으로 노숙자다.

노숙에 해당하는 그리스어 '아스타테오'(*astateō*)는 "정해진 거주지가 없음"을 뜻한다. 바울은 고린도전서에서 그리스도를 위해 그가 당하는 육체적 고통 가운데서 그가 어떻게 "노숙자"인지를 설명한다. 바울과 다른 사도들은 "그리스도를 위한 바보들"이지만, 그럼에도 불구하고 그들은 계속해서 축복하고, 인내하며, 다른 사람들에게 친절하게

---

35) 마태복음 8:20; 누가복음 9:58.

말할 것이다.36) ('아스타테오'의 반의어는 '엔데메오'[endēmeō]이며, 바울은 이 말을 고린도후서에서 언급하는데,37) "주님과 함께 집에 머무름"을 뜻한다.)

노숙은 성서의 중요한 주제다. 이것이 홍수기간 동안의 노아와 그의 가족들의 노숙, 혹은 아브라함과 사라의 유랑, 혹은 고대 이스라엘인들의 광야와 유배의 경험이든지에 상관없이, 노숙이라는 중간 지점의 상태는 성서적 경험의 중심적 사건이다. 사실, 기독교신학의 좀 더 광범위한 서사 속에서도, 모든 인류는 노숙자다. 즉, 우리는 아직 하나님과 함께 하는 참된 집에 이르지 못했다. 우리는 지금 타락과 재림 사이의 중간 지점에 있는 존재로 살아간다. 우리는 이 세상에 있으나, 이 세상에 속하지 않는다.

중간 지점이란 주제는 또한 현대의 신학적 성찰에도 나타난다. 예를 들어, 많은 현대 아시아계 미국인 신학자들은 아시아계 미국인들이 온전하게 아시아인으로, 또한 온전하게 미국인으로 살아가지 못하는 중간 지점에 살고 있는 사회적 삶의 자리에 대해 썼다. 프린스턴 신학대학원의 명예교수인 한국계 미국인 신학자 이상현은 『한계공간에서: 아시아계 미국인 신학』이란 책에서 한계성(liminality)의 개념을 강조한다. 이상현에 따르면, 아시아계 미국인들은 "주변부 지대" 혹은 "한계지점"에서 살아간다. 이 공간을 차지하고 살아가는 사람들에게 중심 과제는 비윤리화(demoralization)에 저항하고, 대신에 "주변화에도 불구하고 한계성의 창조적인 가능성을 발휘하는 것"이다.38)

---

36) 고린도전서 4:11-13.
37) 고린도후서 5:8.

이와 유사하게, 드류 신학대학원의 교수를 역임한 이정용은 『주변성: 다문화신학의 핵심』에서, 사이-안에서, 양자-안에서, 너머-안에서 등의 중간 지점의 개념과 어떻게 이러한 개념들이 아시아계 미국인들의 경험에 반영되어 있는가에 대해 썼다.39)

중간 지점의 개념은 퀴어 신학에서도 핵심 주제다. 내가 『근본적 사랑』에서 주장했듯이, 퀴어 신학의 중심에는 이분법의 해체, 특별히 섹슈얼리티와 젠더 정체성의 해체(즉, 이성애/동성애 경계를 해체하는 양성애; 여성성/남성성의 경계를 해체하는 트랜스젠더; 여성/남성 경계를 해체하는 간성)가 존재한다.40) 이처럼, 양성애, 트랜스젠더, 간성이라는 퀴어 범주들은 중간 지점에 머문다. 우리가 살펴보았듯이, 유색인 LGBTIQ들 또한 인종과 섹슈얼리티의 측면에서 중간 지점에 머문다.

그렇다면, 이 모든 것들 가운데 하나님은 어디에 계시는가? 중간 지점에서의 유색인 퀴어들의 경험이 신의 저주가 아니라 축복이라는 점을 어떻게 이해할 수 있을까? 중간 지점에 머무는 존재에게 주어진 선물 중 하나—이것이 고통스러운 것일지라도—는 이 경험이 우리로

---

38) Lee, *From a Liminal Place*, 181.
39) Lee, *Marginality*를 보라. 드류대학교의 한국계 아르헨티나 박사과정생인 안연태(An Yountae)는 들뢰즈(1925-95: 프랑스의 철학자로 후기 구조주의 대표)의 관점에서 "사이(interstitiality)의 모호한 공간에서 살아가는 21세기 유목민적 주체들을 위한 '집'에 대해 새로운 전망을 제시"할 것을 주장하는 논문을 썼다. Yountae An, "Decolonizing Home: Re-Envisioning Nomaic Identities at the Border of Globalization," *Apuntes* 31, no. 2(2011): 68-77. 들뢰즈(Gilles Deleuze)의 연구에 대한 퀴어 해석을 위해서는 Chrysanthi, Nigianni and Merl Storr, eds. *Deleuze and Queer Theory* (Edinburgh, UK: Edinburgh University Press, 2009)를 보라.
40) Cheng, *Radical Love*, 9-11.

하여금 오직 하나님 안에서만 우리는 우리의 진정한 집을 찾을 수 있음을 깨닫게 해준다는 사실이다. 그리스도인으로서, 우리는 마지막 것들의 지평선을 바라보도록 부름을 받았고, 그렇게 우리 모두는 이 땅에서 나그네들이다. 비록 우리가 주어진 공동체, 혹은 특별한 사람들과 함께 하는 "집"을 발견했다고 생각할 지라도, 실제로 우리는 종말론적으로 말해서, 중간 지점에 존재하고 있는 것이다. 다르게 생각하는 것―예를 들어, 종교적 우파들이 소위 "가족 가치들"을 다른 모든 가치들을 위에 높여 놓고서 행한 것들―은 사실상 우상숭배다.

이처럼 유색인 LGBTIQ들은 중간 지점에 대한 경험을 통해 그들이 하나님 안에서만 찾을 수 있는 진정한 집을 기다리도록 끊임없이 상기하게 되는 선물을 받았다. 종종, 우리가 "집"을 생각할 때, 우리는 우리와 같은 다른 사람들과 함께 하는 것을 생각한다. 역설적이게도, 이러한 생각은 우리를 나머지 세상으로부터 우리를 차단시킬 수 있다. "집"에 대한 그러한 제한된 개념은 실제로 우리와는 근본적으로 다른―또는 그렇게 근본적으로까지는 아닐지 모르는―사람들과 함께 어울리는 능력을 억제시킨다. 은유적 노숙의 경험은 우리로 하여금 우리의 안전구역을 벗어나 세상의 다채로움에 참여할 수 있도록 도와주는 유용한 개선책이 될 수 있다.41) 그것이 중간 지점의 선물이고, 또한 무지개신학의 선물이다.

---

41) 로저 스니드는 흑인 퀴어의 몸이 "어중간함과 사이"(betwixt and betweeness)의 장소에, 즉 "아직 정의되거나 묘사되지 않은 새로운 존재의 방식"으로 존재한다고 말한다. 스니드에게 이런 한계적 공간은 궁극적으로 "부담이 아니라 기쁨이다." Sneed, "Dark Matter"를 보라.

4. 요약

요약하면, 중간 지점은 유색인 LGBTIQ 신학뿐 아니라 퀴어 이론과 기독교신학의 핵심 주제다. 퀴어 유색인들은 인종과 섹슈얼리티의 이분법 사이에 갇혀 있기 때문에, 그들의 사회적 삶의 자리, 영성, 몸에 대하여 은유적 노숙의 깊은 감정이입을 경험한다. 그러나 이 경험은 고통스러운 만큼이나, 하나님의 신적 속성을 들여다 볼 수 있게 해주는 하나의 창(窓)이다.

유색인 LGBTIQ의 경험에 초점을 맞춤으로써, 무지개신학은 기독교의 신학적 성찰을 전체적으로 풍부하게 하는 데 도움을 준다. 영적으로, 중간 지점이라는 무지개 주제—그리고 은유적 노숙의 개념—는 우리로 하여금 적당히 살아가지 않고 우리와 다른 사람들과 어울려 살 수 있도록 돕는다. 무지개신학은 우리 모두에게 오직 하나님 안에서만 우리는 우리의 참된 집을 찾을 수 있음을 상기시킨다.

학습을 위한 질문들

1. 여러분은 삶 속에서 중간 지점을 어떻게 경험하나요? 어떤 중간 지점이 여러분에게 가장 중요한가요?
2. 중간 지점에 대한 유색인 퀴어의 경험이 인종과 섹슈얼리티의 이분법을 어떻게 다루나요?
3. 중간 지점과 관련된 퀴어 흑인, 퀴어 아시아계 미국인, 퀴어 라띠

나/노, 그리고 두-영혼 원주민 신학자들의 연구들로 어떤 예들이 있나요?

4. 노숙(homelessness)이 기독교신학에서 어떤 역할을 하나요? 중간 지점-즉, 은유적 노숙의 장소-이 현대 신학에 어떻게 반영되고 있나요?

5. 중간 지점이라는 무지개 주제와 관련하여 여러분의 삶에서 하나님이 어떻게 활동하시는지 설명해보세요.

심화학습을 위한 자료들

중간 지점과 유색인 퀴어

Anzaldúa, *Borderlands/La Frontera*
Boykin, *One More River to Cross*
Fung, "Looking for My Penis"
Hoang, "The Resurrection of Brandon Lee"
Muñoz, Disidentificaitons
Wat, "Preserving the Paradox"

중간 지점과 유색인 퀴어 신학

Cheng, "Gay Asian Masculinities and Christian Theologies"
Diaz, "*Nepantla* as Indigenous Middle Space"
Driskill et al., "The Revolution Is for Everyone"
Monroe, "Between a Rock and a Hard Place"
Villalobos, "Bodies *Del Otro Lado*"

영적 노숙(homelessness)

    Anderson, "The Black Church and the Curious Body of the Black Homosexual"
    Douglas, *Sexuality and the Black Church*
    Farajaje-Jones, "Breaking Silence"
    Griffin, *Their Own Receive Them Not*
    Kim, "Out and About"

몸의 이탈(disembodiment)

    Cervantes, "Hustling the Divine"
    Cheng, "'I Am Yellow and Beautiful'"
    farajajé-jones, "Holy Fuck"
    Lim, "Exploring Embodiment"
    Lim, "Webs of Betrayal"
    Townes, "The Dancing Mind"

중간 지점과 무지개신학

    An, "Decolonizing Home"
    Cheng, *Radical Love*
    Lee, *From a Liminal Space*
    Lee, *Marginality*
    Sneed, "Dark Matter"

9장

중재

2012년 7월, 나는 워싱턴 D.C.에서 있었던 LGBTIQ 아시아계 미국인 전국대회에 참석했다. 그 전국대회는 놀라운 경험이었다. 삼일 동안 열린 그 대회에 미국 전역에서 모여든 약 350명의 LGBTIQ 아시아계 미국인들과 지지자들이 워크숍, 패널토론, 아트 페스티벌, 아시아계 미국인 여배우 타밀린 토미타(Tamlyn Tomita)의 축제 연회 등의 다양한 행사에 참여했다.

대회의 행사들에 덧붙여, 아시아계 미국인 퀴어들의 부모들과 남아시아인 퀴어들과 같은 관심 그룹들의 독자적인 모임들도 있었다. 그리고 이민, 국제 인권, 왕따, HIV/AIDS등을 포함한, LGBTIQ 아시아인 공동체의 관심에 대한 오바마(Obama) 행정부의 브리핑을 듣기 위해 백악관을 방문하기도 했다.1)

이 대회에서 내게 가장 큰 감명을 준 것은 나라 각지에서 온 그 많은 사람들을 한 곳에 모일 수 있게 하고, 또한 LGBTIQ 아시아계

---

1) Cheng, "A Unicorn at the White House."

미국인들이 자신들의 모습 그대로 있을 수 있는 공간을 창조한 것이었다. 내게, 이 대회는 유색인 퀴어들이 다양한 상황들—예술, 사회적 봉사, 학술, 대학가 활동, 법, 정치, 그리고 목회—에 있는 사람들을 함께 모이게 함으로써 중재자의 역할을 할 수 있다는 명백한 증거였다. 예언자 이사야의 말로 표현하면, 이것은 "새로운 창조"였다.2)

이 대회에서 내게 가장 중요한 시간 중 하나는 이 회의가 공식적으로 시작되기 전, 반나절 동안 가졌던 아시아계 미국인 퀴어 신앙인들의 모임이었다. 약 12명이 모임에 참석했는데, 기독교인들뿐 아니라 힌두교인들, 이슬람들도 있었다. 그것은 다른 신앙전통을 가진 사람들로부터 그들의 인종적, 성적, 영적 정체성을 조화시키려고 노력하는 비슷한 이야기들을 들을 수 있었던 놀라운 경험이었다.

그 대회 기간에, LGBTIQ 문제와 기독교 교회들에 대한 워크숍도 있었다. 다종교인을 위한 사전모임과 같이, 이 워크숍은 아시아계 미국인 퀴어 기독교인들과 그들의 가족 구성원들의 경험을 망라하는 광범위한 스펙트럼을 하나로 불러 모았던 놀라운 중재의 경험이었다. 대단히 영적인 사람들도 있었는가 하면, 제도적인 종교나 영성과는 거리가 먼 사람들도 있었다. 하지만, 이 워크숍이 특별했던 이유는 그 안에 다름의 경계를 넘어서 서로를 연결시켜주는 중재의 공간이 마련되었던 점이었다.

내게는, 이런 두 번의 아시아계 미국인 퀴어 신앙인들의 모임은 무지개 주제의 세 번째이자 마지막 주제인 중재를 위한 멋진 사례들

---

2) 이사야 43:19.

이다. 이 모임들은 참석자들이 자신의 특별한 상황 밖으로 나와서 다른 퀴어 아시아계 미국인 신앙인들과의 유사점과 차이점을 경험할 수 있게 해주었다. 이번 장에서는 중재라는 주제가 유색인 LGBTIQ의 삶과 신학적 성찰 속에 어떻게 드러나는지를 폭넓게 살펴볼 것이다.

1. 중재와 유색인 퀴어

유색인 퀴어들의 경험은 중재로 표시될 수 있다. 유색인 퀴어들은 계속해서 그들 삶 속의 이질적인 요소들—그것이 다른 언어들, 다른 표현방식들, 초국가적인 경험들, 그리고/또는 다른 유색인 LGBTIQ들이든 간에—을 함께 모은다. 아마도 이런 중재는 유색인 LGBTIQ들이 계속해서 다양성(즉, 다양하게 구성된 억압들) 속에서, 또는 중간 지점(즉, 인종, 섹슈얼리티, 영성, 몸의 측면에서 은유적 노숙의 상태)에서 살아온 결과물인지도 모른다. 이 중재의 논리나 이유가 무엇이든 간에, 유색인 LGBTIQ들은 끝에 가서는 창조적인 변화의 대리인이 될 때가 자주 있다.

예를 들어, 다른 언어들과 관련하여 중재라는 주제는 레즈비언 라띠나 작가인 글로리아 안살두아의 책에서 엿볼 수 있다. 안살두아는 스페인어와 영어를 하나로 섞어 신조어를 만들어낸다. 그녀는 "창작과 차용에 의한 새로운 단어들의 변화, 진화, 심화는 새로운 한 언어인 치까노 스페인어(Chicano Spanish)의 변형들을 만들어냈다"3)고 말한다.

---

3) Anzaldúa, *Borderlands, La Frontera*, 77.

그녀에게 "치까노 스페인어는 틀린 언어가 아니라, 살아 있는 언어다."4) 이렇게 언어들을 함께 섞어놓는 작업은 두-영혼 원주민 신학자인 크오-리 드리스킬의 책에서도 볼 수 있는데, 그는 체로키 부족어인 "아세기 아예틀"(*Asegi Ayetl*)"을 번역하지 않고 그대로 사용한다.5)

유색인 퀴어 담론은 종종 산문형식을 넘어선 다양한 표현방식을 하나로 엮어 냄으로써 중재에 관여한다. 예를 들어, 아시아계 캐나다 퀴어 선문집, 『쌀: 게이 아시아 문화와 정책 탐구』는 논문들뿐 아니라, 사진, 단편들, 시, 그림, 개인광고, 인터뷰, 원탁토론의 기록 등을 포함하고 있다.6) 유색인 퀴어 비평의 선두주자들 중 한 명인 뉴욕대학교의 호세 에스테반 뮤뇨스는 퍼포먼스의 다양한 사례들—드래그 쇼들(drag shows)7)로부터 리얼 TV8), 스트립 클럽들에 이르는—을 자신의 학술적 담론을 위해 하나로 끌어들인다.9)

이런 수사학적 중재—즉, 다른 표현 방식들을 하나로 엮어내는 사례들은—는 내가 앞서 말했던 2012년 7월에 열린 유색인 LGBTIQ 전국대회 기간에도 있었다. 그 대회에서는 전형적인 세미나 패널이나

---

4) Ibid.
5) Qwo-Li Driskill, "*Asegi Ayetl*: Cherokee Two-Spirit People Reimaging Nation," in Driskill et al., *Queer Indigenous Studies*, 97-112.
6) Song Cho, ed., *Rice: Explorations into Gay Asian Culture and Politics* (Toronto, ON: Queer Press, 1998).
7) 역자주: 남자가 약간 과장된 여장을 하고, 여자는 남장을 해서 노래를 부르거나 춤을 추는 쇼를 말한다.
8) 역자주: 배우가 아닌 사람들의 실생활을 담은 TV 오락 프로를 말한다.
9) Muñoz, *Disidentifications*; José Esteban Muñoz, *Cruising Utopia: The Then and There of Queer Futurity* (New York: New York University Press, 2009).

발표를 넘어서는 다른 많은 형태의 발표들이 있었다. 이런 표현방식들에는 예술, 사진, 무용, 음악, 스탠드-업 코미디 등이 포함되었다. 더욱이, 그 대회에서 행해진 실질적인 발표내용은 무척 다양했고, 학술적, 종교적, 정치적, 예술적, 활동가적 논쟁들을 포함했다.

중재는 또한 유색인 LGBTIQ들이 초국가적인 경계를 초월해서 모였을 때도 발생한다. 이런 중재는 사람들이 사이버 공간을 통해서 개인적으로, 또한 안전한 그들 자신의 집에서 함께 모이는 것을 가능하게 만든 기술적 진보를 통해서였다. 예를 들어, 10여 년 넘게, 나는 종교와 영성 문제에 관심이 있는 세계 각지로부터의 LGBTIQ 아시아계 후손과 지지자들 150여명의 e메일 리스트서브(listserv)10)인 퀴어 아시아 영성(QAS) 네트워크를 운영해왔다.11) QAS 리스트서브의 장점들 중 하나는 어느 누군가 그들이 지역적으로 어디에 있든지 소개나 도움이 필요할 때 자료들을 지원받을 수 있는 점이다. QAS는 글자 그대로 중재의 공간이다.

끝으로, 중재라는 주제는 유색인 LGBTIQ들이 그들만의 모임이나 조직을 만들고자 함께 모였을 때마다 보인다. 중재의 행위—즉, 차이점들에도 불구하고 관계를 형성하고 변화를 창출해내기 위해 함께 모이는 것—는 매우 강렬한 경험이다. 예를 들어, 게이 흑인 활동가인 키이스 보이킨은 "흑인 게이공동체에서 나는 나를 기꺼이 사랑하고, 우리와의 차이에도 불구하고 그들을 향한 우리의 사랑을 받아들이는

---

10) 역자주: 특정 그룹 전원에게 메시지를 전자 우편으로 자동 전송하는 시스템을 가리킨다.

11) Queer Asian Spirit, 2013년 1월 3일 접속, http://www.queerasianspirit.org.

가족과도 같은, 지지그룹을 발견한다"라고 말한다.12)

보이킨의 경험은 아시아계 미국인 레즈비언 앤 유리 우예다(Ann Yuri Uyeda)의 글을 통해서도 들을 수 있는데, 그녀는 1989년에 처음으로 아시아 태평양 레즈비언 네트워크 연수회에 모인 170여 명의 아시아계 레즈비언들과 한 공간에 머물렀던 자신의 변화 경험을 기록으로 남겼다. 우예다는 다른 퀴어 아시아 자매들과의 모임이 말 그대로 어떻게 그녀로 하여금 자신의 존재감을 느낄 수 있도록 해주었는지에 관해 썼다. 그녀는 "우리는 우리 스스로를 퀴어 API(Asian Pacific International) 여성으로 창조해냈다. 그렇지 않았더라면, 우리의 공헌들, 정체성, 그리고 존재 자체가 어쩌면 무시되거나 지워져버렸을 것이다"라고 말한다.13)

실제로, 중재와 동맹 형성(coalition-building)은 유색인 퀴어 비평 운동의 핵심 주제다. 그레이스 경원 홍과 로데릭 퍼거슨은 최근 출간된 『낯선 조합: 비교 인종주의의 젠더와 성 정책』에서 본질주의의 덫에 걸리지 않고, 중재와 동맹 형성을 가능하게 할 "비교 인종주의" 전략을 제안했다.14) 즉, 홍과 퍼거슨은 유색인 LGBTIQ들이 인종, 젠더, 섹슈얼리티의 차이를 넘어서 본질주의적인 범주를 강조하지 않고 함께 모일 수 있다고 주장한다. 고정된 정체성 개념에 의존하는 대신, 그들은 유색인 퀴어들이 어떤 가치를 존중하거나 혹은 폐기하든지,

---

12) Boykin, *One More River to Cross*, 28.
13) Ann Yuri Uyeda, "All at Once, All Together: One Asian American Lesbian's Account of the 1989 Asian Pacific Lesbian Network Retreat," in Lim-Hing, *The Very Inside*, 119.
14) Hong and Ferguson, *Strange Affinities*.

그 안에서의 유사점과 차이점을 고려하면서 조직화할 수 있다고 제안한다. 이렇게 함으로써 고정된 범주의 허상을 영원한 것으로 만들지 않고, 중재의 개념을 유지하면서, 서로 다른 그룹들 간에 동맹을 맺을 수 있게 된다.15)

중재라는 선물—특별히 함께 모여서 유색인 퀴어의 공간을 만들어 낸다는 점에서—은 궁극적으로 유색인 LGBTIQ들이 다양성과 그들이 존재하는 중간 지점을 이어갈 수 있게 해준다. 에릭 와트의 말로 표현하면, 유색인 퀴어들은 "우리가 자라고, 우리의 목소리를 발견하고, 우리 자신에 대해 배우고, 우리가 누구인지를 다른 사람들에게 알게 했던 그 길에서 제3의 지점을 발견"하도록 부름 받는다. 유색인 퀴어들은 이 "길 위의 제3의 지점"을 발견해서 결국에는 그들이 그 길의 양 끝에 존재하는 LGBTIQ 공동체와 유색인 공동체가 연합할 수 있도록 할 필요가 있다.16) 중재를 통해서, 유색인 LGBTIQ들은 혁신과 변화의 담당자가 된다.

2. 중재와 유색인 퀴어 신학

중재라는 무지개 주제—즉, 보통은 함께 속한 것으로 보이지 않는

---

15) Hong and Ferguson, "Introduction,"을 보라. LGBTIQ 아시아계 미국인과 흑인 공동체 사이의 신학적 대화의 예를 보기 위해서는, Patrick S. Cheng, "From a 'Far East Coast Cousin': Queer Asian Reflections on Roger A. Sneed's *Representations of Homosexuality*," *Black Theology: An International Journal* 10, no.3 (2012): 292-300를 보라.

16) Wat, "Preserving the Paradox," 80.

이질적인 자료들을 한 곳에 모으는 것—은 이 책의 1부에서 논의했던 유색인 LGBTIQ 신학자들의 연구 전반에 걸쳐 나타난다. 이러한 연구들은 적어도 (1) 학제 간 중재, (2) 초국가적 중재, (3) 다종교 간 중재라는 세 가지 중재의 범주로 나눌 수 있다. 세 가지 범주들 각각마다, 유색인 퀴어 신학자들은 보통은 신학적 논의에 잘 사용되지 않았던 이질적인 자료들을 함께 엮어냈다. 비록 어떤 학자들은 이렇게 자료들을 함께 엮어내는 작업을 "혼합주의"(syncretism)라는 경멸의 언어로 표현할지 모르지만,17) 나는 이것을 중재란 말로 설명하려고 한다. 우리가 아래에서 보게 되듯이, 중재는 구속 역사에서 화해의 중재 역할을 하시는 하나님을 떠올리게 할 것이다.

a. 학제 간 중재

첫째로, 유색인 퀴어 신학자들은 자신들의 연구에서 학제 간 통합 자료들을 활용했다. 흑인 레즈비언 윤리학자이며 최근 밴더빌트 대학교 신학대학원에 원장으로 새롭게 임명된 에밀리 타운즈는 자신의 연구에 문학작품들을 대거 끌어들였다. 2011년의 강연, "춤추는 마음"에서 그녀는 토니 모리슨(Toni Morrison)의 "춤추는 마음"의 개념(즉, "다른 사람의 마음과 동등한 위치에서 열린 자세로 대화할 때 갖는 열린 마음의" 평화로운 상태)에 대해 성찰하고 이것을 중재의 한 형태로 제시했다. 타운즈에 따르면, 사람들이 처음, "그것이 유일한 시간과

---

17) 아시아 여성신학의 맥락에서 혼합주의에 대한 긍정적인 견해를 보려면, Chung Hyun Kyung, *Struggle to Be the Sun Again: Introducing Asian Women's Theology* (Maryknoll, NY: Orbis Books, 1990)를 보라.

방식이 아닐지라도," 만나는 것은 종종 "책과 논문, 강연, 설교, 서류"를 통해 표출되는 춤추는 마음을 통해서다.18) 따라서 학계의 춤추는 마음은 종종 유색인 퀴어와 우리의 지지자들을 위한 중재의 형태다.

타운즈의 말은 책의 페이지 위에서 춤춘다. 그녀는 보통 신학과 윤리의 딱딱한 언어들과 시(詩) 사이를 중재하는 방식으로서 유연한 언어들을 사용한다. 예를 들어, 타운즈는 학자들에게 "존재의 복합성을 너무 무섭게 만들어서 질문을 듣기도 전에 대답을 하게 만드는 죽음과 파괴의 담론"을 거부할 것을 강권한다. 그녀는 학자들이 "우리 엉덩이의 곡선/ 우리 등의 굽은 선/ 우리 걸음의 느린 스윙/ 우리 손가락의 매끄러움/ 우리 눈의 불꽃/ 우리 머리카락의 또아리/ 우리의 엑스타시의 깊은 신음과 외침/ 우리의 슬픔의 절규/ 우리의 회심의 미소/ 우리 마음의 신중함/ 우리 대화의 당돌함"을 포용할 것을 촉구한다.19)

다른 유색인 퀴어 신학자들도 그들의 학술활동에 학제 간 자료들을 사용한다. 예를 들어, 포만 대학교의 게이 흑인 윤리학자인 로저 스니드는 그의 연구에 흑인 게이 남자들의 문학작품을 끌어올 뿐만 아니라, 흑인 게이 남성성을 논하기 위해 인터넷 게이 남자 연애구인 사이트에서의 광고를 인용한다. 그의 책 『동성애의 표현방식들』에서 스니드는 Manhunt.net과 BGCLive.com에 나오는 프로필들의 "스냅샷"을 흑인 게이 남자들이 "그들의 대안적 정체성을 어떻게 포용하는지"를 보여주는 자료로 사용한다.20)

---

18) Townes, "The Dancing Mind," 6.
19) Ibid., 12.

나 또한 게이 남자 공동체 내에서의 성적 인종차별과 그런 인종차별이 아시아계 미국인 유색인들에게 어떤 영향을 미치는가에 대한 연구를 위해 온라인상의 학제 간 자료들을 사용했다. 예를 들어, "나는 황색이고 아름답다"에서 나는 게이 포르노그래피에 아시아계 미국인 남자들의 몸은 등장하지 않는 점을 보여주기 위해 온라인 애인 구인 앱인 그린드르(Grindr)의 광고들과 아시아계 캐나다인 필름 이론가이면서 게이인 리처드 펑의 작품들을 인용했다.[21]

게이 라띠노 신학자이면서 남캘리포니아 대학 박사 과정생 빈센트 세르반테스는 문학작품을 그의 신학적 성찰의 자료로 사용해왔다. 세르반테스는 "겉으로 보기에는 비-신학적 소설"[22]인 멕시코시티에 살고 있는 한 젊은 게이 창기에 관한 1979년에 출판된 게이 소설의 독해를 접목시킨다. 세르반테스는 또한 라띠노 퀴어 탈식민주의 신학에 대한 성찰을 위해 멀티미디어를 사용하는 블로그 '호테올로히아'(jot(e)ología)를 운영한다.[23]

끝으로, 앞서 말했듯이, 체로키 두-영혼 원주민이며 텍사스 A&M 대학교 영문학 교수인 드리스킬은 그/녀의 연구에 학제 간 자료를 사용한다. 드리스킬은 그/녀의 논문 "'아세기 아예틀'"(*Asegi Ayet*)에서

---

[20] Sneed, *Representations of Homosexuality*, 166, 172. 프로필의 한 예는 다음과 같다. "WWE(세계레슬링선수권) 1981/ 목록 … / 튼실한, 황소 같은 근육을 가진 남자. 남성적으로 보이는 손으로, 인사드립니다, 안녕:-)/ 정서적으로 성숙하고, 알맞은 체형을 지녔으며, 상당히 지적인 편임. 감사. 수줍지만, 다시 안녕:-)/ 만일 자신의 가치를 성기의 크기로 측정한다면, 나는 어떤 자격으로도 당신을 알고 싶지 않음/ 27/ 운동 잘함/ 갈색/ 짙은 갈색."

[21] Cheng, "'I am Yellow and Beautiful'"를 보라.

[22] Cervantes, "Hustling the Divine," 1.

[23] *jot(e)ología*, 2013년 1월 3일 접속, http://joteologia.blogspot.com.

체로키 언어뿐 아니라 특수한 언어폰트를 사용한다. 그/녀는 "우리의 문화적 기억을 재(再)상상하고 재성찰"하는 이런 작업을 "잊혔거나 무시당해온 이야기들을 … 발굴하기" 위해 행한다.24)

b. 초(超)국가적인 중재

둘째로, 유색인 퀴어 신학자들은 초국가적(transnational) 자료들을 지리적 중재의 형태로 사용한다. 대부분의 백인 퀴어 신학자들과 대조적으로, 유색인 퀴어 신학자들은 자신들을 미국이나 서유럽의 LGBTIQ 경험에 한정시키지 않는다. 오히려 그들은 세계 각지로부터 유색인 퀴어의 경험들을 끌어들인다.

예를 들어, 우리는 이러한 예를 케네스 해밀톤(Kenneth Hamilton)으로도 알려진 퀴어 흑인 종교학자인 조조(Jojo)의 연구에서 볼 수 있다. 참된 "흑인 퀴어 조상들"을 찾는 그의 연구에서,25) 조조는 식민지 이전 동아프리카의 동성애에 관한 19세기의 서사와 LGBTIQ 문제에 관한 현대 아프리카 학자들의 담론을 끌어들인다. 조조는 아프리카에서의 반(反)-LGBTIQ 담론은 실제로 서구 기독교 선교사들에 의해 들어온 것이지, 아프리카에 토착적인 것이 아니라고 말한다. 실제로, 미국과 아프리카 사이의 초국가적인 연관성에 대한 더 많은 연구, 특히 우간다와 같은 나라에서 제안된 반(反)게이 법제정에 대한 연구뿐 아니라, LGBTIQ 문제에 대한 아프리카 기독교인들의 저항에 대한 연구가 필요하다. 선문집 『다른 목소리들, 다른 세상들: 동성애에 대해

---

24) Driskill, "*Asegi Ayetl*," 111.
25) Jojo, "Searching for Gender-Variant East African Spiritual Leaders," 217.

소리치는 세계 교회』는 케냐, 나이지리아, 우간다, 남아프리카 관점에서 LGBTIQ 옹호 의견을 살펴보는 데 좋은 자료이다.

우리는 또한 퀴어 아시아계 미국인 신학자들의 저술들에서 초국가적인 중재를 볼 수 있다. 앞에서 지적했듯이, 필리핀계 미국인 게이 신학자인 마이클 캄포스는 필리핀의 로마가톨릭 종교 예배행렬뿐 아니라 타갈로그(Tagalog)어로 만들어진 영화 같은 초국가적 자료들을 사용한다.26) 이와 비슷하게, 캘리포니아 주 버클리의 연합신학대학원(GTU)에서 박사과정을 밟고 있는 홍콩 퀴어 유학생, 라이-샨 입(Lai-shan Yip)은 자신의 담론에 홍콩의 가톨릭 레즈비언들의 목소리(즉, '누-통치'[*nu-tongzhi*])를 끌어들였다.27) 말레이시아 출신 퀴어 학자이면서 미국에서 졸업한 조셉 고와 유엔메이 왕은 LGBTIQ 말레이시아인의 경험들을 자신들의 연구에 광범위하게 적용했다.28) 2012년, QAS 웹사이트에서 온라인 잡지, 『퀴어 아시아 영 E-진』(*Queer Asian Spirit E-Zine*)의 창간호를 출판했는데, 거기에 오스트레일리아, 말레이시아, 필리핀, 싱가포르, 미국의 LGBTIQ 아시아 후손들의 글들이 실렸다.29)

마르셀라 알트하우스-라이드, 우고 꼬르도바 께로, 안드레 무스코프와 같은 퀴어 라틴 아메리카 신학자들 역시 초국가적 자료들을 자

---

26) Campos, "The *Baklâ*," 167.
27) Yip, "Listening to the Passion."
28) Goh, "*Mak Nyah* Bodies as Sacred Sites;" Goh, "The Word Was *Not* Made Flesh;" Wong, "Islam, Sexuality, and the Marginal Positioning of *Pengkids*."
29) *Queer Asian Spirit E-Zine* 1 (December 2012), 2012년 1월 3일 접속, http://bit.ly/YeGNM7.

신들의 담론에 중재의 양식으로 사용한다. 알트하우스-라이드가 그녀의 책 『외설스런 신학』을 부에노스아이레스에서 속옷을 입지 않고 레몬 행상을 하는 어떤 한 여인의 향기에 대한 묘사로 시작한 것은 유명하다.30) 꼬르도바 께로는 아르헨티나의 성매매자들의 국내 노동조합과 같은 국제적인 비-정부조직들을 그의 담론에 인용한다.31) 또한 무스코프는 그의 퀴어 브라질 신학을 구성하기 위해서 브라질의 대중문화—대중음악을 포함—를 사용한다.32) (퀴어 라틴 아메리카 신학자들의 존재 자체가 이 책 1부에서 제시한 범주들에 도전한다는 것에 주목해야 한다. 그들은 미국의 경계 밖에서 살면서 연구하기 때문에, 엄밀히 말하면 라띠나/노가 아니지만, 그들의 저술들은 무지개신학에 상당한 의의가 있다.)

끝으로, 두-영혼 원주민 담론 역시 그들의 연구에 초국가적 자료들을 끌어들인다. 선문집 『퀴어 원주민 연구』는 북미의 시각에서 뿐 아니라 뉴질랜드33)와 사모아34)의 시각에서 바라본 연구들을 포함한다. 그런 저작들을 차치하고서라도, 모든 두-영혼 원주민 연구들은 초국가적이다. 이런 연구들은 그 개념상 (미국과 같은) 정복자 식민주의자들과 그들이 도착하기 이전에 그 땅에 있던 원주민 국가 사이의 경

---

30) Althaus-Reid, *Indecent Theology*, 1-4.
31) Córdova Quero, "The Prostitutes Also Go into the Kingdom of God."
32) André S. Musskopf, "Ungraceful God: Masculinity and Images of God in Brazilian Popular Culture," *Theology and Sexuality* 15, no. 2 (2009): 145-57.
33) Michelle Erai, "A Queer Caste: Mixing Race and Sexuality in Colonial New Zealand." In Driskill et al., *Queer Indigenous Studies*, 66-80.
34) Dan Taulapapa McMullin, "*Fa'afafine* Notes: On Tagaloa, Jesus, and Nafanua." In Driskill et al., *Queer Indigenous Studies*, 81-94.

계를 넘는 관계를 다루기 때문이다.

그러므로 유색인 LGBTIQ 신학자들과 종교 연구가들은 그들의 연구를 오직 미국의 자료에 한정시키거나, 혹은 국제적인 자료에 한정시키지 않고, 국가적 경계를 넘나들면서 신학적 성찰을 시도한다.

c. 다종교 간 중재

셋째로, 유색인 퀴어들은 그들의 작품 속에서 다종교 간(interfaith) 중재에 참여한다. 예를 들어, 레즈비언 우머니스트 신학자인 르네 힐은 상황신학에 접근하기 위한 "다종교 간, 다중적 대화의" 중요성을 역설한다. 힐은 그녀의 논문, "방해받은/방해하는 운동"에서 "흑인 기독교신학은 다른 종교전통들—즉, "이슬람, 아프리카-기원의 전통종교들(산테리아, 아칸, 요루바, 부두교를 포함해서), 불교, 유대교, 힌두교"—과 대화하지 않을 이유가 없다"고 말한다. 특히, 힐은 설령 그것이 "우리의 신학적 기반들을 위태롭게 하더라도, 흑인 기독교신학들은 중심에서 벗어나야만 한다"라고 주장한다.35)

나 역시 많은 LGBTIQ 아시아계 미국인들의 삶 속에서 비-기독교적 종교전통들의 중요성에 대해 썼다. 내 논문 "우리의 전통, 의례, 공간 되찾기"에서 나는, 그것이 명상, 성스런 철학서적 읽기, 요가, 성스런 북 의례 등 어떤 형태이건 간에, "우리 조상들의 아시아 영성 전통을 되찾는 것"이 중요하다는 점을 주장했다. 내겐, 종교전통들을 뛰어넘는 중재의 행위는 "그리스도의 몸의 다양성"을 인정하는 일이다.36)

---

35) Hill, "Disrupted/Disruptive Movements," 147.
36) Cheng, "Reclaiming Our Tradition, Rituals, and Spaces," 236-237.

퀴어 라띠나/노 종교학자들 또한 유색인 LGBTIQ들이 그들의 삶 속에서 비-기독교 신앙전통을 회복하는 방식들에 대해 썼다. 예를 들어, 아메리칸 대학교의 게이 라띠노 교수인 살바도르 비달-오르티스는 뉴욕시에서의 LGBTIQ 라띠나/노의 삶에서 산테리아37)를 실천하는 것에 대해 썼다. 그는 자신의 논문 "산테리아의 섹슈얼리티와 젠더"에서 푸에르토리코계, 쿠바계, 멕시코계 미국인 후손들을 포함한, 서로 다른 많은 민족적 그룹들을 소개했다.38)

끝으로, 퀴어 이론과 원주민 연구의 교차점에 대해 쓴 원주민 학자 안드레아 스미스는 『원주민 미국인과 기독교인 우파』에서 다신앙간 중재를 다뤘다. 스미스는 이 책에서 원주민 활동과 복음주의적 기독교에 관여했던 그녀의 경험과 이 두 공동체 사이의 새로운 동맹이 얼마나 놀라운지에 대해 썼다.39)

요약하면, 다(多)신앙간 중재는 유색인 퀴어 신학의 중요한 주제다. 그런 신학자들의 중재 역할은 퀴어 흑인신학자 이브라힘 압두라만 파라자예가 쓴 강렬한 시로 요약할 수 있다. "AIDS 시대, 기억, 치유, 권한을 위한 기도"라는 시에서 파라자예는 집단학살과 질병의 재난을 회상하고, 두-영혼 원주민, 퀴어 흑인, 퀴어 아시아계 미국인, 그리고 퀴어 라띠나/노 유색인 공동체를 연관시킨다. 그는 "어머니 지구를 기리며" 거룩한 공간을 만드는 것으로 시작해서, "우리의 조상들이 자신

---

37) 역자주: 산테리아는 아프리카, 특히 요르바(Yoruba)인의 토속 신앙과 로마 가톨릭의 의례가 섞인 쿠바의 종교다.
38) Vidal-Ortiz, "Sexuality and Gender in Santería."
39) Smith, *Native Americans and the Christian Right*, 272.

들이 가졌던 저항의 영성(spirit of resistance)들을 가져와 우리와 함께 하길" 초청한다. 그런 다음에, 그는 다양한 유색인 공동체의 고통을 상기시키고 그들의 유색인 퀴어 선조들의 중재를 통한 치유를 구한다.

파라자예는 다음과 같은 기도로 끝맺는다. "그들이 우리와 함께 걸으며, 투쟁할 수 있는 새로운 힘을 우리에게 주게 하소서. 그들이 우리의 눈에서 눈물을 다정스레 닦아주게 하소서. 그들이 우리가 레즈비언, 게이, 양성애자, 트랜스젠더 유색인으로서 함께 걸을 수 있도록 인도하게 하소서. 그들이 우리가 거룩한 사람들, 달의 부족들이라는 점을 스스로 상기할 수 있도록 돕게 하소서."40)

3. 중재와 무지개신학

중재라는 무지개 주제—즉 일반적으로는 한 곳에 속한 것으로 보이지 않는 자료들, 목소리들, 관점들을 하나로 모아들이는 것—는 무지개신학의 중요한 주제다. 어떤 사람들은 (특별히 여러 신앙들 간 중재의 측면에서) 중재라는 주제를 기독교신학의 진정성을 위협하는 혼합주의의 한 형태라고 비판할 수도 있다. 그렇지만, 한국 여성주의 신학자 정현경은 우리는 "기독교 정체성을 잃어버릴 것 같은 내면화된 두려움에서 벗어나야만" 하고, 우리 공동체의 생존과 해방을 위해 진정으로 무엇이 중요한지에 초점을 맞춰야 한다고 주장한다.41)

---

40) Elias Farajaje-Jones, "Invocation of Remembrance, Healing, and Empowerment in a Time of AIDS," in Cherry and Sherwood, *Equal Rites*, 25-27.
41) Chung, *Struggle to Be the Sun Again*, 113.

실제로, 중재는 특정한 한 입장만 고집하고, 다른 입장을 가진 사람들과는 연락도 취하지 않는 "편 선택하기"를 주장하는 단색 주제에 저항하도록 우리를 도울 수 있다. 무지개신학의 첫 두 주제들—다양성과 중간 지점—은 불가피하게 유색인 퀴어를 중재의 장소(한 편을 선택하는 장소와 반대되는)로 이끈다. 즉, 계속적으로 분열상태(fragmentation)와 은유적인 노숙(즉, 다양성과 중간 지점)의 장소에서 살아가는 경험은 자신의 생존과 해방을 위해서 차이를 뛰어넘어 손을 펼칠 것(즉, 중재)을 요구한다.42)

중재는 기독교신학의 핵심 주제다. 성육을 통해 신과 인간을 하나로 불러온 예수 그리스도는 중재의 가장 탁월한(*par excellence*)예다. 즉, 말씀이 육신이 됨으로써, 하나님은 신과 인간의 경계를 깨뜨리고 성육 이전에는 합해지지 못했던 두 영역을 하나로 만들었다. 사실, 히브리 경전과 기독교 성서 모두의 핵심인 계약이란 주제는 핵심적인 중재의 개념이다. 계약의 결과로, 하나님은 자신과 인간 사이를 중재한다. 하나님은 하나님 자신을 초월해 손을 펼치고, 그 결과로, 우리는 우리 자신을 넘어 손을 펼친다. 그럼으로써, 하나님과 인간 모두가

---

42) 탈식민주의 관점에서, 중재란 주제는 중간 지점이란 주제와 긴밀하게 연관된다. 예를 들어, 탈식민주의 이론가인 호미 바하의 '두 층 사이의 계단으로서의 중간 지점'에 대한 개념을 살펴보자. 위층(식민주의자)과 아래층(피식민자)이 만나서 상호적으로 변하는 중재는 이런 혼종(hybrid)의 공간에서 발생한다. Homi K. Bhabha, *The Location of Culture* (London: Routledge, 1994), 5. 퀴어 아시아 상황에서, 종기 탄(Chong Kee Tan)은 대만의 게이, 레즈비언 운동에 의해서 어떻게 혼종성(hybridity)이 "지역적인 문화규범에 대한 창조적인 재협상"을 할 수 있게 허용했는지에 대해 썼다. Tan, Chong Kee. "Transcending Sexual Nationalism and Colonialism," in *Post-Colonial Queer: Theoretical Intersections*, ed. John Hawley (Albany: State University of New York Press, 2001), 124.

변화된다.

중재에 해당하는 그리스어는 '메시테스'(mesitēs)다. 디모데전서에, 예수 그리스도는 '에이스 메시테스'(eis mesitēs), 또는 "하나님과 인류 사이를 중재한 자"로 묘사된다.43) 또한 예수 그리스도는 히브리서에서는, 계약이란 개념을 통해, 새 계약의 중재자('디아세케스 카이네스 메시테스 에스틴'[diathēkēs kainēs mesitēs estin])로서만이 아니라, 더 나은 계약의 중재자('크레이토노스 에스틴 디아세케스 메시테스' [kreittonos estin diathēkēs mesitēs])로 묘사된다.44)

이 말은 신약성서에 단지 몇 차례만 언급되지만, 헬레니즘 문화와 기독교신학에서 이 단어의 활용에 대한 역사는 풍부하다.45) 예를 들어, 오리건 주 포틀랜드에 있는 멀트노마 대학교 역사신학 교수인 존 로버트슨은 초대교회에서 오리게네스(Origen)로부터 카이사레아의 유세비우스(Eusebius)를 거쳐 알렉산드리아의 아타나시우스(Athanasius)에 이르기까지 예수를 중재자로 묘사한 역사를 추적했다.46) 이와 비슷하게, 대한민국 서울의 총신대학교 조직신학 교수인 문병호는 존 칼뱅(John Calvin)의 저술 속에 언급된 '법의 중재자(mediator of the law)로서의 그리스도라'는 대한 주제에 대해 글을 썼다.47)

---

43) 디모데전서 2:5.
44) 히브리서 9:15, 8:6.
45) Gerhard Kittel, ed. *Theological Dictionary of the New Testament*, vol. 4, trans. Geoffrey W. Bromiley (Grand Rapids, MI: Wm. B. Eerdmans, 1967, 598-624 ("*mesitēs*").
46) Jon M. Robertson, *Christ as Mediator: A Study of the Theologies of Eusebius of Caesarea, Marcellus of Ancyra and Athanasius of Alexandria* (Oxford, UK: Oxford University Press, 2007).
47) Byung-Ho Moon, *Christ the Mediator of the Law: Calvin's*

그렇다면 이 모든 것 가운데 하나님은 어디에 계시는가? 어떻게 중재라는 무지개 주제가 유색인 LGBTIQ를 위한 선물인가? 기독교인의 길을 걷는 우리들은 화해의 삶으로 부름 받았다. 즉, 우리는 예수 그리스도 안에서 하나님의 화해 사역을 뒤따르는 모델이 되도록 부름 받았다. 성육을 통해, 하나님은 신과 인간을 화해시켰다. 유색인 퀴어는 그들이 중재의 무지개 주제 밖에 살 때마다, 또한 학제 간, 초국가적, 다종교 간 관심들을 하나로 불러 모을 때 일종의 화해자로서의 역할을 한다.

무지개신학은 그 자체로 중재하는 신학이다. 즉, 이 신학은 인종, 섹슈얼리티, 영의 본질적인 개념을 강조하지 않고 유색인 LGBTIQ들 사이의 "낯선 동맹"(strange affinities)을 인정한다. 다른 말로 표현하면, 무지개신학은 유색인 LGBTIQ들의 인종, 섹슈얼리티, 영성을 하나로 불러 모으면서도 그들의 개별적인 차이를 여전히 존중하는 공간을 창조해냄으로써 중재의 기능을 담당한다.48) 이런 무지개 공간에서 중재자로서 권위 있는 삶을 살아감으로써, 유색인 퀴어들은 세상을 변화

Christological Understanding of the Law as the Rule of Living and Life-Giving (Bletchley, UK: Paternoster, 2006).

48) 이러한 교량역할을 가능하게 하는 교회 공간들이 많다. 연합회중교회(The Unity Fellowship Church)가 그러한 공간들 중 하나다. 유색인 LGBTIQ 들을 이러한 공간의 힘에 대해 쓴 저작들이 몇 개 있다. 예를 들어 Aryana Bates, "Liberation in Truth: African American Lesbians Reflect on Religion, Spirituality, and Their Church," in Thumma and Gray, *Gay Religion*, 221-37; Tonyia M. Rawls, "Yes, Jesus Loves Me: The Liberating Power of Spiritual Acceptance for Black Lesbian, Gay, Bisexual, and Transgender Christians," in *Black Sexualities: Probing Powers, Passions, Practices, and Policies*, ed. Juan Battle and Sandra L. Barnes (New Brunswick, NJ: Rutgers University Press, 2010), 327-52 를 보라.

시키는 하나님의 소명을 살아낼 수 있다.

4. 요약

요약하면, 다양성과 중간 지점과 같이 중재라는 무지개 주제는 신에게 이르는 하나의 창(窓)이다. 유색인 퀴어는 다른 언어, 다른 표현 양식, 초국가적 경험, 그리고 다른 유색인 LGBTIQ를 함께 불러 모음으로써 중재에 관여한다. 또한, 앞서 살펴보았듯이, 유색인 퀴어 신학자들은 학제 간, 초국가적, 다종교 간 성찰을 통해서도 중재에 관여한다. 중재는 화해를 위한 하나님의 명령에 대한 성찰로서 이해될 수 있다. 인종, 섹슈얼리티, 영성을 포함하면서도 그것들에 한정되지 않는 모든 종류의 차이를 넘어선 중재를 통해 유색인 LGBTIQ들은 신적인 화해자로서의 역할을 담당하는데, 바로 그것이 복음서 메시지의 핵심이다.

학습을 위한 질문

1. 여러분은 여러분의 생활 속에서 중재의 경험을 어떻게 해보았나요? 자신의 언어로 중재가 어떤 의미인지 설명하시오.
2. 유색인 퀴어들은 다른 언어들, 논의의 형태들, 사람들, 그리고/또는 초국가적 지형들을 한 곳으로 모아오는 것과 관련해 어떻게 중재를 경험하나요?

3. 중재와 관련된 퀴어 흑인, 퀴어 아시아계 미국인, 퀴어 라띠나/노, 그리고 두-영혼 원주민 신학자들의 연구로는 어떤 예들이 있나요?
4. 중재가 현대 신학에 어떻게 반영되고 있나요?
5. 중재와 관련해서 여러분은 하나님을 어떻게 이해하는지 설명해보세요.

심화학습을 위한 자료들

중재와 유색인 퀴어들

Anzaldúa, *Borderlands/La Frontera*, 77
Boykin, One More river to Cross, 28
Cho, Rice
Hong and Ferguson, "Introduction"
Muñoz, *Cruising Utopia*
Muñoz, *Disidentifications*
Tan, "Transcending Sexual Nationalism and Colonialism"
Uyeda, "All at Once, All Together"
Wat, "Preserving the Paradox"

학문간 중재

Cervantes, "Hustling the Divine"
Cheng, "I Am Yellow and Beautiful"
Driskill, "Asegi Ayetl"
Sneed, *Representations of Homosexuality*
Townes, "The Dancing Mind"
Villalobos, "Bodies *Del Otro Lado*"

초국가적 중재

    Brown, *Other Voices, Other Worlds*

    Campos, "The *Baklâ*"

    Erai, "A Queer Caste"

    Goh, "*Mak Nyah* Bodies as Scared Sites"

    Goh, "The Word Was *Not* Made Flesh"

    Jojo, "Searching for Gender-Variant East African Spiritual Leaders"

    McMullin, "*Fa'afafine* Notes"

    Yip, "Listening to the passion of Catholic *nu-tongzhi*"

다종교 간 중재

    Cheng, "Reclaiming Our Traditions, Rituals, and Spaces"

    Farajaje-Jones, "Invoation of Remembrance"

    Hill, "Disrupted/Disruptive Movements"

    Vidal-Ortiz, "Sexuality and Gender in Santería"

    Wong, "Islam, Sexuality, and the Marginal Positioning of *Pengkids*"

중재와 무지개신학

    Bantum, *Redeeming Mulatto*

    Moon, *Christ the Mediator of the Law*

    Robertson, *Christ as Mediator*

10장

사례: 무지개 그리스도론

무지개신학의 구체적인 사례는 어떤 모습일까? 이 책의 1부는 지난 20년 동안의 유색인 퀴어 신학에 대해 탐구하면서 퀴어 흑인, 퀴어 아시아계 미국인, 퀴어 라띠나/노, 두-영혼 원주민 신학자들과 종교학자들의 저작들을 살펴보았다. 2부에서는 이런 신학들을 무지개신학의 개념으로 종합했다. 특별히 무지개신학의 세 가지 주제들—(1) 다양성, (2) 중간 지점, (3) 중재—을 통해 탐구했다.

이 장에서는 무지개 그리스도론, 즉 예수 그리스도의 선재(先在), 삶, 그리고 재림에 대한 유색인 퀴어 신학자들의 성찰을 구성하고, 이런 그리스도론이 신학계를 얼마나 풍성하게 만들 것인가를 보여주면서 2부를 마감할 것이다. 내가 바라는 것은 무지개 그리스도론에 관한 이 장(章)이 무지개신학의 미래를 위한 모델이 되는 것이다.

첫 번째 과제로, "무지개 그리스도"로부터 시작하자. 무지개와 예수 그리스도는 모두 인간과 맺은 하나님의 계약의 상징이다. 창세기 9장에, 하나님은 하늘의 무지개를 통해 다시는 홍수로 인류를 파멸하지 않겠다고 약속하셨다.1) 이 계약은 하나님과 인간을 하나로 묶는다. 이와 유사하게, 예수 그리스도는—적어도 그리스도의 길을 따르는 사람들에게는—하나님과 인간 사이의 가장 뛰어난 계약이다. 말씀의 성육은 타락을 뒤집었고, 신과 인간의 영역을 새롭게 하나로 묶었다. 따라서 무지개와 예수 그리스도는 계약 개념을 통해 밀접히 연결된다.

무지개 그리스도에 관한 논의가 가능하다고 가정하고, 다른 신앙전통과 그들의 무지개 개념들을 예수 그리스도에 대한 우리의 이해를 심화시키기 위해 끌어오면 어떨까? 예를 들어, 만일 우리가 무지개 몸의 불교적 개념—즉, 각성에 이르러 빛 속으로 융해된 몸—을 무지개 그리스도의 승천을 이해하는 데 사용하면 어떨까?2) 또는 만약 우리가 요루바의 신 오슈마르(Oxumaré)—성변형자, 동성애자, 양성애자의 수호신인 무지개 뱀신—를 유색인 LGBTIQ를 보호하는 신인 "안드로진 신"(androgynous deity, 역자주: 남녀 양성소유 신)으로서의 무지개 그리스도에 관해 생각하기 위해 사용하면 어떨까?3) 이 두 가지 예들은 무지개 그리스도를 위해서 다른 신앙전통에서 개념을 이끌어낸 흥미로운 가능성들 중의 몇 가지 사례들일 뿐이다.

이제 보다 더 세밀하게 무지개 그리스도의 관점에서 세 가지 무지개 주제들—(1) 다양성, (2) 중간 지점, (3) 중재—을 살펴보자. 무지개 신학은 단지 유색인 퀴어에 관한 신학이 아니라, 오히려 유색인

---

1) 창세기 9:8-17.
2) Whelan, *Book of Rainbow*, 120.
3) Randy P. Conner, *Blossom of Bone: Reclaiming the Connections Between Homoeroticism and the Sacred* (New York: HarperSanfrancisco, 1993), 245-46.

LGBTIQ의 독특한 사회적 삶의 자리에서 신학을 다시 생각해보는 보다 값진 방식이라는 점을 상기하라.

1. 다양성

첫 번째 무지개 주제는 다양성이다. 무지개 그리스도는 성서와 기독교신학 안에서 예수 그리스도가 다양성—단일성이 아니라—의 상징이라는 것을 여러 가지 방식으로 강조한다. 정경으로 인정된 복음서가 한 권이 아니라 네 권—외경 복음서들은 더 많다—이라는 사실은 무지개 그리스도가 어떤 단일한 이야기로 축소될 수 없음을 상기시켜 준다. 예수 그리스도의 삶을 보도하는 여러 권의 복음서들이 있다는 사실은 다중적인 해석과 관점의 중요성을 강조한다. 그리고 정경에 들어있는 네 권의 복음서들이 여러 부분에서 정확히 일치하지 않는다는 것은 무지개 그리스도론을 형성할 다중적인 방식들이 존재한다는 것을 보여준다.[4]

다양성은 바울의 관점에서도 중요한 주제다. 고린도전서에서, 바울은 그리스도의 몸이 많은(그리스어: "*polus*") 지체들을 갖는다고 묘사한다.[5] 그리스도의 몸의 다양성이 갖는 함축적인 의미들은 무엇인가? 이 몸의 지체들 중에 퀴어가 있다—또한, 우리는 퀴어 그리스도인들이 존재한다는 것을 이미 알고 있다—고 가정하면, 예수 그리스도

---

[4] 복음서 설화들의 차이점들에 대해서는 Kurt Aland, ed. *Synopsis of the Four Gospels* (New York: United Bible Societies, 1982)를 보라.
[5] 고린도전서 12:14("몸은 한 지체뿐만 아니요 여럿이니").

또한 퀴어다. 더욱이, 만일 이 몸의 지체들 중에 유색인 퀴어들이 있다고 가정하면(또한 실제로도 있다), 예수 그리스도 또한 유색인 퀴어다. 이 점은 우머니스트 신학자인 션 코플런드의 책 『육체화된 자유』에서도 강조되었다. 이 책에서 그녀는 "우리 모두를 우리의 모습 그대로, 우리의 다른 몸의 표식들―당연히 동성애의 표식을 포함해서―과 함께 취할 수 있는 유일한 몸은 그리스도의 몸이다"라고 주장한다.6)

실제로, 우리는 예수 그리스도가 우리에게 다중적인 방식으로 나타났기 때문에, 그분이 유색인 퀴어라는 걸 안다. 마태복음 25장의 양과 염소에 대한 비유에서, 예수 그리스도는 우리 중 가장 낮은 자―배고픈 자, 목마른 자, 나그네, 헐벗은 자, 아픈 자, 감옥에 갇힌 자―의 형상을 취할 것이라고 말씀하신다. 즉, 우리가 "이들 중 가장 낮은 자"를 섬길 때마다, 우리는 예수를 섬기는 것이다.7) 우리가 유색인 트랜스젠더 청소년 노숙자, 유색인 퀴어 성매매 노동자, 그리고 다른 이들을 포함하여 이들 중 가장 낮을 자들을 섬기지 않을 때마다, 우리는 예수를 섬기는 데 실패하는 것이다. "2012년 유색인 게이, 트랜스젠더 공동체에 관한 진술"의 최근 보고에 따르면, 유색인 LGBTIQ들은 "높은 실직율, 고용 불안정, 저임금, 높은 빈곤률, 그리고 무보험자가 될 높은 가능성에 직면해 있다."8) 참으로, 예수 그리스도는 유색인 퀴

---

6) Copeland, *Enfleshing Freedom*, 83.
7) 마태복음 25:40("임금이 대답하여 이르시되, '내가 진실로 너희에게 이르노니 너희가 여기 내 형제 중에 지극히 작은 자 하나에게 한 것이 곧 내게 한 것이니라 하시고'").
8) Dunn and Moodie-Mills, "The State of Gay and Transgender Communities of Color in 2012," 1.

어다.

예수 그리스도가 제자들에게 던진 질문—"너희는 나를 누구라고 하느냐?[9]—그 자체가 예수가 그의 추종자들로부터 다중적인 그리스론들을 기대했다는 것을 보여준다. 실제로, 20세기는 여성주의, 흑인, 우머니스트, 아프리카, 아시아계 미국인, 아시아, 라띠나/노, 라틴아메리카, 원주민 그리스도론 등을 포함해서 세계 각지에서의 상황적 그리스도론들의 풍요를 이루었다. 더욱이, 이런 그리스도론들은 인종과 민족적 관점에 머물지 않고, 이슬람, 불교, 힌두교, 샤머니즘, 아프리카 전통종교와 같은 비기독교적 종교전통의 맥락에서 예수에 대해 성찰한 그리스도론들도 포함되었다.[10]

이런 상황적 그리스도론들은 LGBTIQ 관점도 포함한다. 퀴어 신학자이면서 메트로폴리탄공동체 교회의 안수 받은 목회자인 로버트 쇼어-고스(Robert E. Shore-Goss)는 퀴어 그리스도론에 대한 두 권의 중요한 책 『예수께서 행동하다: 게이, 레즈비언의 선언』와 『퀴어링 그리스도: 「예수께서 행동하다」를 넘어서서』을 출판했다.[11] MCC교회의 또 다른 안수 받은 목회자인 토마스 보하체도 그의 퀴어 그리스도에 관한 책 『주변으로부터의 그리스도』를 출간했다.[12] 시카고 신학대

---

9) 마가복음 8:29; 마태복음 16:15.
10) Matien E. Brinkman, *The Non-Western Jesus: Jesus as Bodhisattva, Avatara, Guru, Prophet, Ancestor or Healer?* (London: Equinox, 2009).
11) Robert E. Goss, *Jesus Acted Up: A Gay and Lesbian Manifesto* (New York: HarperSanFrancisco, 1993); Robert E. Goss, *Queering Christ: Beyond Jesus Acted Up* (Cleveland, OH: Pilgrim Press, 2002).
12) Thomas Bohache, *Christology from the Margins* (London: SCM Press, 2008).

학원의 양성애 성서학자이면서 신학자인 테오도르 제닝스는 『예수가 사랑한 남자: 신약성서의 동성애 이야기』를 출간했다.13)

무지개신학의 과제는 이런 그리스도론들의 다양성—인종적/민족적, 그리고 성적—을 취해 한 곳으로 모으는 것이다. 즉, 유색인 LGBTIQ 신학자들은 이런 그리스도론들의 범주들을 서로 분리되거나 배타적인 것으로 보기보다는, 성적인 그리스도론과 인종적/민족적 그리스도론을 나란히 놓고, 그 둘이 서로에게 질문하도록 만들어야 한다. 즉, 퀴어 신학자들은 어떻게 인종적/민족적 그리스도론이 퀴어 문제들에 대해 침묵하거나 혹은 주창하는지를 질문해야 한다. 반대로, 성적 그리스도론은 어떻게 인종 혹은 민족 문제들에 대하여 침묵하거나 혹은 주창하는지를 질문해야 한다.

인종적/민족적 문제들과 성적 문제들을 병렬시킨 한 예를 무지개 그리스도론을 다룬 내 책 『죄에서 놀라운 은총으로: 퀴어 그리스도의 발견』에서 발견할 수 있다.14) 그 책에서, 나는 LGBTIQ들과 지지자들을 위한 퀴어 그리스도의 7가지 모델들을 제안했다. (이 모델들은 에로틱 그리스도, 커밍아웃 그리스도, 해방자 그리스도, 위법자 그리스도, 자애로운 그리스도, 상호적 그리스도, 혼종의 그리스도다.) 나는 7개의 그리스도론들을 논하면서, 각각의 모델을 묘사하기 위해 퀴어 아시아계 미국인들의 목소리들을 사용했다.

---

13) Theodore W. Jennings, *The Man Jesus Loved: Homoerotic Narratives from the New Testament* (Cleveland, OH: Pilgrim Press, 2003)을 보라. (역자주: 이 책은 한국어로 번역됨.) 테오도르 W. 제닝스/박성훈 옮김, 『예수가 사랑한 남자: 신약성서의 동성애 이야기』 (서울: 동연, 2011).
14) Cheng, *From Sin to Amazing Grace*.

나는 또한 나의 퀴어 신학연구 속에서 종교적 다양성에 관한 주제를 탐구했다. 예를 들어, 나는 중국 불교의 관음보살이 퀴어 아시아 그리스도의 모습을 반영한다고 주장했다. 즉, 관음은 그/녀가 인도에서 남성이었다가 중국에 와서 여성으로 젠더가 바뀌었다는 점에서 퀴어다. 그/녀는 그 뿌리가 아시아 영성에 있으므로 아시아적이다. 그리고 그/녀는 다른 이들이 각성에 도달할 수 있도록 돕는 구속사적 역할을 한다는 점에서 그리스도와 같다. 따라서 관음은 퀴어 아시아 그리스도의 모습을 반영한다고 볼 수 있다.15)

2. 중간 지점

두 번째 무지개 주제는 중간 지점이다. 무지개 그리스도론은 예수 그리스도가—유색인 LGBTIQ처럼—신과 인간 영역 사이의 중간 지점과 같은 중간 지점을 차지하는 방식들을 강조한다. 종종 LGBTIQ 공동체의 인종차별과 유색인 공동체의 동성애혐오 사이에 "갇힌" 유색인 퀴어들처럼, 예수 그리스도는 은유적으로 노숙자다. 그는 "머리 둘 곳이 없다."16) 유색인 퀴어의 처지와 비슷하게, 예수 그리스도는 "선지자가 자기 고향과 자기 집 외에서는 존경을 받지 않음이 없느니라" 하고 선포하셨다.17) 달리 말하면, 선지자는 그들 자신의 집 외에 다른 곳에서는 존경을 받는다.

---

15) Cheng, "Kuan Yin."
16) 마태복음 8:20; 누가복음 9:58.
17) 마태복음 13:57; 마가복음 6:4.

중간 지점에 있다는 것은 노숙을 경험하는 것이다. 무지개 그리스도론은 예수 그리스도가 양과 염소의 비유에서 노숙자의 형태를 어떻게 문자적으로 받아들였는지를 인식한다.18) 즉, 예수 그리스도는 배고픈 자, 목마른 자, 나그네, 헐벗은 자, 아픈 자, 감옥에 갇힌 자—모두 다 다 노숙자의 표식이다—가 있는 곳이면 어디서든지 발견된다. 슬프게도, 뉴욕의 실비아의 집(Sylvia's Place)과 같은 LGBTIQ 청소년들—그들 중에 많은 수가 유색인 퀴어들이다—을 위한 보호처가 절실하게 필요하다.19)

최근에 발표된 일련의 보고서들에서 지적하듯이, 유색인 트랜스젠더 노숙자 비율은 일반인보다 높다. 예를 들어 (일반인 노숙 비율의 거의 두 배인) 14%의 트랜스젠더 아시아계 미국인들이, (5배가 넘는) 41%의 트랜스젠더 아프리카계 미국인들이, (거의 4배인) 27%의 트랜스젠더 라띠나/노들이, (거의 6배인) 40%의 트랜스젠더 미국 인디언들과 알라스카 원주민들이 자신들의 생애 동안에 노숙을 경험했다.20) 이에 덧붙여, 정복자 식민주의가 그들의 선조들의 땅을 빼앗아가고 그들에게는 주권국이 없도록 남겨지게 만든 두-영혼 원주민들의 경험도 있다.21)

---

18) 마태복음 25:31-46.
19) 실비아의 집(Sylvia's Place)은 뉴욕 MCC 교회의 사역 장소 중의 한 곳이다.
20) National Gay and Lesbian Task Force, "Injustice at Every Turn: A Look at Asian American, South Asian, Southeast Asian, and Pacific Islander Respondents"; National Gay and Lesbian Task Force, "Injustice at Every Turn: A Look at Black Respondents"; National Gay and Lesbian Task Force, "Injustice at Every Turn: A Look at Latio/a Respondents"; National Gay and Lesbian Task Force, "Injustice at Every Turn: A Look at American Indian and Alaskan Native Respondents."

무지개 그리스도론은 또한 양성애, 트랜스젠더, 간성 그리스도론에 초점을 맞출 것이다. 이런 세 가지 그리스도론들은 중간 지점의 정체성에 초점을 맞추는데, 이는 종종 잊히거나 무시되는 퀴어 알파벳 첫 글자들(즉, "BTI")이다. 우리가 봤던 것처럼, 양성애자들은 성 정체성의 측면에서 중간 지점을 점하고, 트랜스젠더는 젠더 정체성의 측면에서 중간 지점을 점하고, 간성인들은 생물학적 성의 중간 지점을 점한다. 그와 같은 중간 지점 그리스도론이 많이 쓰였는데, 로렐 다이크스트라의 "예수, 빵, 포도주, 장미: 가톨릭 노동사역에서의 양성애 여성주의자"22)(양성애), 저스틴 타니스의 『트랜스젠더: 신학, 목회, 신앙 공동체들』23)(트랜스젠더), 그리고 수산나 콘월의 『그리스도의 몸 안에서의 성과 불확실성』24)(간성)이 포함된다.

무지개 그리스도론들의 도전은—앞에서 언급한 퀴어 그리스도론의 경우에서와 같이—이와 같은 양성애, 트랜스젠더, 간성 그리스도론들이 인종적/민족적 소수자의 그리스도론과 긴장관계를 갖고 있다는 점이다. 즉, 무지개 그리스도론은 어떻게 양성애, 트랜스젠더, 간성 유색인들이 그들의 복합적인 인종적, 성적, 젠더 정체성의 빛에서 여전히 또 다른 부가적인 중간 지점을 점하고 있는가를 강조해야만 한

---

21) Driskill et al., "The Revolution is for Everyone," 212.
22) Laurel Dykstra, "Jesus, Bread, Wine and Roses: A Bisexual Feminist at the Catholic Worker," in *Blessed Bi Spirit: Bisexual People of Faith*, ed. Debra R. Kolodny (New York: Continuum, 2000), 78-88.
23) Justin Tanis, *Trans-Gendered: Theology, Ministry, and Communities of Faith* (Cleveland, OH: Pilgrim Pres, 2003), 138-43. 이 책은 『트랜스젠더와 기독교 신앙』(무지개신학연구소)으로 번역되었다.
24) Susannah Cornwall, *Sex and Uncertainty in the Body of Christ: Intersex Conditions and Christian Theology* (London: Equinox, 2010).

다.25)

끝으로, 무지개 그리스도론의 중간 지점에 대한 주제는 몸의 이탈이란 주제에, 또한 유색인 퀴어들에게 그들 자신의 몸을 재창조해야할 필요성에 초점을 맞춰야 한다. 많은 유색인 LGBTIQ들은 그들의 몸으로부터의 이질감을 무척 많이 경험한다. 그들은 백인 퀴어 공동체와 이성애적, 시스젠더 유색인 공동체 사이의 중간 지점에 존재하기 때문에, 유색인 퀴어들은 종종 자신들의 아름다움과 욕망에 대해 긍정하는 방식을 찾을 필요가 있다. 예를 들어, 나는 게이 아시아 남자가 사이버 공간에서 겪은 성적 인종차별에 대해 도전하는 글을 썼다.26) 그리스도론적 관점에서, 나는 "현대 기독교신학의 인종차별과 동성애혐오를 탈식민지화"함으로써 게이 아시아 남자의 몸—"십자가 위에서 멍들고 찢긴 예수 그리스도의 죽은 몸과 같은"—을 "속죄의 목적"으로 사용할 수 있다고 주장했다.27)

예수 그리스도가 자신의 시대에 버려진 자들을 환대했던 것과 똑같은 방식으로, 무지개 그리스도론은 퀴어 공동체가 자신들이 배타했던 유색인 퀴어들을 자신들의 공간 속으로 초대하는 환대를 실천하는 방식을 찾아야 한다.

---

25) 양성애적, 범성애적, 복합성애적 관점에서의 종교연구 중에서 "유색인"에 대한 인식을 포함해야한다는 주장하는 견해로는 Ibrahim Abdurrahman Farajajé, "Forward," in *Sexuality, Religion, and the Sacred: Bisexual, Pansexual and Polysexual Perspectives*, ed. Loraine Hutchins and H. Sharif Williams (Abingdon, UK: Routledge, 2021), x-xi 를 보라.
26) Cheng, "Gay Asian Masculinities and Christian Theologies," 542.
27) Ibid., 540.

3. 중재

세 번째이자 마지막 무지개 주제는 중재다. 앞서 논의했듯이, 중재는 일반적으로는 함께 속하지 않는 흩어진 자료들을—그것이 학문 간, 초국가적, 다종교 간, 혹은 다른 문제들이건 간에 상관없이—한 곳으로 모으는 것과 관련이 있다. 예수 그리스도가 신과 인간의 영역 사이에서 중재 역할을 했던 것과 같은 방식으로, 유색인 퀴어는 중재의 역할을 통해 성육된 말씀을 나타내는 하나의 표현이 된다.

중재의 무지개 그리스도론은 성육을 통해 예수 그리스도가 어떻게 하나님과 인간을 하나 되게 했는지 뿐만 아니라, 그의 사역을 통해서 어떻게 깨끗한 자들과 더러운 자들을 하나 되게 했는지에 초점을 맞춘다. 즉, 예수 그리스도는 레위기법 상으로는 외부인(outsider)으로 간주되었던 사람들(가령, 나병환자들, 피 흘리는 여자들, 귀신 들린 자들, 등등)을 자신에게로 데려오는 중재자 역할을 했다. 이 시대에, 유색인 LGBTIQ은 종종 그들의 인종적, 성적 정체성 때문에 외부인처럼 취급된다.

앞서 논의했듯이, 중재라는 무지개 주제는 신학적 성찰을 사진과 영화 같은 비(非)관습적인 표현 방식들과 함께 엮어내는 것을 포함한다. 무지개 그리스도론은 말 대신에 이미지를 포함한 신학 자료들을 이용하는 것을 통해 이런 일을 수행한다. 그런 사례가 스페인계 게이 사진작가인 페르난도 바요나 곤잘레스(Fernando Bayona González)의 사진이다. 곤잘레스는 게이 히스패닉 그리스도에 초점을 맞춘 14개의 시리즈 사진을 전시한 "그리스도의 동료들"(Circus Christi)이라는 제목의 사진전을 개최했다.

무지개 그리스도론의 중재 주제와 관련된 또 다른 자료로 게이 라띠노 시인인 임마누엘 하비에르(Emanuel Xavier)의 작품을 포함할 수도 있다. 『만일 예수가 게이였다면』이란 시 모음집에서, 하비에르는 "그냥 예수처럼" 되고 싶은 열망에 대하여 다음과 같이 적는다. "그냥 예수처럼/ 반나체의 몸으로 너의 가슴에 안기고파/ 성화되고/ 심지어 내가 12명의 애인과 시간을 보낸 후에도/ 내가 왔을 때 너의 영혼을 부르며/ 너를 구원의 약속으로 세례를 주고/ 그냥 예수처럼/ 난 그냥 내가 죽기 전에 살기를 원할 뿐이네."[28] 티모시 류는 그리스도론의 주제들로 시를 쓴 또 다른 유색인 퀴어 시인이다. 그는 "그리스도의 마지막 칠언을 들으며"와 같은 시를 썼다.[29]

끝으로, 무지개 그리스도론은 또한 코미디를 하나의 가능한 신학적 자료로 사용하기도 한다. 퀴어 아시아계 미국인 코미디언인 마가렛 조는 예수 그리스도의 재림과 종교적 우파들의 동성애혐오에 대한 반응을 상상하면서 다음과 같이 말했다. "나는 예수께서 돌아오셔서 '내가 말한 건 그런 뜻이 아니었어!'라고 말했으면 좋겠어요. 어디에 친절함이 있느냐? 어디에 자비가 있느냐? 어디에 자선이 있느냐? …

---

28) Emaneul Xavier, "Just Like Jesus," in Xavier, *If Jesus Were Gay*, 2.
29) Timothy Liu, "His Body Like Christ Passed In and Out of My Life," in Timothy Liu, *Vox Angelica* (Cambridge, MA: Alice James Books, 1992), 15; Timothy Liu, "On Hearing the Seven Last Words of Christ," in Timothy Liu, *For Dust Thou Art* (Carbondale: Southern Illinois University Press, 2005), 50.

그들은 마태복음 6장 5절을 읽어볼 필요가 있어요. 거기에 이렇게 말하죠, '입닥쳐'."30) (KJV에 "Shut the fuck up"이라고 쓰여 있다.)

이런 모든 자료들은 그것들이 예수 그리스도에 관한 신학적 아이디어를 사진, 시, 코미디 등의 비관습적인 신학적 표현의 형태들로 이끌어낸 유색인 LGBTIQ들의 작품이라는 점에서 중재라는 무지개 주제를 명백히 드러낸다.31)

4. 무지개 예수 기도

나는 이 장을 무지개 예수에게 드리는 기도로 마무리하려고 한다. 2012년에, 나는 MCC교회 레즈비언 목사이자 내 친구인 키트 쉐리 (Kitt Cherry)와 이 기도를 쓰기 위해 함께 작업했다. 이 기도는 내 책 『죄에서 놀라운 은총으로: 퀴어 그리스도의 발견』에 나오는 7개의 퀴어 그리스도 모델을 바탕으로 한 것이다.32) 이 기도에서, 각각의 그리스도론적 모델들은 무지개 색깔을 대표하는데, 이 기도는 다양한 예전과 경건 모임에서 사용될 수 있다.

이 기도는 세 가지 무지개 주제들을 드러내고 있기 때문에 무지개 그리스도론의 한 사례가 된다. 첫째, 이 기도는 무지개 그리스도의 일곱 가지 다른 모델을 제시하기에 다양성이란 주제를 나타낸다. 각각의

---

30) Margaret Cho, *I Have Chosen to Stay and Fight* (New York: Riverhead Books, 2005), 185.
31) 2장에서 말했듯이, 흑인 퀴어 윤리학자 로저 A. 스니드는 음악과 과학소설을 최근 자신의 연구에 사용했다. Sneed, "Dark Matter"를 보라.
32) Cheng, *From Sin to Amazing Grace*, 67-145.

그리스도 모델들은 무지개 그리스도의 다른—그러나 동일하게 유효한—측면들에 초점을 맞춘다. 둘째, 이 기도는 무지개 그리스도를 특정한 한 모델에 고정시키기를 거부하기 때문에 중간 지점이란 주제를 나타낸다. 즉, 이 기도에서 어느 특정 모델도 "집"이 아니기 때문에, 은유적으로 무지개 그리스도는 노숙자이다. 셋째, 이 기도는 전통적인 신학적 개념들과 예전적, 시적 언어들을 한데 아우르기 때문에 중재란 주제를 나타낸다.

무지개 그리스도에 드리는 기도는 다음과 같다.

무지개 그리스도, 당신은 세상의 모든 색을 몸에 담으셨습니다. 무지개는 다른 영역들 사이의 다리가 됩니다. 하늘과 땅, 동쪽과 서쪽, 퀴어와 비-퀴어, 우리로 하여금 레즈비언, 게이, 양성애자, 트랜스젠더, 그리고 퀴어 공동체의 무지개 깃발에 표현된 가치들을 기억하도록 영감을 주소서.

빨강은 생명, 영혼의 뿌리. 살아계시고 자애로우신 그리스도여, 당신은 우리의 뿌리입니다. 우리를 수치로부터 자유롭게 하시고 건강한 자부심의 은총으로 축복하셔서, 우리가 자신 안의 빛을 따라갈 수 있게 하소서. 무지개의 빨간 띠와 함께, 우리는 하나님께서 우리를 우리의 이 모습 그대로 창조하심을 감사드립니다.

주황은 섹슈얼리티, 영혼의 불꽃. 에로틱 그리스도여, 당신은 우리의 불, 육신이 되신 말씀입니다. 우리를 착취로부터 자유롭게 하시고, 우리를 상호적인 관계의 은총으로 축복하소서. 무지개의 주

황색 띠와 함께, 우리 안의 열정의 불꽃을 지펴주소서.

노랑은 자긍심, 영혼의 근원. 우리의 그리스도여, 당신은 우리의 근원입니다. 우리를 비밀의 벽장으로부터 자유롭게 하시고, 그곳에서 나올 수 있는 용기와 은총을 허락하소서. 무지개의 노란 띠와 함께, 우리의 자신감을 키워가게 하소서.

녹색은 사랑, 영혼의 심장. 위법한 것을 뒤엎으시는 그리스도여, 당신은 사랑으로 규범들을 깨뜨리는, 우리의 심장입니다. 정결함에 집착하는 이 세상에서, 당신은 병자들을 만지고 버림받은 자들과 함께 먹었습니다. 우리를 통일성으로부터 자유롭게 하시고, 일탈의 은총으로 축복하소서. 무지개의 녹색 띠와 함께, 우리의 마음이 모든 생명을 향한 무한한 자비로 가득 차게 하소서.

파랑은 자기표현, 영혼의 목소리. 해방자 그리스도여, 당신은 모든 억압의 형태에 맞서 외치는 우리의 목소리입니다. 우리를 무관심으로부터 자유롭게 하시고 우리를 행동으로 이끌어주소서. 무지개의 파란 띠와 함께, 자유를 위해 살도록 우리를 북돋워주소서.

보라는 비전, 영혼의 지혜. 서로 연결된(interconnected) 그리스도여, 당신은 세상을 창조하고 지속시키는 우리의 지혜입니다. 우리를 고립으로부터 자유롭게 하시고, 상호의존의 은총으로 축복하소서. 무지개의 보라색 띠와 함께, 우리가 다른 모든 사람들과, 다른 모든 피조물과 연결되게 하소서.

무지개 빛깔은 함께 모여 우주적 의식의 왕관인 하나의 빛을 만듭니다. 혼종되고 총괄하는 그리스도여, 당신은 우리의 왕관이시며, 인간임과 동시에 신이십니다. 우리를 고정된 틀에서 자유롭게 하시고, 교차적 정체성의 은총으로 우리를 축복하소서. 무지개와 함께, 우리를 흑백의 사고를 뛰어넘어, 삶의 모든 스펙트럼을 경험하도록 인도하소서.

무지개 그리스도여, 당신은 세상을 밝히셨습니다. 당신은 무지개를 땅의 모든 생명을 지지한다는 약속으로 삼으셨습니다. 무지개 공간에서, 우리는 섹슈얼리티, 젠더, 인종 사이의 모든 숨겨진 연결점을 볼 수 있습니다. 무지개처럼, 우리가 세상의 모든 색깔을 품을 수 있도록 축복하소서. 아멘.

요약

무지개 그리스도론은 다양성, 중간 지점, 중재란 주제들에 초점을 맞추었다. 비록 무지개 그리스도론이 유색인 퀴어의 사회적 삶의 자리와 체화된 경험에서 시작되었지만, 이것이 유색인 LGBTIQ에 대해서만 말하는 것은 아니다. 궁극적으로, 무지개 그리스도론은 모든 사람에게—그리고 모든 사람들과의 대화 속에서—말해야만 한다. 비록 이것이 한 특정한 장소에서 시작되었을지라도, 무지개 그리스도론은 궁극적으로 우주의 영역으로 변형되어야 한다. 나는 이 장에서 그려낸 무지개 그리스도론의 개요가 다른 이들이 앞으로 무지개신학에 참여하도록 용기를 주는 계기가 되길 바란다.

학습을 위한 질문들

1. 여러분의 그리스도론은 무엇입니까? 여러분은 예수 그리스도는 여러분, 그리고/또는 여러분의 공동체에게 어떤 분입니까?
2. 무지개 그리스도론에 반영된 다양성의 주제를 여러분의 방식대로 설명해보세요. 여러분은 어떤 다중적인 그리스도의 경험을 해보았나요?
3. 무지개 그리스도론에 반영된 중간 지점이란 주제를 여러분의 방식대로 설명해보세요. 어떻게 예수 그리스도가 문자적으로 그리고/또는 은유적으로 노숙자로 이해될 수 있나요?
4. 무지개 그리스도론에 반영된 중재라는 주제를 여러분의 방식대로 설명해보세요. 여러분은 어떻게 비관습적인 신학적인 자료를 예수 그리스도에 대한 성찰 속으로 이끌어낼 수 있나요?
5. 무지개 그리스도의 기도 중에서 여러분은 어떤 색깔이 가장 맘에 드나요? 가장 덜 맘에 드나요? 왜 그런가요?

심화학습을 위한 자료들

무지개신학과 다양성

    Cheng, *From Sin to Amazing Grace*, 135
    Cheng, "Kuan Yin"
    Conner, *Blossom of Bone*, 245-46
    Copeland, *Enfleshing Freedom*

Goss, *Queering Christ*, 253

무지개신학과 중간 지점

Cheng, "Gay Asian masculinities and Christian Theologies"
Cornwall, *Sex and Uncertainty*
Driskill et al., "The Revolution is for Everyone"
Dykstra, "Jesus, Bread, Wine, and Roses"
Farajajé, "Foreword"
Rudy, *Sex and the Church*
Tanis, *Trans-Gendered*

무지개신학과 중재

Cho, *I Have Chosen to Stay and Fight*
Gonzalez, "*Circus Christi*"
Liu, "His Body Like Christ Passed In and Out of My Life"
Liu, "On Hearing the Seven Last Words of Christ"
Serrano, "Piss Christ"
Sneed, "Dark Matter"
Xavier, "Just Like Jesus"

결론

이 책을 처음 시작하면서 말했듯이, 나는 "하계 인권 캠페인 연구소"에서 멘토로 섬길 기회를 가졌다. HRC 여름 연구소는 LGBTIQ 신학 그리고/또는 종교학을 연구하는 15명의 석박사 과정생들이 한 주 동안 모이는 프로그램이다. 이 프로그램은 템플 대학교의 레베카 알퍼트(Rebecca Alpert), 시카고 신학대학원의 켄 스톤(Ken Stone), 그리고 HRC 종교와 신앙 프로그램(HRC Religion and Faith Program)의 샤론 그로브스(Sharon Groves)에 의해 운영된다.

HRC 여름 연구소의 멘토로서, 나는 매년 5명의 소그룹을 이끄는 책임을 맡았다.[1] 소그룹은 한 주 동안 여러 번 만나서 서로 체크해주고, 상호적인 도움을 제공하고, LGBTIQ 문제를 연구할 미래 학자들에게 학계의 안팎 소식을 가르쳐주었다. 그 곳은 또한 참여자들이 자신들의 학문적 연구들을 다른 사람들과 나누고 격려와 피드백을 받는 공간이었다.

---

1) 2011년과 2012년에, 나는 HRC 여름 연구소에서 샬롯에 있는 노스캐롤라이나 대학의 켄트 L. 브린트날(Kent L. Brintnall)과 플로리다에 있는 뉴 칼리지의 히더 화이트(Heather White)와 함께 멘토로 일했다. 2010년에도 우리 세 명은 지금의 목회를 위한 스타 킹 학교(Star King School for Ministry)인 노아크 드즈무라(Noach Dzmura)에서 함께 일했다.

2012년 여름에, 나는 내가 맡은 소그룹을 "무지개 공간"으로 경험하는 행운을 얻었다. 특별히, 우리 6명—즉, 5명의 학생들과 나—은 스스로의 정체성들을 유색인 LGBTIQ/지지자로 삼았고, 정도의 차이는 조금 있었지만 우리 모두가 인종, 섹슈얼리티, 영성의 문제들과 연관된 학문적 관심들을 갖고 있었다. 이것은 우리의 "낯선 친밀감"을 경험하는 멋진 방식이었다.2) 즉, 우리 모두는 유색인 퀴어/지지자로서의 정체성을 가진 점에서 많은 유사성을 공감했지만, 우리는 또한 매우 다른 배경과 학문적 관심을 갖고 있었다.

내게 이 소그룹은 무지개신학의 작업을 실천하는 훌륭한 사례였다. 첫 번째, 우리 소그룹은 다양한 인종적, 민족적 배경들—아프리카계 미국인, 아시아계 미국인, 라띠나/노—과 다양한 섹슈얼리티들과 젠더 정체성들을 가진 사람들로 구성되어 있어서, 그 안에서 무지개 주제인 다양성을 경험했다. 둘째로, 우리는 우리 대부분이 한편으로는 이성애자가 지배적으로 많은 유색인 공동체들과 다른 한편으로는 백인이 지배적인 LGBTIQ 공동체들 사이에 걸쳐 있는 중간 지점이라는 무지개 주제를 경험을 했다. 끝으로, 우리는 다양한 학문간, 초국가적, 다종교적 관심들을 함께 다루면서 중재라는 무지개 주제를 경험했다.

이 책은 유색인 LGBTIQ의 경험을 기반으로 무지개신학을 명료하게 밝히려는 시도였다. 책의 1부에서, 우리는 유색인 퀴어 신학의 네 가지 다른 층들을 조직적으로 살펴보았다. 첫째, 우리는 퀴어 흑인신학을 흑인교회 배타성, 흑인 레즈비언 목소리 되찾기, 흑인 해방신학

---

2) Hong and Ferguson, *Strange Affinities*.

에 대한 도전의 주제로 나누어 살펴보았다. 둘째로, 우리는 퀴어 아시아계 미국인 신학들을 아시아와 아시아계 미국인 교회의 배타성, LGBTIQ 인종차별에 대한 비판, 초국가적인 관점의 중요성에 대한 강조의 주제들로 나눠 살펴보았다. 셋째로, 우리는 퀴어 라띠나/노 신학을 경계 지역에서 살아남기, 남성다움 과시문화에 대한 도전, 문학적, 종교적인 경계 넘어가기의 주제로 나누어 살펴보았다. 넷째로, 우리는 두-영혼 원주민 담론을 정복자 식민주의에 저항하기, 두-영혼 정체성 깨닫기, 지지자들의 과제 수행하기의 주제로 나누어 살펴보았다.

이 책의 2부에서, 우리는 무지개신학을 수립하려는 좀 더 큰 질문으로 방향을 바꾸었다. 즉, 어떻게 우리는 유색인 LGBTIQ의 관점에서 폭넓은 신학 토론을 할 수 있을 것인가? 만일 유색인 퀴어들이 주변부가 아니라 신학적 성찰의 중심부에 있다면, 어떤 일들이 벌어질까? 만일 무지개신학이 단지 유색인 LGBTIQ의 신학적 경험에 관한 것뿐 아니라, 실제로 신학함의 한 새로운 방식이라면 어떤 일이 생겨날까? 따라서, 이 책의 2부는 세 가지 무지개 주제들—(1) 다양성, (2) 중간 지점, (3) 중재—을 다루고, 이를 단색 주제들—(1) 단일성, (2) 집에 머물기, (3) 편 선택하기—과 대비시켰다.

여전히 해야 할 일이 많다. 예를 들어, 비록 우리가 이 책의 1부에서 퀴어 흑인, 퀴어 아시아계 미국인, 퀴어 라띠나/노, 두-영혼 원주민 신학과 담론의 서로 다른 층들을 조직적으로 조사하려고 노력했지만, 카리브제도, 중동, 남아시아와 동남아시아, 그리고 태평양제도의 많은 목소리들이 여전히 다뤄지지 못한 채 남겨져 있다. 또한 유색인 퀴어 장애인과 혼합된 유산을 가진, 혼합인종 퀴어들의 목소리도 빠져 있다. 그리고 종교간 대화—아브라함의 관점에서 뿐만이 아니라, 동양의 종교와 철학과의 대화—와 생태신학적 문제와 관련된 많은 연구가 이루어져야 한다.

이런 것들과 함께, 내가 바라는 것은 이 책이 단지 광범위한 신학적 담론에 끼친 유색인 퀴어 신학의 공헌에 관한 대화의 확장으로 나아가는 출발점이 되는 것이다. 내가 처음 벽장에서 나와 게이 아시아계 미국인 남자로 커밍아웃을 한 지가 25년이 넘었고, 나는 마침내—신학적으로 표현하자면—단조로운 색의 그림자가 드리운 도로시와 토토의 캔자스의 집에서 선명한 색의 먼치킨랜드(Munchkinland)와 오즈랜드(the Land of Oz)로 옮겨갈 수 있을지도 모른다는 느낌이 든다. 아마도 "무지개 너머 그 어딘가에"란 말이 실제로 이루어질 것이다. "무지개 너머 그 어딘가에/ 하늘은 푸르고/ 당신이 감히 꿈꾸었던 꿈들은/ 정말로 이루어지네."3)

---

3) Harold Arlen and E.Y. Harburg, "Somewhere Over the Rainbow," 1939.

참고문헌

Adam, A. K. M., ed. *Handbook of Postmodern Biblical Interpretation.* St. Louis, MO: Chalice Press, 2000.

Adams, Carol J., and Marie M. Fortune, eds. *Violence Against Women and Children: A Christian Theological Sourcebook.* New York: Continuum, 1995.

Aizumi, Marsha with Aiden Aisumi. *Two Spirits, One Heart: A Mother, Her Transgender Son, and Their Journey to Love and Acceptance.* Arcadia, CA: Peony Press, 2012.

Aland, Kurt, ed. *Synopsis of the Four Gospels.* New York: United Bible Societies, 1982.

Aldrich, Robert, ed. *Gay Life and Culture: A World History.* New York: Universe Publishing, 2006.

Althaus-Reid, Marcella. *Indecent Theology: Theological Perversions in Sex, Gender and Politics.* London: Routledge, 2000.

─────. "'Let Them Talk … !': Doing Liberation Theology from Latin American Closets." In Althaus-Reid, *Liberation Theology*, 5-17.

─────. ed. *Liberation Theology and Sexuality.* Aldershot, UK: Ashgate, 2006.

─────. *The Queer God.* London: Routledge, 2003.

─────. "Queer I Stand: Lifting the Skirts of God." In Althaus-Reid and Isherwood, *The Sexual Theologians*, 99-109.

Althaus-Reid, Marcella, and Lisa Isherwood, eds. *The Sexual Theologian: Essays on Sex, God, and Politics.* London: T&T Clark, 2004.

An Yountae. "Decolonizing Home: Re-Envisioning Nomadic Identities at the Border of Globalization." *Apuntes* 31, no. 2 (2011): 68-77.

Anderson, Lisa Ann. "Desiring to Be Together: A Theological Reflection on Friendship Between Black Lesbians and Gay Men." *Theology and Sexuality*, no. 9 (September, 1998), 59-63.

Anderson, Victor. "African American Church Traditions." In Siker, *Homosexuality and Religion*, 48-50.

_____. "The Black Church and the Curious Body of the Black Homosexual." In Pinn and Hopkins, *Loving the Body*, 297-312.

_____. "Deadly Silence: Reflections on Homosexuality and Human Rights." In Olyan and Nussbaum, *Sexual Orientation and Human Rights*, 185-200.

Anu. "Who Am I?" In Lim-Hing, *The Very Inside*, 19-21.

Anzaldúa, Gloria. *Borderlands/La Frontera: The New Mestiza*. 3rd. ed. San Francisco, CA: Aunt Lute Books, 2007.

_____. *The Gloria Anzaldúa Reader*. Edited by AnaLoise Keating. Durham, NC: Duke University Press, 2009.

Aponte, Edwin David, and Miguel A. De La Torre, eds. *Handbook of Latina/o Theologies*. St. Louis, MO: Chalice Press, 2006.

Asanti, Ifalde Ta'shia. "Living with Dual Spirits: Spirituality, Sexuality and Healing in the African Diaspora." In Hutchins and Williams, *Sexuality, Religion and the Sacred*, 54-62.

Asencio, Marysol, ed. *Latina/o Sexualities: Probing Powers, Passions, Practices, and Policies*. New Brunswick, NJ: Rutgers University Press, 2010.

Ashcroft, Bill, Gareth Griffiths, and Helen Tiffin, eds., *Post-Colonial Studies: The Key Concepts*. London: Routledge, 2000.

"Asian Americans in the Marriage Equality Debate." *Amerasia Journal* 32, no. 1 (2006).

Bailey, Randall C., Tat-siong Benny Liew, and Fernando F. Segovia, eds. *They Were All Together in One Place?: Toward Minority Biblical*

Criticism. Atlanta, GA: Society of Biblical Literature, 2009.

Baldwin, James. *The Cross of Redemption: Uncollected Writings*. Edited by Randall Kenan. New York: Vintage International, 2010.

_____. "To Crush a Serpent." In Baldwin, *Cross of Redemption*, 195-204.

Bantum, Brian. *Redeeming Mulatto: A Theology of Race and Christian Hybridity*. Waco, TX: Baylor University Press, 2010.

Barnard, Ian. *Queer Race: Cultural Interventions in the Racial Politics of Queer Theory*. New York: Peter Lang, 2004.

Bates, Aryana. "Liberation in Truth: African American Lesbians Reflect on Religion, Spirituality, and Their Church." In Thumma and Gray, *Gay Religion*, 221-37.

Battle, Juan, and Sandra L. Barnes. *Black Sexualities: Probing Powers, Passions, Practices, and Policies*. New Brunswick, NJ: Rutgers University Press, 2010.

Bay-Cheng, Laina Y. "The Social Construction of Sexuality: Religion, Medicine, Media, Schools, and Families." In McAnulty and Burnette, *Sex and Sexuality*, Volume 1, 203-28.

Beckford, Robert. "Does Jesus Have a Penis?: Black Male Sexual Representation and Christology." *Theology and Sexuality*, no. 5 (Sept. 1996): 10-21.

Beemyn, Brett Genny. "The Americas: From Colonial Times to the 20th Century," in Aldrich, *Gay Life and Culture*, 145-65.

Bérubé, Allan. *My Desire for History: Essays in Gay, Community, and Labor History*. Chapel Hill: University of North Carolina Press, 2011.

Bhabha, Homi K. *The Location of Culture*. London: Routledge, 1994.

Bohache, Thomas. *Christology from the Margins*. London: SCM Press, 2008.

Boisvert, Donald L. and Jay Emerson Johnson, eds. *Queer Religion: Volume I, Homosexuality in Modern Religious History*. Santa Barbara, CA: Praeger, 2012.

_____. eds. *Queer Religion: Volume II, LGBT Movements and Queering Religion*. Santa Barbara, CA: Praeger, 2012.

Boyer, Carl B. *The Rainbow: From Myth to Mathematics*. Princeton, NJ: Princeton University Press, 1987.

Boykin, Keith, ed. *For Colored Boys Who Have Considered Suicide When the Rainbow Is Still Not Enough: Coming of Age, Coming Out, and Coming Home*. New York: Magnus Books, 2012.

_____. *One More River to Cross: Black and Gay in America*. New York: Anchor Books, 1996.

Brinkman, Martie E. *The Non-Western Jesus: Jesus as Bodhisattva, Avatara, Guru, Prophet, Ancestor or Healer?* London: Equinox, 2009.

Brock, Rita Nakashima, Jung Ha Kim, Kwok Pui-lan, and Seung Ai Yang, eds. *Off the Menu: Asian and Asian North American Women's Religion and Theology*. Louisville, KY: Westminster John Knox Press, 2007.

Bronski, Michael. *A Queer History of the United States*. Boston, MA: Beacon Press, 2011.

Brown, Terry. *Other Voices, Other Worlds: The Global Church Speaks Out on Homosexuality*. New York: Church Publishing, 2006.

Busto, Rudy V. "Normally Queer?: An Asian American Religious Studies Response." Paper presented at the Human Rights Campaign Summer Institute, Vanderbilt University Divinity School, August 8, 2012.

Butler, Judith. *Gender Trouble*. New York: Routledge, 1990.

Campos, Michael Sepidoza. "The *Baklâ*: Gendered Religious Performance in Filipino Cultural Spaces." In Boisvert and Johnson, *Queer Religion II*, 167-91.

Carbado, Devon W., Dwight A. McBride, and Donald Weise, eds. *Black Like Us: A Century of Lesbian, Gay, and Bisexual African American Fiction*. Berkeley, CA: Cleis Press, 2002.

Carlin, Deborah, and Jennifer DiGrazia, eds. *Queer Cultures*. Upper Saddle River, NJ: Pearson Prentice Hall, 2004.

Carrette, Jeremy, and Mary Keller. "Religions, Orientation and Critical Theory: Race, Gender and Sexuality at the 1998 Lambeth Conference." *Theology and Sexuality* 11 (September, 1999): 21-43.

Carton, Adrian. "Desire and Same-Sex Intimacies in Asia," in Aldrich, *Gay Life and Cultures*, 303-31.

Castellanos, Mari E. "Barriers Not Withstanding: A Lesbianista Perspective." In Ragsdale, *Boundary Wars*, 197-207.

Cecil, Leslie, ed. *New Frontiers in Latin American Borderlands*. Newcastle upon Tyne, UK: Cambridge Scholars Publishing, 2012.

Cervantes, Vincent D. "Evolving Theologies: Rethinking Progressive Theology Along the Lines of Jotería Studies." Unpublished paper, 2012.

_____. "Hustling the Divine: Promiscuously Rethinking Sex, Flesh, and Incarnation in Luis Zapata's *El vampiro de la colonia Roma*." Unpublished paper, 2012.

Cheng, Patrick S. "From a 'Far East Coast Cousin': Queer Asian Reflections on Roger A. Sneed's Representations of Homosexuality." *Black Theology: An International Journal* 10, no.3 (2012): 292-300.

_____. *From Sin to Amazing Grace: Discovering the Queer Christ*. New York: Seabury Books, 2012.

_____. "Galatians." In Guest et al. *Queer Bible Commentary*, 624-29.

_____. "Gay Asian Masculinities and Christian Theologies." *CrossCurrents* 61, no.4 (December, 2011): 540-48.

_____. "Hybridity and the Decolonization of Asian American and Queer Theologies," Postcolonial Theology Network, October 17, 2009. 2013년 1월 3일 접속. http://bit.ly/P8mLNi.

_____. "'I am Yellow and Beautiful': Reflections on Queer Asian Spirituality and Gay Male Cyberculture," *Journal of technology, Theology, and Religion* 2, no.3 (June 2011): 1-21. 201년 1월 3일 접속, http://bit.ly/jOCltG.

_____. "Kuan Yin: Mirror of the Queer Asian Christ" (미발행 논문,

2003), 2013년 1월 3일 접속, http://bit.ly/qyvGtk.

_____. "'Mr. Wong's Dong Emporium': Racism and the Gay Community." *Huffington Post*, September 28, 2011. 2013년 1월 3일 접속. http://bit.ly/qyvGtk.

_____. "Multiplicity and Judges 19: Constructing a Queer Asian Pacific American Biblical Hermeneutic." *Semeia* 90/91 (2002): 119-33.

_____. *Radical Love: An Introduction to Queer Theology*. New York: Seabury Books, 2011.

_____. *The Rainbow Connection: Bridging Asian American and Queer Theologies*. Berkeley, CA: Center for Lesbian and Gay Studies in Religion and Ministry, 2011

_____. "Reclaiming Our Traditions, Rituals, and Spaces: Spirituality and the Queer Asian Pacific American Experience." *Spiritus* 6, no. 2 (Fall 2006): 234-40.

_____. "Rethinking Sin and Grace for LGBT People Today." In Ellison and Douglas, *Sexuality and the Sacred*, 105-18.

_____. "Roundtable Discussion: Same-Sex Marriage." *Journal of Feminist Studies in Religion* 20, no. 2 (2004): 103-7.

_____. "A Three-Part Sinfonia: Queer Asian Reflections on the Trinity." In Fernandez, *New Overtures*, 173-91.

_____. "A Unicorn at the White House." *Huffington Post* (July 30, 2012). 2013년 1월 3일 접속. http://huff.to/Phq3d2.

Cherry, Kittredge and Zalmon Sherwood, eds. *Equal Rites: Lesbian and Gay Worship, Ceremonies, and Celebrations*. Louisville, KY: Westminster John Knox Press, 1995.

Cho, Margaret. *I Have Chosen to Stay and Fight*. New York: Riverhead Books, 2005.

Cho, Song, ed. *Rice: Explorations into Gay Asian Culture and Politics*. Toronto, ON: Queer Press, 1998.

Chung Hyun Kyung. *Struggle to Be the Sun Again: Introducing Asian*

Women's Theology. Maryknoll, NY: Orbis Books, 1990.

Cleaver, Richard. *Know My Name: A Gay Liberation Theology*. Louisville, KY: Westminster John Knox Press, 1995.

Coleman, Monica A., ed. *Ain't I a Womanist, Too?: Third Wave Womanist Religious Thought*. Minneapolis, MN: Fortress Press, 2013.

_____. "Invoking Oya: Practicing a Polydox Soteriology Through a Postmodern Womanist Reading of Tananarive Due's *The Living Blood*." In Keller and Schneider, *Polydoxy*, 186-202.

_____. *Making a Way Out of No Way: A Womanist Theology*. Minneapolis, MN: Fortress Press, 2008.

_____. "Roundtable Discussion: Must I Be Womanist?", *Journal of Feminist Studies in Religion* 22, no. 1 (Spring, 2006): 85-96.

Comstock, Gary David. *A Whosoever Church: Welcoming Lesbians and Gay Men into African American Congregations*. Louisville, KY: Westminster John Knox Press, 2001.

Comstock, Gary David and Susan E, Henking, eds., *Que(e)rying Religion: A Critical Anthology*. New York: Continuum, 1997.

Cone, James H. and Gayraud S. Wilmore, eds. *Black Theology: A Documentary History, Volume II, 1980-1992*. Maryknoll, NY: Orbis Books, 1993.

Conner, Randy P. *Blossom of Bone: Reclaiming the Connections Between Homoeroticism and the Sacred*. New York: HarperSanfrancisco, 1993.

Conner, Randy P., David Hatfield Sparks, and Mariya Sparks, *Cassell's Encyclopaedia of Queer Myth, Symbol and Spirit*. London: Cassell, 1997.

Consolacion, Teddy. "Where I Am Today." In Kumashiro, *Troubling Intersections*, 83-85.

Constantine-Simms, Delroy. *The Greatest Taboo: Homosexuality in Black Communities*. Los Angeles, CA: Alyson Books, 2000.

Copeland, M. Shawn. *Enfleshing Freedom: Body, Race, and Being*.

Minneapolis, MN: Fortress Press, 2010.

Corber, Robert J., and Stephen Valocchi, eds. *Queer Studies: An Interdisciplinary Reader*, Malden, MA: Blackwell, 2003.

Córdova Quero, Hugo. "Risky Affairs: Marcella Althaus-Reid in Indecently Queering Juan Luis Segundo's Hermeneutical Circle Propositions," in Isherwood and Jordan, *Dancing Theology*, 207-18.

Córdova Quero, Martín Hugo. "Friendship with Benefits: A Queer Reading of Aelred of Rievaulx and His Theology of Friendship," in Althaus-Reid and Isherwood, *The Sexual Theologian*, 26-46.

_____. "The Prostitutes Also Go into the Kingdom of God: A Queer Reading of Mary of Magdala," in Althaus-Reid, *Liberation Theology*, 81-110.

Cornell, Michiyo. "Living in Asian America: An Asian American Lesbian's Address Before the Washington Monument(1979)." In Leong, *Asian American Sexualities*, 83-84.

Cornwall, Susannah. *Controversies in Queer Theology*. London: SCM Press, 2011.

_____. *Sex and Uncertainty in the Body of Christ: Intersex Conditions and Christian Theology*. London: Equinox, 2010.

Crawley, Ashon T. "Circum-Religious Performance: Queer(ed) Black Bodies and the Black Church," *Theology and Sexuality* 14, no. 2 (Jan. 2008): 201-22.

Crowley, Paul. "An Ancient Catholic: An Interview with Richard Rodriguez." In Comstock and Henking, *Que(e)rying Religion*, 338-42.

Cruz-Malavé, Arnaldo, and Martin F. Manalansan. *Queer Globalizations: Citizenship and the Afterlife of Colonialism*. New York: New York University Press, 2002.

Daniels, Roger. *Coming to America: A History of Immigration and Ethnicity in American Life*, 2nd ed. New York: Harper Perennial, 2002.

de la Huerta, Christian. *Coming Out Spirituality: The Next Step*. New

York: Jeremy P. Tarcher/Putnam, 1999.

De a Torre, Miguel A. "Beyond Machismo: A Cuban Case Study." In Ellison and Douglas, *Sexuality and the Sacred*, 221-38.

_____. "Confession of a Latino Macho: From Gay Basher to Gay Ally." In De La Torre, *Out of the Shadows*, 59-75.

_____. *A Lily Among the Throns: Imagining a New Christian Sexuality*. San Francisco, CA: Jossey-Bass, 2007.

_____. ed. *Out of the Shadows into the Light: Christianity and Homosexuality*. St. Louis, MO: Chalice Press, 2009.

De La Torre, Miguel A., Ignacio Castuera, and Lisbeth Meléndez Rivera, A *La Familia: Conversation About Our Families, the Bible, Sexual Orientation and Gender Identity*. Edited by Sharon Groves and Rebecca Voelkel. Washington, DC: Human Rights Campaign Foundation, 2010.

Diaz, Michael A. "*Nepantla* as Indigenous Middle Space: Developing Biblical Reading Strategies for Queer Latina/os." D. Min. thesis, Episcopal Divinity School, 2012.

Díaz, Rafael M. *Latino Gay Men and HIV: Culture, Sexuality, and Risk Behavior*. New York: Routledge, 1998.

Douglas, Kelly Brown. "Black and Blues: God-Talk/Body-Talk for the Black Church." In Ellison and Douglas, *Sexuality and the Sacred*, 48-66.

_____. "The Black Church and the Politics of Sexuality." In Pinn and Hopkins, *Loving the Body*, 347-62.

_____. *Sexuality and the Black Church: A Womanist Perspective*. Maryknoll, NY: Orbis Books, 1999.

Driskill, Qwo-Li. "*Asegi Ayetl*: Cherokee Two-Spirit People Reimaging Nation." In Driskill et al., *Queer Indigenous Studies*, 97-112.

Driskill, Qwo-Li, Chris Finley, Brian Joseph Gilley, and Scott Lauria Morgensen. "Introduction." In Driskill et al., *Queer Indigenous Studies*, 1-28.

_____. eds. *Queer Indigenous Studies: Critical Interventions in Theory, Politics, and Literature*. Tuscon: University of Arizona Press, 2011.

_____. "The Revolution Is for Everyone: Imagining an Emancipatory Future Through Queer Indigenous Critical Theories." In Driskill et al., *Queer Indigenous Studies*, 211-21.

Duberman, Martin. *Stonewall*. New York: Plume, 1993.

Dunn, Melissa and Aisha Moodie-Mills. "The State of Gay and Transgender Communities of Color in 2012" (April 13, 2012), Center for American Progress. Accessed January 3, 2013, http://bit.ly/lhiwY6.

Dykstra, Laurel. "Jesus, Bread, Wine and Roses: A Bisexual Feminist at the Catholic Worker." In Colodny, *Blessed Bi Spirit*, 78-88.

Dynes, Wayne R. and Stephen Donaldson. *Asian Homosexuality*. New York: Garland Publishing, 1992.

Eaklor, Vicki, L. *Queer America: A People's GLBT History of the United States*. New York: New Press, 2008.

Ellison, Marvin M., and Kelly Brown Douglas, eds. *Sexuality and the Sacred: Sources for Theological Reflection*, 2nd ed. Louisville, KY: Westminster John Knox Press, 2010.

Ellison, Marvin M., and Judith Plaskow, eds. *Heterosexism in Contemporary World Religion: Problem and Prospect*. Cleveland, OH: Pilgrim Press, 2007.

Eng, David L. *Racial Castration: Managing Masculinity in Asian America*. Durham, NC: Duke University Press, 2001.

Eng, David L., Judith Halberstam, and José Esteban Muñoz. "What's Queer About Queer Studies Now?" *Social Text*. nos. 84-84(2005): 1-17.

Eng, David L. and Alice Y. Hom. *Q&A: Queer in Asian America*. Philadelphia, PA: Temple University Press, 1988.

Erai, Michelle. "A Queer Caste: Mixing Race and Sexuality in Colonial New Zealand." In Driskill et al., *Queer Indigenous Studies*, 66-80.

Espín, Orlando O. *Grace and Humanness: Theological Reflections Because of Culture*. Maryknoll, NY: Orbis Books, 2007.

Fackre, Gabriel. *The Rainbow Sign: Christian Futurity*. Grand Rapids, MI: Wm. B. Eerdmans Publishing, 1969.

Farajajé, Ibrahim Abdurrahman. "Foreword." In Hutchins and Williams. *Sexuality, Religion, and the Sacred*, x-xi.

Farajaje-Jones, Elias. "Breaking Silence: Toward an In-the-Life Theology," In James H. Cone and Gayraud S. Wilmore. Eds. *Black Theology II*, 139-59.

_____. "Invocation of Remembrance, Healing, and Empowerment in a Time of AIDS." In Cherry and Sherwood, *Equal Rites*, 25-27.

farajajé-jones, elias. "Holy Fuck," In Kay, Nagel and Gould, *Male Lust*, 327-35.

Farajajé-Jones, Elias. "Loving 'Queer': We're All a Big Mix of Possibilities of Desire Just Waiting to Happen," *In the Family* 6, no. 1 (Summer 2000): 14-21.

Fernandez, Eleazar S., ed. *New Overtures: Asian North American Theology in the 21st Century*. Upland, CA: Sopher Press, 2012.

Finley, Chris. "Decolonizing the Queer Native Body (and Recovering the Native Bull-Dyke): Bringing 'Sexy Back' and Out of Native Studies' Closet." In Driskill et al., *Queer Indigenous Studies*, 31-42.

Foster, David William, ed. *Chicano/Latino Homoerotic Identities*. New York: Garland Publishing, 1999.

Foulke, Mary L. "Coming Out as White/ Becoming White: Racial Identity Development as a Spiritual Journey." Theology and Sexuality 3, no. 5 (September 1996): 22-36.

Foulke, Mary L., and Renee L. Hill. "We Are Not Your Hope for the Future: Being an Interracial Lesbian Family Living in the Present." In Goss and Strongheart, *Our Families, Our Values*, 243-49.

Fung, Richard. "Looking for My Penis: The Eroticized Asian in Gay Video Porn." In Leong, *Asian American Sexualities*, 181-98.

Gamson, Joshua. "Must Identity Movements Self-Destruct?: A Queer Dilemma." In Carlin and DiGrazia, *Queer Cultures*, 279-303.

García, Ramón. "Priests." In Evans and Healey, *Queer and Catholic*, 129-32.

Garner, Darlene. "A Sample Service of Holy Union Based on the Tradition of Kwanzaa." In Cherry and Sherwood, *Equal Rites*, 94-100.

Girman, Chris. *Mucho Macho: Seduction, Desire, and the Homoerotic Lives of Latin Men*. Binghamton, NY: Harrington Park Press, 2004.

Goh, Joseph N. "*Mak Nyah* Bodies as Sacred Sites: Uncovering the Queer Body-Sacramentality of Malaysian Male-to-Female Transsexuals." *CrossCurrent* 62, no.4 (December 2012): 512-21.

_____. "The Word Was *Not* Made Flesh: Theological Reflections on the Banning of Seksualiti Merdeka 2011." *Dialog: A Journal of Theology* 51, no. 2 (Summer 2012): 145-54.

Goss, Robert. *Jesus Acted Up: A Gay and Lesbian Manifesto*. New York: HarperSanFrancisco, 1993.

Goss, Robert E. *Queering Christ: Beyond Jesus Acted Up*. Cleveland, OH: Pilgrim Press, 2002.

Goss, Robert E., and Amy Adams Squire Strongheart. *Our Families, Our Values: Snapshots of Queer Kinship*. Binghamton, NY: Harrington Park Press, 1997.

Gregory, Steven, and Roger Sanjek, eds. *Race*. New Brunswick, NJ: Rutgers University Press, 1994.

Griffin, Horace. "Toward a True Black Liberation Theology: Affirming Homoeroticism, Black Gay Christians, and Their Love Relationships," in Pinn and Hopkins, *Loving the Body*, 133-53.

Griffin, Horace L. *Their Own Receive Them Not: African American Lesbians and Gays in Black Churches*. Cleveland, OH: Pilgrim Press, 2006.

_____. "Their Own Receive Them Not: Lesbians and Gays in Black

Churches." *Theology and Sexuality*. no. 12 (March 2000):88-100.

Guest, Deryn, Robert E. Goss, Mona West, Thomas Bohache, eds., *The Queer Bible Commentary*. London: SCM Press, 2006.

Guitiérrez, Ramón A. ed. "Further Desire: Asian and Asian American Sexualities," *Amerasia Journal* 37, no.2 (2011).

Hames-García, Michael. "Queer Theory Revisited." In Hames-García and Martinez, *Gay Latino Studies*, 19-25.

Hames-García, Michael, and Ernesto Javier Martinez. "Introduction: Re-membering Gay Latino Studies." In Hames-García and Martinez, *Gay Latino Studies*, 1-18.

_____. eds. *Gay Latino Studies: A Critical Reader*. Durham, NC: Duke University Press, 2011.

Hamilton, Kenneth. "Colonial Legacies, Decolonized Spirits: Balboa, Ugandan Martyrs and AIDS Solidarity Today." In Hutchins and Williams, *Sexuality, Religion, and the Sacred*, 78-93.

_____. "'The Flames of Namugongo': Postcoloniality Meets Queer on African Soil?" *Journal of Commonwealth and Postcolonial Studies* 10, no.1 (2003): 183-208.

Han, Arar, and John Hsu, eds. *Asian American X: An Intersection of 21st Century Asian American Voices*. Ann Arbor: University of Michigan Press, 2004.

Hanks, Tom. *The Subversive Gospel: A New Testament Commentary of Liberation*. Translated by John P. Doner. Cleveland, OH: Pilgrim Press, 2000.

Haritaworn, Jin. "Shifting Positionalities: Empirical Reflections on a Queer/Trans of Colour Methodology." *Sociological Research Online* 13, no. 1.13 (March 21, 2008): 5.1, 2013년 1월 3일 접속, http://bit.ly/ifbHzR.

Harper, Indie. "No Asians, Blacks, Fats, or Femmes." In Boykin, *For Colored Boys*, 129-35.

Hassett, Miranda K. *Anglican Communion in Crisis: How Episcopal*

Dissidents and Their African Allies Are Reshaping Anglicanism. Princeton, NJ: Princeton University Press, 2007.

Hawley, John C., ed. *Post-Colonial, Queer: Theoretical Intersections.* Albany: State University of New York Press, 2001.

Henderson-Espinoza, Robyn. "*El Cuerpo Como (un) Espacio de Frontera*: The Body as (a) Borderland Space." In Leslie, *New Frontiers*, 41-48

Hernandez, Lydia. "And So It Was." In Thorson-Smith et al., *Called Out With*, 85-91.

Hernández-Gutiérrez, Manuel de Jesús. "Building a Research Agenda on U.S. Latino Lesbigay Literature and Cultural Production: Texts, Writers, Performance Artists, and Critics." In Foster, *Chicano/Latino Homoerotic Identities*, 287-304.

Herrero-Brasas, Juan A. "Whitman's Church of Comradeship: Same-Sex Love, Religion, and the Marginality of Friendship," In Boisver and Johnson. *Queer Religion I*, 169-89

Heyward, Carter. *Touching Our Strength: The Erotic as Power and the Love of God.* New York: HarperSanFrancisco, 1989.

Hick, John. *A Christian Theology of Religions: The Rainbow of Faiths.* Louisville, KY: Westminster John Knox Press, 1995.

Highleyman, Liz. "Kiyoshi Kuromiya: Integrating the Issues." In Mecca, *Smash the Church*, 17-21.

Hill, Renee L. "Who Are We for Each Other?: Sexism, Sexuality and Womanist Theology." In *Black Theology: A Documentary History, Volume II, 1980-1992.* Ed. James H. Cone and Gayraud S. Wilmore. Maryknoll, NY: Orbis Books, 1993, 345-51.

Hill, Renée Leslie. "Disrupted/Disruptive Movements: Black Theology and Black Power 1969/1999." In Hopkins, *Black Faith and Public Talk*, 138-49.

Hinze, Christine Firer, J. Patrick Hornbeck, and Michael A. Norko, *More Than a Monologue: Sexual Diversity in the Catholic Church.*

Bronx. NY: Fordham University Press, 2014.

Hoang, Nguyen Tan. "The Resurrection of Brandon Lee: The Making of a Gay Asian American Porn Star." In Williams, *Porn Studies*, 223-70.

Hong, Grace Kyungwon and Roderick A. Ferguson, "Introduction." In Hong and Ferguson, S*trange Affinities*, 1-22.

_____. eds. *Strange Affinities: The Gender and Sexual Politics of Comparative Racialization*. Durham, NC: Duke University Press, 2011.

Hopkins, Dwight N., ed. *Black Faith and Public Talk: Critical Essays on James H. Cone's Black Theology and Black Power*. Maryknoll, NY: Orbis Books, 1999.

Hopkins, Julian, and Julian C. H. Lee, eds. *Thinking Through Malaysia: Culture and Identity in the 21st Century*. Petaling Jaya, Malaysia: Strategic Information and Research Development Centre, 2012.

Hornsby, Teresa J., and Ken Stone, eds. *Bible Trouble: Queer Reading at the Boundaries of Biblical Scholarship*. Atlanta, GA: Society of Biblical Literature, 2011.

HoSang, Daniel Martinez, Oneka LaBennett, and Laura Pulido, eds. *Racial Formation in the Twenty-First Century*. Berkeley: University of California Press, 2012.

Hsiung, Ann-Marie. "Gender and Same-Sex Relations in Confucianism and Taoism," In Ellison and Plaskow, *Heterosexism in Contemporary World Religion*, 99-134

Hunt, Mary E. *Fierce Tenderness: A Feminist Theology of Friendship*. New York: Crossroad, 1991.

_____. "Same-Sex Marriage and Relational Justice," *Journal of Feminist Studies in Religion* 20, no.2 (Fall 2004): 83-92.

Hutchins, Loraine, and H. Sharif Williams. *Sexuality, Religion, and the Sacred: Bisexual, Pansexual and Polysexual Perspectives*. Abingdon, UK: Routledge, 2012.

Isherwood, Lisa, and Mark D. Jordan, eds. *Dancing Theology in Fetish*

Boots: Essays in Honour of Marcella Althaus-Reid. London: SCM Press, 2010.

Jacobs, Sue-Ellen, Wesley Thomas, and Sabine Lang, eds. *Two-Spirit People: Native American Gender Identity, Sexuality, and Spirituality*. Urbana: University of Illinois Press, 1997.

James, G. Winston and Lisa C. Moore, eds. *Spirited: Affirming the Soul and Black Gay/Lesbian Identity*. Washington, DC: RedBone Press, 2006.

Jennings, Theodore W. *The Man Jesus Loved: Homoerotic Narratives from the New Testament*. Cleveland, OH: Pilgrim Press, 2003. (박성훈 옮김, 『예수가 사랑한 남자: 신약성서의 동성애 이야기』 서울: 동연, 2011).

Johnson, E. Patrick. "Feeling the Spirit in the Dark: Expanding Notions of the Sacred in the African American Gay Community." in Constantine-Simms, *The Greatest Taboo*, 88-109.

Jojo (Kenneth Hamilton). "Searching for Gender-Variant East African Spiritual Leaders, From Missionary Discourse to Middle Course." In Donald L. Boisvert and Jay Emerson Johnson, ed. *Queer Religion: Volume I, Homosexuality in Modern Religious History*. Santa Barbara, CA: Praeger, 2012, 127-45.

Jones, Serene. *Feminist Theory and Christian Theology: Cartographies of Grace*. Minneapolis, MN: Fortress Press, 2000.

Justice, Daniel Heath, Mark Rifkin, and Bethany Schneider, eds. "Sexuality, Nationality, Indigeneity," *GLQ: A Journal of Lesbian and Gay Studies* 16, nos. 1-2 (2010).

Kamitsuka, Margaret D. ed. *The Embrace, of Eros: Bodies, Desires, and Sexuality in Christianity*. Minneapolis, MN: Fortress Press, 2010.

Kay, Kerwin, Jill Nagle, and Baruch Gould, eds. *Male Lust: Pleasure, Power, and Transformation*. Binghamton, NY: Harrington Park Press, 2000.

Keller, Catherine and Laurel C. Schneider. *Polydoxy: Theology of*

Muliplicity and Relation. Abingdon, UK: Routledge, 2011.

Kim, Michael. "Out and About: Coming of Age in a Straight White World." In Han and Hsu, *Asian American X*, 139-48.

Kittel, Gerhard, ed. *Theological Dictionary of the New Testament. Volume 1*. Translated by Geoffrey W. Bromiley. Grand Rapids, MI: Wm. B. Eerdmans, 1964.

_____. ed. *Theological Dictionary of the New Testament. Volume 4*. Translated by Geoffrey W. Bromiley. Grand Rapids, MI: Wm. B. Eerdmans, 1967.

Kolodny, Debra R., ed. *Blessed Bi Spirit: Bisexual People of Faith*. New York: Continuum, 2000.

Kong, Travis S. K. *Chinese Male Homosexualities: Memba, Tongzhi and Golden Boy*. London: Routledge, 2011.

_____. "Sexualizing Asian Male Bodies." In Seidman, Fischer, and Meeks, *Introducing the New Sexuality Studies*, 84-88.

Kornegay, EL. "Queering Black Homophobia: Black Theology as a Sexual Discourse of Transformation," *Theology and Sexuality* 11, no. 1 (Sept. 2004): 29-51.

Krondorfer, Björn, ed. *Men and Masculinities in Christianity and Judaism: A Critical Reader*. London: SCM Press, 2009.

Kumashiro, Kevin K. *Restoried Selves: Autobiographies of Queer Asian/Pacific American Activists*. Binghamton, NY: Harrington Park Press, 2004.

_____. *Troubling Intersections of Race and Sexuality: Queer Students of Color and Anti-Oppressive Education*. Lanham, MD: Rowman and Littlefield, 2001.

Kwok Pui-lan. "Asian and Asian American Churches." In Siker, *Homosexuality and Religion*, 59-61.

_____. "Body and Pleasure in Postcoloniality." In Isherwood and Jordan, *Dancing Theology in Fetish Boots*, 31-43.

_____. *Postcolonial Imagination and Feminist Theology*. Louisville,

KY: Westminster John Knox Press, 2005.

_____. "Touching the Taboo: On the Sexuality of Jesus," in Ellison and Douglas, *Sexuality and the Sacred*, 119-34. "Body and Pleasure in Postcoloniality." In Isherwood and Jordan, *Dancing Theology*, 31-43.

Law, Eric H. F. "A Litany for Dialogue Among People with Different Sexual Orientations." In Cherry and Sherwood, *Equal Rites*, 32-34.

_____. "A Spirituality of Creative Marginality." In Comstock and Henking, *Que(e)rying Religion*, 343-46.

_____. "A True WOW Experience: A Dialogue." Allies Gather (wesite) 2013년 1월 3일 접속. http://bit.ly/NuZ0xa.

_____. *The Word at the Crossings: Living the Good News in a Multicontextual Community*. St. Louis, MO: Chalice Press, 2004.

Lee, Jeanette Mei Gim. "Queerly a Good Friday." In Kevin K. Kumashiro, ed., *Restoried Selves: Autobiographies of Queer Asian/Pacific American Activists*. Binghamton, NY: Harrington Park Press, 2004, 81-86.

Lee, Jung Young. *Marginality: The Key to Multicultural Theology*. Minneapolis, MN: Fortress Press, 1995.

Lee, Raymond L., and Alistair B. Fraser, *The Rainbow Bridge: Rainbows in Art, Myth, and Science*, University Park: Pennsylvania State University Press, 2001.

Lee, Sang Hyun. *From a Liminal Place: An Asian American Theology*. Minneapolis, MN: Fortress Press, 2010.

Leong, Russell, ed. *Asian American Sexualities: Dimensions of the Gay and Lesbian Experience*. New York: Routledge, 1996.

Lewis, Linwood J. "Sexuality, Race, and Ethnicity." In McAnulty and Burnette, *Sex and Sexuality, Volume 1*, 229-64.

Li, Yu-chen. "Reconstructing Buddhist Perspectives on Homosexuality: Enlightenment from the Study of the Body," in Ellison and Plaskow, *Heterosexism in Contemporary World Religion*, 135-53.

Liang, Christopher T.H., Amanda L. Y. Rivera, Anisha Nathwani, Phillip Dang, and Ashley N. Douroux. "Dealing with Gendered Racism and Racial Identity Among Asian American Men." In Liu, Iwamoto, and Chae, *Culturally Responsive Counseling*, 63–81.

Liew, Tat-siong Benny. "(Co)Responding: A Letter to the Editor." In Stone, *Queer Commentary and the Hebrew Bible*, 182–92.

_____. "Queering Closets and Perverting Desires: Cross-Examining John's Engendering and Transgendering Word Across Different Worlds." In Bailey, Lieu, and Segovia, *They Were All Together in One Place?: Toward Minority Biblical Criticism*, 251–88.

Lightsey, Pamela R. "The Eddie Long Scandal: It *Is* About Anti-Homosexuality." *Religion Dispatches* (Sept. 29, 2010), 2013년 1월 3일 접속. http://bit.ly/SRiuNQ.

_____. "Methodist Clergy Pledge to Defy Church in Blessing LGBT Unions," *Religion Dispatches* (June 11, 2011), 2013년 1월 3일 접속. http://bit.ly/ksYH9j.

Lim, Leng, with Kim-Hao Yap and Tuck-Leong Lee. "The Mythic-Literalists in the Province of Southeast Asia." In Brown, *Other Voices*, 58–76.

Lim, Leng Leroy. "'The Bible Tells Me to Hate Myself': The Crisis in Asian American Spiritual Leadership." *Semeia* 90/91 (2002): 315–22

_____. "Exploring Embodiment." In Katherine Hancock Ragsdale, ed., *Boundary Wars: Intimacy and Distance in Healing Relationships*. Cleveland, OH: Pilgrim Press, 1996, 58–77.

_____. "The Gay Erotics of My Stuttering Mother Tongue." *Amerasia Journal* 22, no. 1 (1996), 172–77.

_____. "Webs of Betrayal, Webs of Blessings." In Goss and Strongheart, *Our Families, Our Values*, 227–41.

Lim-Hing, Sharon, ed. *The Very Inside: An Anthology of Writing by Asian and Pacific Islander Lesbian and Bisexual Women*. Toronto, ON: Sister Vision Press, 1994.

Liu, Timothy. *For Dust Thou Art.* Carbondale: Southern Illinois University Press, 2005.

_____. "His Body Like Christ Passed In and Out of My Life." In Liu, *Vox Angelica*, 15.

_____. "On Hearing the Seven Last Words of Christ." In Liu, *For Dust Thou Art*, 50.

_____. *Vox Angelica.* Cambridge, MA: Alice James Books, 1992.

Liu, William Ming and William R. Concepcion, "Redefining Asian American Identity and Masculinity," in *Culturally Responsive Counseling with Asian American Men*, ed. William Ming Liu, Derek Kenji Iwamoto, and Mark H. Chae. New York: Routledge, 2010.

Liu, William Ming, Derek Kenji Iwamoto, and Mark H. Chae, eds. *Culturally Responsive Counseling with Asian American Men.* New York: Routledge, 2010.

Long, Michael G. *Martin Luther King Jr., Homosexuality, and the Early Gay Rights Movement: Keeping the Dream Straight?* New York: Palgrave Macmillan, 2012.

Lorde, Audre. *Sister Outsider: Essays and Speeches*, rev. ed. Berkeley, CA: Crossing Press, 2007. (주해연, 박미선 옮김. 『시스터 아웃사이더』, 후마니타스, 2018).

Loughlin, Gerard, ed. *Queer Theology: Rethinking the Western Body.* Malden, NA: Blackwell Publishing, 2007.

Lowe, Mary Elise. "Gay, Lesbian, and Queer Theologies: Origins, Contributions, and Challenges." *Dialog: A Journal of Theology* 48, no. 1 (Spring, 2009), 49-61.

Maiztegui, Humberto. "Homosexuality and the Bible in the Anglican Church of the Southern Cone of America." In Brown, *Other Voices, Other Worlds*, 236-48.

Manalansan, Martin F. *Global Divas: Filipino Gay Men in the Diaspora.* Durham, NC: Duke University Press, 2003.

Marcus, Eric. *Making Gay History: The half-Century Fight for Lesbian and Gay Equal Rights*. New York: Harper, 2002.

Martin, Fran, Peter A. Jackson, Mark McLelland, Audrey Yue eds. *AsiaPacifiQueer: Rethinking Genders and Sexualities*. Urbana: University of Illinois Press, 2008.

Martin, Joan M. "What I Don't Know About Brittney Griner, NCAA Women's Basketball Champion." *99 Brattle* (April 4, 2012). 2013년 1월 3일 접속. http://bit.ly/HO9btF.

_____. "Yes, There Is a God!" *99 Brattle* (May 11, 2011). 2013년 1월 3일 접속. http://bit.ly/MnGPZF.

Masequesmay, Gina, and Sean Metzger, eds. *Embodying Asian/American Sexualities*. Lanham, MD: Lexington Books, 2009.

McAnulty, Richard D., and M. Michele Burnette, eds. *Sex and Sexuality, Volume 1: Sexuality Today-Trends and Controversies*. Westport, CT: Praeger, 2006.

McMullin, Dan Taulapapa. "*Fa'afafine* Notes: On Tagaloa, Jesus, and Nafanua." In Driskill et al., *Queer Indigenous Studies*, 81-94.

Mecca, Tommi Avicolli, ed. *Smash the Church, Smash the State!: The Early Years of Gay Liberation*. San Francisco, CA: City Lights Books, 2009.

Messmer, Marietta. "Transformations of the Sacred in Contemporary Chicana Culture." *Theology and Sexuality* 14, no. 3 (May, 2008): 259-78.

Miller, Neil. *Out of the Past: Gay and Lesbian History from 1869 to the Present*, rev. and updated ed. New York: Alyson Books, 2006.

Misa, Cristina M. "Where Have All the Queer Students of Color Gone?: Negotiated Identity of Queer Chicana/o Students." In Kumashiro, *Troubling Intersections*, 67-80.

Monroe, Irene. "Between a Rock and a Hard Place: Struggling with the Black Church's Heterosexism and the White Queer Community's Racism." In De La Torre, *Out of the Shadows*, 39-58.

_____. "Lifting Our Voices." In James and Moore, *Spirited*, xi-xiv.

_____. "Racism Haunts Queer and Christian Communities." Reverend Irene Monroe, 2013년 1월 3일 접속. http://bit.ly/PZYX0J.

_____. "Roundtable Discussion: Must I Be Womanist?" *Journal of Feminist Studies in Religion* 22, no. 1 (Spring, 2006): 107-13.

_____. "When and Where I Enter, Then the Whole Race Enters with Me: Que(e)rying Exodus." in Pinn and Hopkins, *Loving the Body*, 121-31.

Moon, Byung-Ho. *Christ the Mediator of the Law: Calvin's Christological Understanding of the Law as the Rule of Living and Life-Giving*. Bletchley, UK: Paternoster, 2006.

Moore, Darnell L. "Theorizing the 'Black Body' as a Site of Trauma: Implications for Theologies of Embodiment." *Theology and Sexuality* 15, no. 2 (May 2009), 175-88.

Moraga Cherríe and Gloria Anzaldúa, eds. *This Bridge Called My Back: Writings by Radical Women of Color*. New York: Kitchen Table: Women of Color Press, 1981.

Morgensen, Scott Lauria. *Spaces Between Us: Queer Settler Colonialism and Indigenous Decolonization*. Minneapolis: University of Minnesota Press, 2011.

_____. "Unsettling Queer Politics: What Can Non-Natives Learn from Two-Spirit Organizing?" In Driskill et al., *Queer Indigenous Studies*, 132-52.

Moya, Paula M. L. "Comment: Dancing with the Devil-When the Devil Is Gay." In Hames-García and Martínez, *Gay Latino Studies*, 250-58.

Muñoz, José Esteban. *Cruising Utopia: The Then and There of Queer Futurity*. New York: New York University Press, 2009.

_____. *Disidentifications: Queers of Color and the Performance of Politics*. Minneapolis: University of Minnesota Press, 1999.

Muñoz, Manuel. "Zigzagger." In Muñoz, *Zizgagger*, 5-19.

_____. *Zizgagger*. Evanston, IL: Northwestern University Press, 2003.

Murray, Stephen O. *Latin American Male Homosexualities*. Albuquerque: University of New Mexico Press, 1995.

Musskopf, André S. "Cruising (with) Marcella," in Isherwood and Jordan, *Dancing Theology*, 228-39.

_____. "A Gap in the Closet: Gay Theology in the Latin American Context." In Krondorfer, *Men and Masculinities in Christianity and Judaism*, 460-71.

_____. "Ungraceful God: Masculinity and Images of God in Brazilian Popular Culture." *Theology and Sexuality* 15, no. 2 (2009): 145-57.

Nagel, Joane. *Race, Ethnicity, and Sexuality: Intimate Intersections, Forbidden Frontiers*. New York: Oxford University Press, 2003.

Nardi, Peter, ed. *Gay Masculinities*. Thousand Oaks, CA: Sage Publications, 2000.

National Gay and Lesbian Task Force. "Injustice at Every Turn: A Look at American Indian and Alaskan Native Respondents in the National Transgender Discrimination Survey" (October 8, 2012),

_____. "Injustice at Every Turn: A Look at Asian American, South Asian, Southeast Asian, and Pacific Islander Respondents in the National Transgender Discrimination Survey" (July 19, 2011),

_____. "Injustice at Every Turn: A Look at Black Respondents in the National Transgender Discrimination Survey" (September 15, 2011), 2013년 1월 3일 접속. http://bit.ly/nLZBHX.

_____. "Injustice at Every Turn: A Look at Latina/o Respondents in the National Transgender Discrimination Survey" (April 18, 2011), 2013년 1월 3일 접속. http://bit.ly/QPEBGU.

Nickoloff, James B. "Sexuality: A Queer Omission in U.S. Latino/a Theology." *Journal of Hispanic/Latino Theology* 10, no. 3 (2003): 31-51.

Nigianni, Chrysanthi, and Merl Storr, eds. *Deleuze and Queer Theory*. Edinburgh, UK: Edinburgh University Press, 2009.

Okihiro, Gary Y. *The Columbia Guide to Asian American History*. New

York: Columbia University Press, 2001.

Oliver, Juan M. C. "Why Gay Marriage?" *Journal of Men's Studies* 4, no. 3 (1996): 209-24.

Oliveto, Karen P., Kelly D. Turney, and Traci C. West. *Talking About Homosexuality: A Congregational Resource.* Cleveland, OH: Pilgrim Press, 2005.

Olyan, Saul M., and Martha C. Nussbaum. *Sexual Orientation and Human Rights in American Religious Discourse.* New York: Oxford University Press, 1998.

Omi, Michael and Howard Winant. *Racial Formation in the United States: From the 1960s to the 1990s*, 2nd. ed. New York: Routledge, 1994.

Palmer, Timothy and Debra W. Haffner. *A Time to Seek: Study Guide on Sexual and Gender Diversity.* Westport, CT: Religious Institute, 2006.

Pérez, Laura E. "Decolonizing Sexuality and Spirituality in Chicana Feminist and Queer Art." *Tikkun Magazine* (July/August 2010), 2013년 1월 3일 접속, http://bit.ly/ahPJiW.

Petrella, Ivan. "Queer Eye for the Straight Guy: The Making Over of Liberation Theology, A Queer Discursive Approach." In Althaus-Reid, *Liberation Theology and Sexuality*, 33-49.

Pinn, Anthony B., and Dwight N. Hopkins, eds. *Loving the Body: Black Religious Studies and the Erotic.* New York: Palgrave Macmillan, 2004.

Puar, Jasbir K. *Terrorist Assemblages: Homonationalism in Queer Times.* Durham, NC: Duke University Press, 2007.

Ragsdale, Katherine Hancock, ed. *Boundary Wars: Intimacy and Distance in Healing Relationships.* Cleveland, OH: Pilgrim Press, 1996.

Ramirez-Valles, Jesus. *Compañeros: Latino Activities in the Face of AIDS.* Urbana: University of Illinois Press, 2011.

Rawls, Tonyia M. "Yes, Jesus Loves Me: The Liberating Power of Spiritual Acceptance for Black Lesbian, Gay, Bisexual, and Transgender Christians." In Battle and Barnes, *Black Sexualities*, 327-52.

Rhee, Margaret. "Towards Community: *KoreAm Journal* and Korean American Cultural Attitudes on Same-Sex Marriage." *Amerasia Journal* 32, no. 1(2006): 75-88.

Ribas, Mario. "Practising Sexual Theology: Undressing Sex, Pleasure, Sin, and Guilt in Colonised Mentalities." In Brown, *Other Voices, Other Worlds*, 221-35.

Richardson, Alan, and John Bowden, eds. *The Westminster Dictionary of Christian Theology*. Philadelphia, PA: Westminster Press, 1983.

Rifkin, Mark. *The Erotics of Sovereignty: Queer Native Writings in the Era of Self-Determination*. Minneapolis: University of Minnesota Press, 2012.

_____. *When Did Indians Become Straight?: Kinship, the History of Sexuality, and Native Sovereignty*. New York: Oxford University Press, 2011.

Robertson, Jon M. *Christ as Mediator: A Study of the Theologies of Eusebius of Caesarea, Marcellus of Ancyra and Athanasius of Alexandria*. Oxford, UK: Oxford University Press, 2007.

Robinson, Gene. *In the Eye of the Storm: Swept to the Center by God*. New York: Seabury Books, 2008.

Rodriguez, Eric M. and Suzanne C. Ouellette. "Religion and Masculinity in Latino Gay Lives." In Nardi, *Gay Masculinities*, 101-29.

Rodriguez, Richard. *Hunger of Memory: The Education of Richard Rodriguez*. New York: Dial Press, 1982.

Rodríguez-Olmedo, Joanne. "The U.S. Hispanic/Latino Landscape." In Aponte and De La Torre, *Handbook of Latina/o Theologies*, 123-29.

Roland Guzmán, Carla E. "Sexuality." In Aponte and De La Torre, *Handbook of Latina/o Theologies*, 257-64.

Roque Ramírez, Horacio N. "Borderlands, Diasporas, and Transnational Crossings: Teaching LGBT Latina and Latino Histories." *OAH Magazine of History* (March 2006): 39-42.

"Roundtable Discussion: Must I Be Womanist?" *Journal of Feminist Studies in Religion* 22, no. 1 (Spring, 2006): 85-134.

"Roundtable Discussion: Same-Sex Marriage." *Journal of Feminist Studies in Religion* 20, no. 2 (Fall, 2004): 83-117.

Rudy, Kathy. *Sex and the Church: Gender, Homosexuality, and the Transformation of Christian Ethics*. Boston: Beacon Press, 1997.

_____. "Subjectivity and Belief." In Loughlin, *Queer Theology*, 37-49.

Sanjek, Roger. "The Enduring Inequalities of Race," in *Race*, ed. Steven Gregory and Roger Sanjek. New Brunswick, NJ: Rutgers University Press, 1994

Schippert, Claudia. "Implications of Queer Theory for the Study of Religion and Gender: Entering the Third Decade." *Religion and Gender* 1, no. 1 (2011): 66-84.

_____. "Queer Theory and the Study of Religion." *Rever: Revista de Estudios da Religião*, no. 4(2005): 90-99.

Schexnayder, James A. *Setting the Table: Preparing Catholic Parishes to Welcome Lesbian, Gay, Bisexual, and Transgender People and Their Families*. 2011.

Schneider, Laurel C. *Beyond Monotheism: A Theology of Multiplicity*. Abingdon, UK: Routledge, 2008.

_____. "Promiscuous Incarnation." In Kamitsuka, *The Embrace of Eros*, 231-34.

_____. "Queer Theory." In Adam, *Handbook of Postmodern Biblical Interpretation*, 206-12.

_____. "What Race is your Sex?" In Boisvert and Johnson, *Queer Religion II*, 125-41.

Seerveld, Calvin G. *Rainbows for the Fallen World: Aesthetic Life and Artistic Task*. Toronto, ON: Toronto Tuppence Press, 2005.

Seidman, Steven, Nancy Fischer, and Chet Meeks, eds. *Introducing the New Sexuality Studies*. 2nd ed. Abingdon, UK: Routledge, 2011.

Shah, Nayan. "Perversity, Contamination, and the Dangers of Queer Domesticity." In Corber and Valocchi, *Queer Studies*, 121–41.

Showalter, Elaine, ed. *The New Feminist Criticism: Essays on Women, Literature, and Theory*. New York: Pantheon Books, 1985.

Shrake, Eunai. "Homosexuality and Korean Immigrant Protestant Churches." In Masequesmay and Sean Metzger, *Embodying Asian/American Sexualities*, 145–56.

Siker, Jeffrey S., ed. *Homosexuality and Religion: An Encyclopedia*. Westport, CT: Greenwood Press, 2007.

_____. "Latin@ Church Traditions." In Siker, *Homosexuality and Religion*, 145–46.

Smith, Andrea. *Conquest: Sexual Violence and American Indian Genocide*. Cambridge, MA: South End Press, 2005.

_____. *Native Americans and the Christian Right: The Gendered Politics of Unlikely Alliances*. Durham, NC: Duke University Press, 2008.

_____. "Queer Theory and Native Studies: The Heteronormativity of Settler Colonialism," in Driskill et. al., *Queer Indigenous Studies*, 43–65.

Smith, Barbara. "Toward a Black Feminist Criticism." In Showalter, *The New Feminist Criticism*, 168–85.

Sneed, Roger A. "Dark Matter: Liminality and Black Queer Bodies." In Coleman, *Ain't I a Womanist, Too?*

_____. "Like Fire Shut Up in Our Bones: Religion and Spirituality in Black Gay Men's Literature." *Black Theology: An International Journal* 6, no. 2 (2008): 241–61.

_____. *Representations of Homosexuality: Black Liberation Theology and Cultural Criticism*. New York: Palgrave Macmillan, 2010.

Stone, Ken, ed. *Queer Commentary and the Hebrew Bible*. Cleveland,

OH: Pilgrim Press, 2001.

Stringfellow, Roland. "Soul Work: Developing a Black LGBT Liberation Theology." In Boisvert, Donald L. and Jay Emerson Johnson. *Queer Religion: Volume I, Homosexuality in Modern Religious History.* Santa Barbara, CA: Praeger, 2012, 113-25.

Strongman, Roberto. "Syncretic Religion and Dissident Sexualities." In Cruz-Malavé and Manalansan, *Queer Globalizations*, 176-92.

Stuart, Elizabeth. *Just Good Friends: Towards a Lesbian and Gay Theology of Relationships.* London: Mowbray, 1995.

Suárez, Margarita. "Reflections on Being Latina and Lesbian," in Comstock and Henking, *Que(e)rying Religion*, 347-50.

Sueyoshi, Amy. *Queer Compulsions: Race, Nation, and Sexuality in the Affairs of Yone Noguchi.* Honolulu: University of Hawai'i Press, 2012.

Takaki, Ronald. *A Different Mirror: A History of Multicultural America*, rev. ed (New York: Back Bay Books, 2008.

_____. *Strangers from a Different Shore: A History of Asian Americans*, updated and rev. ed. New York: Back Bay Books, 1998.

Tan, Chong Kee. "Transcending Sexual Nationalism and Colonialism." In Hawley, *Post-Colonial Queer*, 123-37.

Tanis, Justin. *Trans-Gendered: Theology, Ministry, and Communities of Faith.* Cleveland, OH: Pilgrim Press, 2003. (김준우 옮김, 『트랜스젠더와 기독교 신앙』, 무지개신학연구소, 2019).

Tejedor, Chon. *Staring with Wittgenstein.* London: Continuum, 2011.

Thadani, Giti. *Sakhiyani: Lesbian Desire in Ancient and Modern India.* London: Cassell, 1996.

Thorson-Smith, Sylvia, Johanna W. H. van Wijk-Bos, Norm Pott, and William P. Thompson, eds. *Called Out With: Stories of Solidarity in Support of Lesbian, Gay, Bisexual, and Transgendered Persons.* Louisville, KY: Westminster John Knox Press, 1997.

Thumma, Scott, and Edward R. Gray, eds. *Gay Religion.* Walnut Creek,

CA: AltaMira Press, 2005.

Townes, Emilie M. "The Dancing Mind: Queer Black Bodies in Academy and Church." 2011 Giberto Castañeda Lecture, Chicago Theological Seminary, Chicago, IL, May 20, 2011.

_____. "Marcella Althaus-Reid's Indecent Theology: A Response," in Isherwood and Jordan, *Dancing Theology*, 61-67.

_____. "Roundtable Discussion: Same-Sex Marriage and Relational Justice," *Journal of Feminist Studies in Religion* 20, no. 2 (Fall 2004), 100-103.

_____. "Washed in the Grace of God." In Adams and Fortune, *Violence Against Women and Children*, 60-70.

_____. *Womanist Ethics and the Cultural Production of Evil*. New York: Palgrave Macmillan, 2006.

Triana, Pedro. "Do Not Judge ⋯ Only Comprehend: The Anglican Communion and Human Sexuality." In Brown, *Other Voices, Other Worlds*, 208-20.

Tuaolo, Esera, with John Rosengren. *Alone in the Trenches: My Life as a Gay Man in the NFL*. Naperville, IL: Sourcebooks, 2006.

Tutu, Desmond. *The Rainbow People of God: The Making of a Peaceful Revolution, ed. John Allen*. New York: Image Books, 1994.

Uyeda, Ann Yuri. "All at Once, All Together: One Asian American Lesbian's Account of the 1989 Asian Pacific Lesbian Network Retreat." In Lim-Hing, *The Very Inside*, 109-21.

Vallescorbo, Heriberto. "Latino Gay Men's Experiences of Spiritual Reintegration: A Heuristic Study." Psy. D. diss., California Institute of integral Studies, 2010. UMI (No. 3432452).

Valentín, Benjamín. "Introduction." In Valentín, *New Horizons in Hispanic/Latino(a) Theology*, 1-9.

_____. ed. *New Horizons in Hispanic/Latino(a) Theology*, Cleveland, OH: Pilgrim Press, 2003.

Vanita, Ruth. "Hinduism and Homosexuality." In Boisvert, Donald L.

and Jay Emerson Johnson. *Queer Religion: Volume I, Homosexuality in Modern Religious History*. Santa Barbara, CA: Praeger, 2012, 1-23.

Vazquez, Charlie. "Presión Bajo Gracia." In Evans and Healey, *Queer and Catholic*, 105-13.

Vázquez, Jared. "Queer Tongues Confess, I Know That I Know That I Know: A Queer Reading of James K.A. Smith's *Thinking in Tongues*." M. Div. thesis, Phillips Theological Seminary, 2012.

Vidal-Ortiz, Salvador. "Religion/Spirituality, U.S. Latin/o Communities and Sexuality Scholarship: A Thread of Current Works." In Asencio, *Latina/o Sexualities*, 173-87.

_____. "Sexuality and Gender in Santería: LGBT Identities at the Crossroads of Santería Religious Practices and Beliefs." In Thumma and Gray, *Gay Religion*, 115-37.

Villalobos, Manuel. "Bodies *Del Otro Lado* Finding Life and Hope in the Borderland: Gloria Anzaldúa, the Ethiopian Eunuch of Acts 8:26-40, *y Yo*." In Hornsby and Stone, *Bible Trouble, 191-221*.

Vitiello, Giovanni. *The Libertine's Friend: Homosexuality and Masculinity in Late Imperial China*. Chicago, IL: University of Chicago Press, 2011.

Wakefield, Gordon S. "Spirituality." In Richardson and John Bowden. *Westminster Dictionary of Christian Theology*, 549-50.

Wat, Eric C. *The Making of a Gay Asian Community: An Oral History of Pre-AIDS Los Angeles*. Lanham, MD: Rowman and Littlefield, 2002.

_____. "Preserving the Paradox: Stories from a Gay-Loh." In Leong, *Asian American Sexualities*, 71-80.

Watanabe, Tsuneo and Jun'ichi Iwata, *The Love of the Samurai: A Thousand Years of Japanese Homosexuality*. London: GMP Publisher, 1989.

Weeks, Jeffrey. "The Social Construction of Sexuality," in *Introducing the*

New Sexuality Studies, ed. Steven Seidman, Nancy Fischer, and Chet Meeks, 2nd ed. Abingdon, UK: Routledge, 2011.

West, Traci C. *Defending Same-Sex Marriage*. Volume 2 of *Our Family Values: Same-Sex Marriage and Religion*. Westport, CT: Greenwod-Praeger, 2006.

_____. *Disruptive Christian Ethics: When Racism and Women's Lives Matter*. Louisville, KY: Westminster John Knox Press, 2006.

_____. "Race and Gender Oppression Can Really Get in the Way: Ethical Concerns in the Counselling of African American Women." In Ragsdale, *Boundary Wars*, 44-57.

_____. "Roundtable Discussion: Must I Be Womanist?" *Journal of Feminist Studies in Religion* 22, no. 1 (Spring, 2006): 128-34.

_____. "A Space for Faith, Sexual Desire, and Ethical Black Ministerial Practices." In Pinn and Hopkins, *Loving the Body*, 31-50.

Whelan, Richard. *The Book of Rainbows: Art, Literature, Science, and Mythology*. Cobb, CA: First Glance Books, 1997, 104-21.

Wilcox, Melissa M. "Queer Theory and the Study of Religion." In Boisvert and Johnson, *Queer Religion II*, 227-51.

Williams, Linda. Porn Studies. Durham, NC: Duke University Press, 2004.

Wong, Yuenmei. "Islam, Sexuality, and the Marginal Positioning of *Pengkids* and Their Girlfriends in Malaysia," *Journal of Lesbian Studies* 16 (2012): 1-14.

Wu, Rose, ed. "Beyond Right and Wrong: Doing Queer Theology in Hong Kong." *In God's Image* 29, no.3 (September 2010).

_____. *Liberating the Church from Fear: The Story of Hong Kong's Sexual Minorities*. Kowloon, Hong Kong: Hong Kong Women Christian Council, 2000.

_____. "A Story of Its Own Name: Hong Kong's *Tongzhi* Culture and Movement." In Brock et al., *Off the Menu*, 275-92.

Xavier, Emanuel. *If Jesus Were Gay and Other Poems*. Bar Harbor, ME:

Queer Mojo, 2010.

_____. "Just Like Jesus." In Xavier, *If Jesus Were Gay*, 1-2.

_____. "The Mexican." In Xavier, *If Jesus Were Gay*, 21.

Yip, Lai-shan. "Listening to the Passion of Catholic *nu-tongzhi*: Developing a Catholic Lesbian Feminist Theology in Hong Kong," Boisvert, Donald L. and Jay Emerson Johnson. *Queer Religion: Volume II, LGBT Movements and Queering Religion*. Santa Barbara, CA: Praeger, 2012, 63-80.

_____. "A Proposal for Catholic Lesbian Feminist Theology in Hong Kong." *In God's Image* 29, no.3 (September 2010): 21-32.

Yomekpe, Kuukua Dzigbordi. "Not Just a Phase: Single Black Women in the Black Church." Boisvert, Donald L. and Jay Emerson Johnson. *Queer Religion: Volume II, LGBT Movements and Queering Religion*. Santa Barbara, CA: Praeger, 2012, 109-23.

Young, Thelathia "Nikki." "De-Centering Religion as Queer Pedagogical Practice." *Bulletin for the Study of Religion* 39, no. 4 (November 2010): 13-18.

_____. "Queering 'The Human Situation." *Journal of Feminist Studies in Religion* 28, no.1 (Spring 2012): 126-31

_____. "'Uses of the Erotic' for Teaching Queer Studies." *WSQ* 40, nos. 3-4 (Fal/Winter 2012): 297-301.